机动车安全技术检验培训教程

主　编　李明丽
副主编　张奇峰
主　审　戴晓锋

机械工业出版社
CHINA MACHINE PRESS

本书以 GB 38900—2020《机动车安全技术检验项目和方法》具体检验操作流程为提纲框架，主要讲述了机动车基础知识与机动车检验项目、方法及设备等相关知识。全书分三篇共十三章。第一篇共三章，主要介绍机动车安全技术检验基础知识；第二篇共五章，主要介绍机动车安全技术检验人工检验项目；第三篇共五章，主要介绍机动车安全技术检验仪器设备检验项目。

本书主要作为培训机动车安全技术检验人员培训用书，也可供机动车检验相关单位、部门技术人员参考。

图书在版编目（CIP）数据

机动车安全技术检验培训教程 / 李明丽主编． — 北京：机械工业出版社，2022.3（2023.4 重印）
ISBN 978-7-111-57176-6

Ⅰ. ①机… Ⅱ. ①李… Ⅲ. ①机动车 – 安全检查 – 教材 Ⅳ. ① U467.1

中国版本图书馆CIP数据核字（2022）第023537号

机械工业出版社（北京市百万庄大街22号　邮政编码100037）
策划编辑：谢　元　　　　　责任编辑：谢　元　王　婕
责任校对：张晓蓉　王　延　　封面设计：马精明
责任印制：李　昂
北京中科印刷有限公司印刷

2023 年4月第1版第3次印刷
184mm×260mm·16.75印张·402千字
标准书号：ISBN 978-7-111-57176-6
定价：99.90元

电话服务　　　　　　　　　　网络服务
客服电话：010-88361066　　　机　工　官　网：www.cmpbook.com
　　　　　010-88379833　　　机　工　官　博：weibo.com/cmp1952
　　　　　010-68326294　　　金　书　网：www.golden-book.com
封底无防伪标均为盗版　　机工教育服务网：www.cmpedu.com

前言
Preface

  2022 年，全国机动车保有量达 4.17 亿辆，其中汽车 3.19 亿辆，全国新注册登记机动车 3478 万辆。全国 84 个城市汽车保有量超过 100 万辆，39 个城市超 200 万辆，21 个城市超 300 万辆。其中，北京、成都、重庆、上海超过 500 万辆，苏州、郑州、西安、武汉超过 400 万辆，深圳、东莞、天津、杭州、青岛、广州、佛山、宁波、石家庄、临沂、长沙、济南、南京超过 300 万辆。

  截至 2022 年底，全国新能源汽车保有量达 492 万辆，占汽车总量的 4.1%，比 2021 年增加 526 万辆，增长 67.13%。其中，纯电动汽车保有量 1045 万辆，占新能源汽车总量的 79.78%。值得注意的是，新能源汽车增量连续 5 年超过 100 万辆，呈高速增长趋势。

  随着机动车保有量的迅猛增长以及大众道路交通安全意识的提升，机动车检验作为保障机动车运行安全的重要手段越来越受到人们的重视。与之相应，随着机动车安全技术检验取消了许可制度，实行了社会化，机动车检验机构的数量也迅猛增加，机动车检验逐步实现了检测标准化、管理网络化和技术规范化。但与此同时，机动车安全技术检验也出现了很多问题，受到人们的普遍关注。

  在机动车安全技术检验工作中，检验人员的职业道德、职业技能和业务水平直接影响检验结果的公正性和准确性，因此，提高检验人员的能力水平是机动车检验工作的重中之重。现在机动车检验机构人员流动性强、新手多、技术薄弱，系统地学习和掌握机动车安全技术检验相关的知识就成了当前检验人员的迫切需要，更是检测标准化和技术规范化的具体要求。鉴于近几年机动车检验技术的发展和有关国家标准及规定的变动与更新，检验人员只有不断学习和掌握新的知识、与时俱进，才能确保检验检测数据和结果准确可靠。

  2020 年 5 月 26 日，国家标准化管理委员会颁布了 GB 38900—2020《机动车安全技术检验项目和方法》，代替 GB 21861—2014《机动车安全技术检验项目和方法》和 GB 18565—2016《道路运输车辆综合性能要求和检验方法》，并于 2021 年 1 月 1 日强制实施。

  为推进落实新标准有效实施，让标准的使用者充分理解新标准的内容及技术要求，我们根据专业理论知识及丰富的工作经验，特组织机动车专业技术人员编写了本书（书中图片仅作教学使用）。

  本书由河南交通职业技术学院李明丽主编，河南省计量科学研究院张奇峰副主编，扬州工业职业技术学院戴晓锋主审，编写人员还有：高山、岳现杰、杨见喜、张杰飞、魏怀宇、魏永兴、杨涛、董隆、聂涛。

  本书编写以实用为原则，实现理论知识与操作技能的合理统一。由于时间仓促，错漏及不当之处恳请广大读者批评指正。

编　者

目录
Contents

前言

第一篇　机动车安全技术检验基础知识

第 1 章　机动车安全技术检验　　/ 002
　　第一节　机动车安全技术检验的依据及定义　　/ 002
　　第二节　机动车安全技术检验相关国家标准　　/ 003

第 2 章　机动车分类及基础知识　　/ 006
　　第一节　机动车定义及分类　　/ 006
　　第二节　机动车的总体构造及基本原理　　/ 019

第 3 章　机动车技术基础　　/ 027
　　第一节　机动车传动系　　/ 027
　　第二节　机动车行驶系　　/ 030
　　第三节　机动车转向系　　/ 037
　　第四节　机动车制动系　　/ 040
　　第五节　机动车的电气设备　　/ 051
　　第六节　机动车安全性　　/ 056

第二篇　机动车安全技术检验人工检验项目

第 4 章　预检、登记和联网查询、车辆唯一性检定　/ 062
- 第一节　送检机动车基本要求　/ 062
- 第二节　送检机动车提交资料及检验流程　/ 065
- 第三节　联网查询　/ 068
- 第四节　车辆唯一性检查　/ 073

第 5 章　车辆特征参数检查　/ 087
- 第一节　概述　/ 087
- 第二节　外廓尺寸和轴距检查　/ 089
- 第三节　核定载人数和座椅布置、栏板高度、悬架检查　/ 093
- 第四节　客车出口、客车乘客通道和引道、货厢/罐体检查　/ 096
- 第五节　车辆特征参数检验结果填写示例　/ 100

第 6 章　车辆外观检查　/ 103
- 第一节　概述　/ 103
- 第二节　车身外观　/ 105
- 第三节　外观标识、标注和标牌及号牌/号牌板（架）　/ 111
- 第四节　外部照明和信号装置、加装/改装灯具　/ 116
- 第五节　轮胎　/ 118
- 第六节　车身外观检查结果填写示例　/ 121

第 7 章　安全装置检查　/ 123
- 第一节　概述　/ 123
- 第二节　机动车安全装置检查　/ 127
- 第三节　安全装置检查结果填写示例　/ 149

第 8 章　底盘动态检验和车辆底盘部件检验　/ 152
- 第一节　相关标准条文要求　/ 152
- 第二节　车辆底盘动态检验　/ 154
- 第三节　车辆底盘部件检验　/ 157
- 第四节　底盘动态检验和车辆底盘部件检验结果填写示例　/ 162

第三篇 机动车安全技术检验仪器设备检验项目

第 9 章 仪器设备检验概述 / 166
第一节 相关标准条文 / 166
第二节 仪器设备检验表及信息填写 / 168

第 10 章 整备质量 / 空车质量 / 175
第一节 概述 / 175
第二节 整备质量 / 空车质量检验设备 / 176
第三节 整备质量 / 空车质量检验方法 / 179

第 11 章 制动检验 / 181
第一节 制动检验要求及检验前准备 / 181
第二节 滚筒反力式制动检验台结构组成 / 183
第三节 滚筒反力式制动检验台检验方法 / 189
第四节 平板制动检验台检验方法 / 201
第五节 路试制动检验 / 204

第 12 章 前照灯远光发光强度和转向轮横向侧滑量检验 / 209
第一节 前照灯远光发光强度检验 / 209
第二节 转向轮横向侧滑量 / 214

第 13 章 检验结果处置 / 218
第一节 GB 38900—2020 相关条文 / 218
第二节 不同车型检验项目汇总 / 219
第三节 影像资料要求 / 225
第四节 检验报告示例 / 236

参考文献 / 261

第一篇

机动车安全技术检验基础知识

机动车从发明到现在已经一个多世纪了,已成为人们工作、生活中不可缺少的交通工具。机动车在为人们带来方便的同时,也带来了交通事故、大气污染和噪声等一系列问题。机动车本身是一个复杂的各机构协调工作的机电系统,随着行驶里程的增加和使用时间的延长,机动车的环保性、安全性、动力性、经济性、可靠性、舒适性和行驶时的稳定性等将不断恶化,这使得车辆在行驶过程中存在较大的安全隐患。在车辆使用过程中使机动车保持良好的技术状况,减少因车辆技术引起的交通事故,是我国新形势下绿色交通的重要环节。

第1章 机动车安全技术检验

第一节 机动车安全技术检验的依据及定义

一、机动车安全技术检验的法律依据

机动车安全技术检验，主要是根据《中华人民共和国道路交通安全法》及其实施条例、《中华人民共和国行政许可法》《中华人民共和国产品质量法》《中华人民共和国计量法》及其实施细则等有关法律法规规定的活动。

2004年5月1日起施行的《中华人民共和国道路交通安全法》及其实施条例中，首次以法律形式明确规定了机动车定期开展安全技术检验的制度。机动车安全技术检验按照《中华人民共和国道路交通安全法》及《中华人民共和国道路交通安全法实施条例》相关要求和标准执行。

《中华人民共和国道路交通安全法》第十条规定：准予登记的机动车应当符合机动车国家安全技术标准。申请机动车登记时，应当接受对该机动车的安全技术检验。

《中华人民共和国道路交通安全法》第十三条规定：对登记后上道路行驶的机动车，应当依照法律、行政法规的规定，根据车辆用途、载客载货数量、使用年限等不同情况，定期进行安全技术检验。对提供机动车行驶证和机动车第三者责任强制保险单的，机动车安全技术检验机构应当予以检验，任何单位不得附加其他条件。对符合机动车国家安全技术标准的，公安机关交通管理部门应当发给检验合格标志。

《中华人民共和国道路交通安全法实施条例》第十五条规定：机动车安全技术检验由机动车安全技术检验机构实施。机动车安全技术检验机构应当按照国家机动车安全技术检验标准对机动车进行检验，对检验结果承担法律责任。

质量技术监督部门负责对机动车安全技术检验机构实行计量认证管理，对机动车安全技术检验设备进行检定，对执行国家机动车安全技术检验标准的情况进行监督。

二、机动车安全技术检验的相关定义

1. 机动车安全技术检验

机动车安全技术检验是指根据《中华人民共和国道路交通安全法》及其实施条例规定，按照国家机动车安全技术标准等要求，对上道路行驶的机动车进行检验的活动，包括机动车注册登记检验和在用机动车检验。

2. 机动车安全技术检验机构

在中华人民共和国境内，根据《中华人民共和国道路交通安全法》及其实施条例的规定，按照机动车国家安全技术标准等要求，对上道路行驶的机动车进行检验，并向社会出具公证数据的检验机构。

3. 机动车注册登记检验

对申请注册登记的机动车进行的安全技术检验。

4. 在用机动车检验

对已注册登记的机动车进行的安全技术检验。

第二节　机动车安全技术检验相关国家标准

一、机动车安全技术检验依据的主要国家标准

机动车安全技术检验依据的国家标准主要有 GB 7258—2017《机动车运行安全技术条件》（及第1、2号修改单）、GB 38900—2020《机动车安全技术检验项目和方法》及相关国家标准。

1. GB 7258—2017《机动车运行安全技术条件》及第1、2号修改单

GB 7258—2017 及第1号、第2号修改单是我国机动车安全运行管理最基本的技术标准，是机动车安全技术检验结果判定处置的重要依据。

GB 7258—2017 规定了机动车的整车及主要总成、安全防护装置等有关运行安全的基本技术要求，以及消防车、救护车、工程救险车和警车及残疾人专用汽车的附加要求。

GB 7258—2017 适用于在我国道路上行驶的所有机动车，但不适用于有轨电车及并非为在道路上行驶和使用而设计和制造、主要用于封闭道路和场所作业施工的轮式专用机械车（如叉车等）。

2. GB 38900—2020《机动车安全技术检验项目和方法》

GB 38900—2020 适用范围规定"条文 1":

> 1.范围
> 本标准规定了机动车安全技术检验的检验项目、检验方法、检验要求,以及检验结果判定、处置和资料存档。
> 本标准适用于具备检验检测资质的机构对机动车进行安全技术检验。本标准也适用于从事进口机动车检验检测的机构对入境机动车进行安全技术检验。经批准进行实际道路试验的机动车和临时入境的机动车,可参照本标准进行安全技术检验。
> 本标准不适用于拖拉机运输机组等上道路行驶的拖拉机的安全技术检验。

GB 38900—2020《机动车安全技术检验项目和方法》适用范围如图 1-1 所示。

图 1-1　GB 38900—2020 适用范围

GB 38900—2020 在规范机动车安全技术检验、保障车辆安全性能、预防和减少道路交通事故、保证人民生命财产安全等方面发挥了重要作用。

GB 38900—2020 是强制性国家标准,主要适用于机动车检验检测机构对在我国道路上行驶的机动车进行安全技术检验,也适用于从事进口机动车检验检测的机构对入境机动车进行安全技术检验。此外,对经有关部门批准进行实际道路试验的机动车和临时入境的机动车进行安全技术检验时,可参照执行。

3.相关国家标准

GB 7258—2017 及 GB 38900—2020 均罗列了规范性引用文件,这些文件对于 GB 7258—2017 及 GB 38900—2020 的应用是必不可少的。例如,GB 1589—2016《汽车、挂车及汽车列车外廓尺寸、轴荷及质量限值》、GA 802—2019《道路交通管理　机动车类型》等。

二、免检机动车

1.非营运机动车 6 年免检

(1)汽车

2014 年 4 月 29 日,公安部、国家质量监督检验检疫总局印发《关于加强和改进机动车检验工作的意见》,明确提出了试行非营运轿车等车辆 6 年内免检。自 2014 年 9 月 1 日起,试行 6 年以内的非营运轿车和其他小型、微型载客汽车(面包车、7 座及 7 座以上车辆除外）免检制度。对注册登记 6 年以内的非营运轿车和其他小型、微型载客汽车（面包车、7 座及 7 座以上车辆除外），每 2 年需要定期检验时，机动车所有人提供交通事故强制责任保险凭证、车船税纳税或免征证明后，可以直接向公安机关交通管理部门申请领取检验标志，无需到检验机构进行安全技术检验。

（2）摩托车

2019 年 4 月 10 日，公安部交通管理局以公交管[2019]187 号文件印发《深化公安交管"放管服"改革 10 项便民利民服务措施》，明确规定实行摩托车全国通检和 6 年免检。申请人可以在全国范围内任一地直接检验摩托车，申领检验合格标志，无需办理委托检验手续。注册登记 6 年以内的摩托车免予到机动车安全技术检验机构检验，机动车所有人可以在检验有效期截止前 3 个月直接到公安机关交通管理部门申领检验标志。

2. 非营运车辆 10 年内车辆检验周期规定

2020 年 10 月 22 日，公安部发布公告，在实行 6 年内 6 座以下非营运小型、微型客车免检基础上，将 6 年以内的 7~9 座非营运小型、微型客车（面包车除外）纳入免检范围。对非营运小型、微型客车（面包车除外）超过 6 年不满 10 年的，由每年检验 1 次调整为每 2 年检验 1 次。对 10 年以上的私家车，即 10~15 年的，每年检验 1 次；15 年以上的，每半年检验 1 次。

对于 6 年以内免检的车辆，每 2 年需要定期检验时，公安交管部门应当按规定核发检验标志；对于超过 6 年不满 10 年的车辆，检验合格后核发检验标志。

3. 检验员工作方法

检验员根据行驶证的注册登记日期，准确判定非营运小型、微型客车（面包车除外）的检验时间。例如：送检车辆第 7 年已按规定检验的，第 8 年免检，第 9 年、第 10 年需要正常参加检验；第 9 年已按规定检验的，不享受免检政策，第 10 年需要正常参加检验。

4. 不享受免检政策的车辆

1）非营运小型、微型客车（面包车除外）发生伤亡交通事故或者非法改装被依法处罚的，将不再按照免检规定执行，应按原规定周期进行安全检验，以保障车辆安全性能。

2）自车辆出厂之日起，超过 4 年未办理注册登记手续的，6 年内仍按原规定正常参加检验。

第 2 章　机动车分类及基础知识

第一节　机动车定义及分类

机动车定义及分类参见 GB 7258—2017《机动车运行安全技术条件》及 GA 802—2019《道路交通管理 机动车类型》。

一、机动车定义

1. GB 7258—2017 标准条文"3"规定的机动车术语和定义

> 3.1 机动车 power-driven vehicle
> 由动力装置驱动或牵引，上道路行驶的供人员乘用或用于运送物品以及进行工程专项作业的轮式车辆，包括汽车及汽车列车、摩托车、拖拉机运输机组、轮式专用机械车、挂车。

2. GA 802—2019《道路交通管理 机动车类型》标准条文"3"规定的机动车术语和定义

> 3.1.1 机动车 motor vehicle
> 由动力装置驱动或者牵引，上道路行驶的供人员乘用或者用于运送物品以及进行工程专项作业的轮式车辆，包括汽车及汽车列车、摩托车、轮式专用机械车、挂车、有轨电车、特型机动车和上道路行驶的拖拉机，不包括虽有动力装置但最大设计车速、整备质量、外廓尺寸等指标符合有关国家标准的残疾人机动轮椅车和电动自行车。

二、GB 7258—2017 规定的机动车分类及定义

1. 汽车的定义及分类

> 3.2 汽车 motor vehicle
> 由动力驱动、具有四个或四个以上车轮的非轨道承载的车辆，包括与电力线相联的

车辆（如无轨电车）；主要用于：
——载运人员和/或货物（物品）；
——牵引载运货物（物品）的车辆或特殊用途的车辆；
——专项作业。
本术语还包括以下由动力驱动、非轨道承载的三轮车辆：
a）整车整备质量超过400kg、不带驾驶室、用于载运货物的三轮车辆；
b）整车整备质量超过600kg、不带驾驶室、不具有载运货物结构或功能且设计和制造上最多乘坐2人（包括驾驶人）的三轮车辆；
c）整车整备质量超过600kg的带驾驶室的三轮车辆。

GB 7258—2017汽车共分为11大类，如图2-1所示。

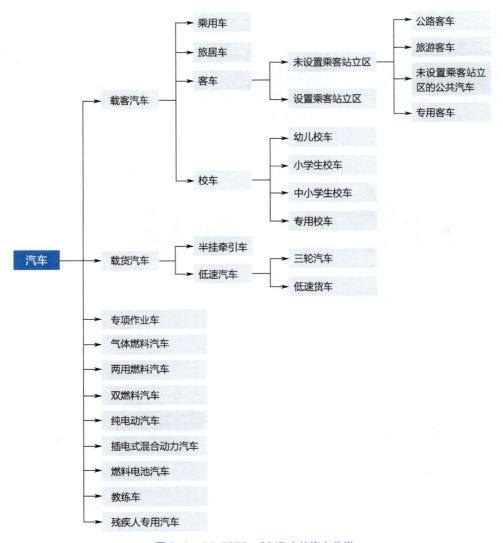

图2-1　GB 7258—2017中的汽车分类

> **需要注意的是**
>
> GA 802—2019《道路交通管理 机动车类型》明确了面包车的特征：平头或短头车身结构，单层地板，发动机中置（指发动机缸体整体位于汽车前后轴之间的布置形式），宽高比（指整车车宽与车高的比值）小于或等于0.90，乘坐人数小于或等于9人，安装座椅的载客汽车。

部分汽车类型及特点如图2-2所示。

a）乘用车

b）设置乘客站立区的客车

c）面包车

d）燃料电池汽车

e）残疾人专用汽车

f）半挂牵引车

g）三轮汽车

图2-2　部分汽车类型及特点

2. 挂车

> 3.3 挂车 trailer
>
> 设计和制造上需由汽车或拖拉机牵引,才能在道路上正常使用的无动力道路车辆,包括牵引杆挂车、中置轴挂车和半挂车,用于:
> ——载运货物;
> ——特殊用途。

GB 7258—2017 挂车共分为四大类,部分挂车类型及特点如图 2-3 所示。

图 2-3 部分挂车类型及特点

3. 汽车列车

> 3.4 汽车列车 combination of vehicles
>
> 由汽车(低速汽车除外)牵引挂车组成,包括乘用车列车、货车列车和铰接列车。

GB 7258—2017 汽车列车共分为三大类,部分汽车列车类型及特点如图 2-4 所示。

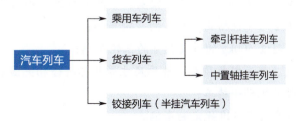

图 2-4 部分汽车列车类型及特点

a）货车列车　　　　　　　　　　　　　　b）铰接列车

图 2-4　部分汽车列车类型及特点（续）

4. 危险货物运输车辆

> 3.5 危险货物运输车辆 road transportation vehicle for dangerous goods
> 设计和制造上用于运输危险货物的货车、挂车、汽车列车。

部分危险货物运输车辆类型及特点如图 2-5 所示。

a）厢式　　　　　　　　　　　　　　　　b）罐式

图 2-5　部分危险货物运输车辆类型及特点

5. 摩托车

> 3.6 摩托车 motorcycle and moped
> 由动力装置驱动的，具有两个或三个车轮的道路车辆，但不包括：
> a）整车整备质量超过 400kg、不带驾驶室、用于载运货物的三轮车辆；
> b）整车整备质量超过 600kg、不带驾驶室、不具有载运货物结构或功能且设计和制造上最多乘坐 2 人（包括驾驶人）的三轮车辆；
> c）整车整备质量超过 600kg 的带驾驶室的三轮车辆；
> d）最大设计车速、整车整备质量、外廓尺寸等指标符合相关国家标准和规定的，专供残疾人驾驶的机动轮椅车；
> e）符合电动自行车国家标准规定的车辆。

部分摩托车类型及特点如图 2-6 所示。

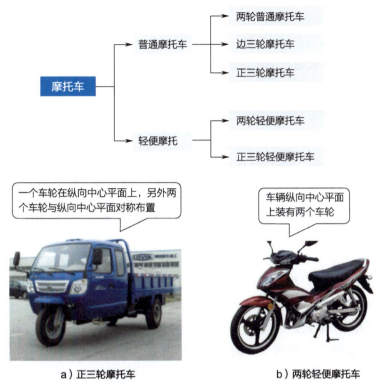

图 2-6 部分摩托车类型及特点

6. 拖拉机运输机组

3.7 拖拉机运输机组 tractor towing trailer for transportation

由拖拉机牵引一辆挂车组成的用于载运货物的机动车,包括轮式拖拉机运输机组和手扶拖拉机运输机组。

注1:本标准所指的拖拉机是指最高设计车速不大于20km/h、牵引挂车方可从事道路货物运输作业的手扶拖拉机,和最高设计车速不大于40km/h、牵引挂车方可从事道路货物运输作业的轮式拖拉机。

注2:手扶拖拉机运输机组还包含手扶变型运输机,即发动机12h标定功率不大于14.7 kW,采用手扶拖拉机底盘,将扶手把改成方向盘,与挂车连在一起组成的折腰转向式运输机组。

7. 轮式专用机械车

3.8 轮式专用机械车 wheeled mobile machinery for special purposes

轮式自行机械车

有特殊结构和专门功能,装有橡胶车轮可以自行行驶,最大设计车速大于20km/h的轮式机械,如装载机、平地机、挖掘机、推土机等,但不包括叉车。

8. 特型机动车

> 3.9 特型机动车 special-sized vehicle
>
> 质量参数、尺寸参数超出 GB 1589—2016 规定的汽车、挂车、汽车列车。

三、GA 802—2019 规定的机动车分类及定义

1. GA 802—2019 规定的车辆类型描述

公安部发布的 GA 802—2019《道路交通管理 机动车类型》，对机动车分类从规格术语、结构术语、使用性质术语和车辆类型四个方面作出明确的规定。机动车行驶证等证件上的车辆类型要求按照 GA 802—2019 所对应的机动车"规格术语+结构术语"签注，参见条文"7 车辆类型的确定"。

车辆类型根据机动车规格分类和机动车结构分类相加确定，规格分类在前，结构分类在后，如"大型普通客车""中型罐式货车""重型非载货专项作业车""重型集装箱半挂车""普通二轮摩托车"等。但低速货车的结构分类在前，规格分类在后，如"栏板低速货车""厢式低速货车""罐式低速货车"等。

机动车行驶证如图 2-7 所示，车辆类型描述为小型轿车、轻型厢式货车。

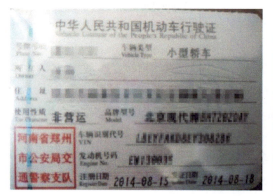 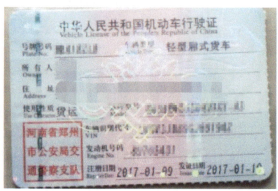

图 2-7 机动车行驶证

> **技术提示**
>
> 在工作中会遇到不同标准规定的差别，检验人员应当注意。车辆结构术语及规格术语 GB 7258—2017 略有不同，例如：GA 802—2019 中规定机动车机构分类的专用客车不包括专用校车，而 GB 7258—2017 条文"3.2.1.4.4"载客汽车包含专用校车。

2. 机动车规格

> 4 机动车规格
>
> 机动车规格分类见表1。

表 1　机动车规格分类

分类			说　明[c]
汽车	载客汽车[a]	大型	车长大于或等于6000mm或者乘坐人数大于或等于20人的载客汽车
		中型	车长小于6000mm且乘坐人数为10~19人的载客汽车
		小型	车长小于6000mm且乘坐人数小于或等于9人的载客汽车,但不包括微型载客汽车
		微型	车长小于或等于3500mm且内燃机气缸总排量小于或等于1000 mL（对纯电动汽车为驱动电机总峰值功率小于或等于15kW）的载客汽车
	载货汽车	重型	总质量大于或等于12000kg的载货汽车
		中型	车长大于或等于6000mm的载货汽车,或者总质量大于或等于4500kg且小于12000kg的载货汽车；但不包括重型载货汽车和低速货车
		轻型	车长小于6000mm且总质量小于4500kg的载货汽车,但不包括微型载货汽车和低速汽车（三轮汽车和低速货车的总称）
		微型	车长小于或等于3500mm且总质量小于或等于1800kg的载货汽车,但不包括低速汽车
		三轮（三轮汽车）	以柴油机为动力,最大设计车速小于或等于50km/h,总质量小于或等于2000kg,长小于或等于4600mm,宽小于或等于1600mm,高小于或等于2000mm,具有三个车轮的货车。其中,采用方向盘转向、由传动轴传递动力、有驾驶室且驾驶人座椅后有物品放置空间的,总质量小于或等于3000kg,车长小于或等于5200mm,宽小于或等于1800mm,高小于或等于2200mm。三轮汽车不应具有专项作业的功能
		低速（低速货车）	以柴油机为动力,最大设计车速小于70km/h,总质量小于或等于4500kg,长小于或等于6000mm,宽小于或等于2000mm,高小于或等于2500mm,具有四个车轮的货车。低速货车不应具有专项作业的功能
	专项作业车		专项作业车是指装置有专用设备或器具,在设计和制造上用于工程专项（包括卫生医疗）作业的汽车,如汽车起重机、消防车、混凝土泵车、清障车、高空作业车、扫路车、吸污车、钻机车、仪器车、检测车、监测车、电源车、通信车、电视车、采血车、医疗车、体检医疗车等,但不包括装置有专用设备或器具而座位数（包括驾驶人座位）超过9个的汽车（消防车除外）。专项作业车的规格分为重型、中型、轻型、微型,具体按照载货汽车的相关规定确定
有轨电车			有轨电车的规格按照载客汽车的相关规定确定
摩托车	普通		最大设计车速大于50km/h或者内燃机气缸总排量大于50mL或者电机额定功率总和大于4kW的摩托车
	轻便		最大设计车速小于或等于50km/h,且满足以下两个条件之一的摩托车：1)若使用内燃机驱动,内燃机气缸总排量小于或等于50mL；2)若使用电驱动,电机额定功率总和小于或等于4kW

(续)

分类		说　明 [c]
挂车 [b]	重型	总质量大于或等于12000kg的挂车
	中型	总质量大于或等于4500kg且小于12000kg的挂车
	轻型	总质量大于或等于750kg且小于4500kg的挂车
	微型	总质量小于750kg的挂车

注：a—对《道路机动车辆生产企业及产品公告》(以下简称《公告》)记载的乘坐人数为区间的国产载客汽车（包括以载运人员为主要目的的专用汽车），以《公告》上记载的乘坐人数上限确定其规格；对进口载客汽车，按实际核定的乘坐人数确定其规格。乘坐人数包括驾驶人。
　　b—不适用于设计和制造上需由拖拉机牵引的挂车。
　　c—机动车实车的车长与《公告》或者其他技术资料记载的机动车车长的公差符合相关管理规定且不超限时，以《公告》或者其他技术资料记载的机动车车长确定其规格。

3. 机动车结构

5　机动车结构

机动车结构分类见表2。

表2　机动车结构分类

分类			说　明
汽车	载客汽车	普通客车 [a]	单层地板，一厢或两厢式结构，安装座椅的载客汽车，但不包括轿车、面包车、越野客车
		双层客车	车身为长方体或近似长方体，双层地板，一厢或两厢式结构，安装座椅的载客汽车
		卧铺客车	车身为长方体或近似长方体，单层地板，一厢或两厢式结构，安装卧铺的载客汽车
		铰接客车	车身为长方体或近似长方体，由铰接装置连接两个车厢且连通，安装座椅的载客汽车
		轿车	车身结构为两厢式且乘坐人数小于或等于5人，或者车身结构为三厢式且乘坐人数小于或等于9人，安装座椅的载客汽车
		面包车	平头或短头车身结构，单层地板，发动机中置（指发动机缸体整体位于汽车前后轴之间的布置形式），宽高比（指整车车宽与车高的比值）小于或等于0.90，乘坐人数小于或等于9人，安装座椅的载客汽车
		旅居车	装备有睡具（可由桌椅转换而来）及其他必要的生活设施、用于旅行宿营的汽车
		专用校车	设计和制造上专门用于运送3周岁以上学龄前幼儿或义务教育阶段学生的载客汽车
		专用客车 [a]	设计和制造上用于载运特定人员并完成特定功能的载客汽车，包括囚车、殡仪车、救护车、由载客汽车整车或底盘改装的运钞车，以及载客汽车类教练车等由载客汽车整车或底盘、封闭式货车改装但不属于专项作业车的专用汽车，也包括不属于专项作业车的其他乘坐人数大于6人的专用汽车（如电力工程车），但不包括专用校车

（续）

分类			说明
汽车	载客汽车	无轨电车 [b]	以电机驱动，与电力线相连，具有四个或四个以上车轮的非轨道承载道路车辆
		越野客车 [a, b]	车身结构为一厢式或者两厢式，所有车轮能够同时驱动，接近角、离去角、纵向通过角、最小离地间隙等技术参数按照高通过性设计的载客汽车
	载货汽车 [c]	栏板货车	载货部位的结构为栏板的载货汽车，包括具有随车起重装置的栏板载货汽车，但不包括多用途货车、具有自动倾卸装置的载货汽车
		多用途货车	具有长头车身和驾驶室结构、核定乘坐人数小于或等于5人（含驾驶人）、驾驶室高度小于或等于2100mm、货箱栏板（货厢）上端离地高度小于或等于1500mm、最大设计总质量小于或等于3500kg的载货汽车
		厢式货车	载货部位的结构为厢体且与驾驶室各自独立的载货汽车；除翼开式车辆外，厢体的顶部应封闭、不可开启
		仓栅式货车	载货部位的结构为仓笼式或栅栏式且与驾驶室各自独立的载货汽车；载货部位的顶部应安装有与侧面栅栏固定的、不能拆卸和调整的顶棚杆，且不应具有（货箱）液压举升机构
		封闭式货车	载货部位的结构为封闭厢体且与驾驶室联成一体，车身结构为一厢式或两厢式的载货汽车
		罐式货车	载货部位的结构为封闭罐体的载货汽车
		平板货车	载货部位的地板为平板结构且无栏板、无锁具、无孔洞等固定货箱（货厢）装置的载货汽车
		集装箱车	载货部位为骨架结构且无地板，专门运输集装箱（包括罐式集装箱，下同）的载货汽车
		车辆运输车	载货部位经过特殊设计和制造，专门用于运输商品车的载货汽车
		特殊结构货车	专门运输特定物品、载货部位为特殊结构的载货汽车，包括未固定安装专用货箱的专用汽车，但不包括车辆运输车，如：混凝土搅拌运输车、车厢可卸式垃圾车、气瓶运输车
		自卸货车 [d]	载货部位的结构为栏板且具有自动倾卸装置的载货汽车
		专门用途货车	由非封闭式货车改装的，虽装置有专用设备或器具，但不属于专项作业车的汽车，如：工具车、货车类教练车
		半挂牵引车	装备有特殊装置用于牵引半挂车的汽车
		全挂牵引车	专门用于牵引全挂车的汽车
	专项作业车	非载货专项作业车	无载货功能的专项作业车，即不具有载货结构，或者虽具有载货结构但核定载质量（或托举质量）小于1000kg的专项作业车
		载货专项作业车	有载货功能的专项作业车，即核定载质量（或托举质量）大于或等于1000kg的专项作业车

（续）

分 类			说 明
汽车	摩托车	二轮摩托车	装有两个车轮、且两个车轮均在纵向中心平面上的摩托车
		正三轮载客摩托车	装有三个车轮，其中一个车轮在纵向中心平面上，另外两个车轮与纵向中心平面对称布置，不具有载货装置的摩托车
		正三轮载货摩托车	装有与前轮对称分布的两个后轮，具有载货装置的摩托车
		侧三轮摩托车	在二轮摩托车的右侧装有边车的摩托车
	全挂车	栏板全挂车	载货部位为栏板结构的全挂车，但不包括具有自卸装置的情形
		厢式全挂车	载货部位为封闭厢体结构的全挂车；除翼开式车辆外，厢体的顶部应封闭、不可开启
		仓栅式全挂车	载货部位的结构为仓笼式或栅栏式的全挂车；载货部位的顶部安装有与侧面栅栏固定的、不能拆卸和调整的顶棚杆，且不应具有(货箱)液压举升机构
		罐式全挂车	载货部位为封闭罐体结构的全挂车
		平板全挂车	载货部位的地板为平板结构且无栏板、无锁具、无孔洞等固定货箱(货厢)装置的全挂车
		集装箱全挂车	载货部位为骨架结构且无地板，专门运输集装箱的全挂车
		自卸全挂车[d]	载货部位的结构为栏板且具有自动倾卸装置的全挂车
		特殊用途全挂车	装置有专用设备或器具，用于专项作业或其他特殊用途的非载运货物的全挂车
	中置轴挂车	中置轴旅居挂车	装备有必要的生活设施，用于旅游和野外工作人员宿营的中置轴挂车
		中置轴车辆运输挂车	设计和制造上专门用于运输商品车的框架式中置轴挂车
		中置轴普通挂车	中置轴旅居挂车和中置轴车辆运输车以外的其他中置轴挂车
	半挂车	栏板半挂车	载货部位为栏板结构的半挂车，但不包括具有自卸装置的情形
		厢式半挂车	载货部位为封闭厢体结构的半挂车；除翼开式车辆外，厢体的顶部应封闭、不可开启
		仓栅式半挂车	载货部位的结构为仓笼式或栅栏式的半挂车；载货部位的顶部应安装有与侧面栅栏固定的、不能拆卸和调整的顶栅杆，且不应具有(货箱)液压举升机构
		罐式半挂车	载货部位为封闭罐体结构的半挂车
		平板半挂车	载货部位的地板为平板结构且无栏板、无锁具、无孔洞等固定货箱(货厢)装置的半挂车

（续）

分　类		说　明
汽车	半挂车 / 集装箱半挂车	载货部位为骨架结构且无地板，专门运输集装箱的半挂车
	自卸半挂车[d]	载货部位的结构为栏板且具有自动倾卸装置的半挂车
	低平板半挂车	采用低货台（货台承载面离地高度不大于1150mm）、轮胎名义断面宽度不超过245mm（公制）或者8.25英寸（英制）、与牵引车的连接为鹅颈式（连接部位不应具有载运货物的功能），用于运输不可拆解大型物体的半挂车
	车辆运输半挂车	载货部位经过特殊设计和制造，专门用于运输商品车的半挂车
	特殊结构半挂车	载货部位为特殊结构，专门运输特定物品的半挂车，但不包括车辆运输半挂车
	旅居半挂车	装备有必要的生活设施，用于旅游和野外工作人员宿营的半挂车
	专门用途半挂车	装备有专用设备或器具，但不属于专项作业半挂车的半挂车
	专项作业半挂车	装置有专用设备或器具，用于专项作业的半挂车
	轮式专用机械车 / 轮式装载机械	具有装卸设备的轮胎式自行机械
	轮式挖掘机械	具有挖掘设备的轮胎式自行机械
	轮式平地机械	具有平地设备的轮胎式自行机械

注：a—普通客车、专用客车和越野客车中的"客车"为"载客汽车"的缩写，包括乘坐人数小于或等于9人的情形。
　　b—符合无轨电车或越野客车结构特征的汽车，即使同时符合其他客车结构特征，也应确定为无轨电车或越野客车；同时符合两者结构特征的汽车，应确定为无轨电车。
　　c—邮政车、冷藏车、保温车等以载运货物为主要目的的专用汽车，以及非客车整车或底盘改装的运钞车，根据其载货部位的结构特征确定为相对应的载货汽车。
　　d—货车、挂车的载货部位为非栏板结构时，若载货部位具有自动倾卸装置，结构确定为"载货部位的结构特征+自卸"，如"罐式自卸""平板自卸"；自卸式车辆如设计和制造上有可开启的顶盖时，不应视为违反标准规定。

4. 机动车使用性质

6 机动车使用性质

6.1 机动车按使用性质分为营运、非营运和运送学生。营运机动车是指个人或者单位以获取利润为目的而使用的机动车；非营运机动车是指个人或者单位不以获取利润为目的而使用的机动车；运送学生机动车是指用于有组织地接送3周岁以上学龄前幼儿或义务教育阶段学生上下学的7座及7座以上的载客汽车，即校车。

6.2 机动车使用性质细类见表3。

表3 机动车使用性质细类

分类		说　明[a, b]
营运	公路客运	专门从事公路旅客运输的客车和乘用车
	公交客运	城市内专门从事公共交通客运的客车
	出租客运	以行驶里程和时间计费，将乘客运载至其指定地点的客车和乘用车
	旅游客运	专门运载游客的客车和乘用车
	租赁	专门租赁给其他单位或者个人自行使用，不随车配备驾驶劳务、以租用时间或者租用里程计费的机动车
	教练	专门从事驾驶技能培训的机动车
	货运	专门从事货物（危险货物除外）运输的货车、挂车
	危化品运输	专门用于运输剧毒化学品、爆炸品、放射性物品、腐蚀性物品等危险货物的货车、挂车
非营运	警用	公安机关、国家安全机关、司法行政系统（包括监狱、戒毒管理机关和司法局）和人民法院、人民检察院用于执行紧急职务的机动车
	消防	用于灭火的专用机动车和现场指挥机动车
	救护	急救、医疗机构和卫生防疫等部门用于抢救危重病人或处理紧急疫情的专用机动车
	工程救险	防汛、水利、电力、矿山、城建、交通、铁道等部门用于抢修公用设施、抢救人民生命财产的专用机动车和现场指挥机动车
	营转非	原为营运机动车（出租客运汽车除外），现改为非营运机动车
	出租转非	原为出租客运汽车，现改为非营运汽车，不再用作出租客运汽车
运送学生	运送幼儿（幼儿校车）	用于有组织地接送3周岁以上学龄前幼儿上下学的7座及7座以上载客汽车
	运送小学生（小学生校车）	用于有组织地接送小学生上下学的7座及7座以上载客汽车
	运送中小学生（中小学生校车）	用于有组织地接送义务教育阶段学生（小学生和初中生）上下学的7座及7座以上载客汽车
	运送初中生（初中生校车）	用于有组织地接送初中生上下学的7座及7座以上载客汽车

注：a——经出租汽车行政主管部门审核确认、用于网约车经营服务的7座及7座以下的乘用车为预约出租客运汽车；预约出租客运汽车退出网约车经营服务，转为非营运汽车的，为预约出租转非汽车；

b——非营运机动车没有对应细类的，使用性质确定为"非营运"。除使用性质确定为"非营运""营转非""出租转非""预约出租转非"以外的机动车，为生产经营性车辆。

需要注意的是

关于机动车辆及类型的术语和定义，安检机构在工作中主要依据 GA 802—2019《道路交通管理　机动车类型》及条文释义。

第二节 机动车的总体构造及基本原理

一、总体构造

1. 汽车的总体构造

汽车通常由发动机、底盘、车身和电气与电子设备四大部分组成。汽车的总体构造如图 2-8 所示。

图 2-8 汽车的总体构造

（1）发动机

发动机使输送进来的燃料燃烧，将燃烧产生的热能转变为机械能，是汽车的动力装置。汽车上广泛采用往复活塞式汽油发动机和柴油发动机，一般由曲柄连杆机构、配气机构、供给系统、冷却系统、润滑系统、点火系统（仅用于汽油发动机）和起动系统组成。

（2）底盘

底盘是汽车的基体，支承、安装发动机及各总成、部件，形成汽车的整体造型，并接受发动机的动力，使汽车产生动力，按驾驶人的操纵正常行驶。汽车底盘主要由传动系统、行驶系统、转向系统和制动系统四大部分组成。

（3）车身

车身是驾驶人工作的场所，也是装载乘客和货物的部件。车身主要包括发动机罩、车身本体及副车架等，轿车和客车车身为承载式车身，货车为非承载式车身，包括驾驶室和货箱以及某些汽车上的特种作业设备。

（4）电气与电子设备

电气设备包括电源系（蓄电池、发电机）、点火系、起动系、照明和信号装置、仪表、空调、刮水器、音响、门窗玻璃电动升降设备等。电子设备包括导航系统、电控燃油喷射及电控点火设备、电控自动变速设备、防抱死制动系统（ABS）、电子驱动防滑设备（ETS）、车门锁的遥控及自动防盗报警设备等各种人工智能装置。

2. 挂车构造和组成

全挂车与半挂车的主要区别是牵引结构与重心位置不同，其他结构差异不大。

如图 2-9 所示，全挂车的荷载由自身全部承担，采用牵引架（又称牵引杆）与牵引车连接。半挂车的车轴位于车辆重心（当车辆均匀受载时）后面，并且装有可将水平和垂直力传递到牵引车的联结装置。

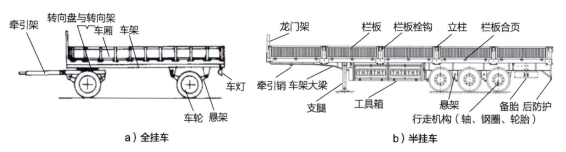

图 2-9 全挂车和半挂车结构简图

栏板式半挂车由车架、上装部分、牵引销、悬架、车桥及车轮、电气系统、支承装置、防护装置及附件组成。

3. 摩托车构造和组成

两轮普通摩托车由发动机、传动系统、行走系统、操纵制动系统及电气仪表装置等组成，如图 2-10 所示。

图 2-10 两轮普通摩托车的结构

二、主要技术参数

汽车的主要技术参数如图 2-11 所示。

图 2-11 汽车的主要技术参数

1. 整车整备质量

整车整备质量是指汽车完全装备好的质量,包括发动机、底盘、车身、全部电气设备和车辆正常行驶所需要的辅助设备质量。

2. 最大总质量

最大总质量是指汽车满载时的总质量。

3. 车长

车长是指垂直于车辆纵向对称平面并分别抵靠在汽车前、后最外端突出部位的两垂面之间的距离。

4. 车宽

车宽是指平行于车辆纵向对称平面并分别抵靠车辆两侧固定突出部位的两平面之间的距离。

5. 车高

车高是指车辆支承面与车辆最高突出部位抵靠的水平面之间的距离。

6. 轴距

轴距是指汽车处于直线行驶位置时,同侧车轮前轴车轮落地中心点到最后一轴中心落地点之间的距离。

7. 轮距

轮距是指在支承平面上,同轴左右车轮两轨迹中心间的距离。轴两端为多轮时,轮距为左右两条双轨迹的中心线的距离。

8. 前悬

前悬是指在直线行驶时,汽车前端刚性固件的最前点到通过两前轮轴线的垂面间的距离。

9. 后悬

后悬是指汽车后段刚性固件的最后点到通过最后车轮轴线的垂面间的距离。

10. 最小离地距离

最小离地距离是指满载时，车辆支承平面与车辆最低点之间的距离。

11. 接近角

接近角是指汽车前端突出点向前轮引的切线与地面的夹角。

12. 离去角

离去角是指汽车后端突出点向后轮引的切线与地面的夹角。

13. 最高车速

最高车速是指汽车在平直良好的道路上行驶时，所能达到的最大时速（km/h）。

14. 最大爬坡度

最大爬坡度是指车辆满载时的最大爬坡能力（%）。

15. 平均燃油消耗量

平均燃油消耗量是指汽车正常行驶时每 100 千米消耗的燃油量（L/100km）。

16. 最小转弯半径

最小转弯半径是指当转向盘转到极限位置，汽车以最低稳定车速转向行驶时，外侧转向轮的中心在支承平面上滚过的轨迹圆半径。

三、基本行驶原理

当外界给汽车施加足够大的推动力时，汽车就会克服轮胎与地面之间的摩擦力等阻力的影响，由静止开始运动（起步），并随着所加推动力的增大而加速运行；而当推动力减小或消失（失去动力）时，汽车便会减速直至停止运行。通常把这种推动汽车运动的力称为驱动力（或牵引力），而把阻碍汽车运动的各种力统称为阻力。

1. 汽车的驱动力

汽车的驱动力由发动机产生，如图 2-12 所示。

发动机所输出的转矩经传动系传至驱动轮，作用在驱动轮上的驱动力矩 M_t 使驱动轮转动，由于车轮与路面间的附着作用，在 M_t 的作用下，车轮边缘对路面作用一圆周力 F_0，F_0 方向与汽车行驶方向相反，其大小为 M_t 与车轮半径之比

$$F_0 = M_t / r_r$$

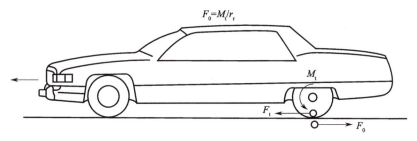

图 2-12　驱动力产生示意图

与此同时，地面对车轮施加一个与 F_0 大小相等、方向相反的反作用力 F_t，F_t 就是驱动力。

2. 汽车行驶的驱动条件

汽车在行驶时所受到的总阻力 $\sum F$ 有滚动阻力 F_f、空气阻力 F_w、坡度阻力 F_i 和加速阻力 F_j。

$$\sum F = F_f + F_w + F_i + F_j$$

滚动阻力 F_f 是由于车轮滚动时轮胎与地面发生变形而产生的。F_f 的大小与汽车的总重力、轮胎的结构与气压以及地面的性质有关。

空气阻力 F_w 主要由汽车前后压力差、汽车与空气的摩擦、气流的干扰组成。F_w 的大小与汽车结构、车速等有关。

坡度阻力 F_i 是指汽车在坡道上时其总重力沿坡道方向的分力。F_i 的大小取决于汽车的总质量和纵向坡度的大小。

加速阻力 F_j 是汽车加速行驶时，克服其质量加速运动时的惯性力。加速阻力包括平移质量的惯性力和旋转质量的惯性力偶矩。为了便于计算，一般把旋转质量的惯性力偶矩转化为平移质量的惯性力。

汽车行驶过程中，是驱动力 F_t 克服各种阻力的交替变化过程。当 $\sum F = F_t$ 时，剩余驱动力为 0，汽车将匀速行驶；当 $\sum F < F_t$ 时，汽车将加速行驶；当 $\sum F > F_t$ 时，汽车将减速直至停车。

3. 附着力及其对驱动力的限制

车轮与路面的相互摩擦以及轮胎花纹与路面凸起部位的相互作用综合在一起，称为附着作用。它产生的路面反力能阻碍车轮打滑，使车轮能够正常地向前滚动。这一反力的最大值就称为附着力 F_ϕ，F_ϕ 与车轮承受的垂直于地面的法向力 G（称为附着重力）成正比。

$$F_\phi = G_\phi$$

式中，ϕ 为附着系数，取决于路面状况、轮胎气压和花纹等，一般由试验决定。

驱动力的最大值一方面取决于发动机可能发出的最大转矩和变速器换入最低档位时的传动比，另一方面又受轮胎与地面的附着作用限制。

汽车行驶的附着条件为驱动力 $F_t \leq F_\phi$，若 $F_t > F_\phi$，则汽车打滑。

四、总体布置形式

1. 汽车的驱动形式

汽车的驱动形式通常用车轮总数 × 驱动轮数来表示。二轴车型常见的驱动形式有单桥驱动 4×2、越野 4×4；三轴及三轴以上车型的驱动形式有 6×4、6×2、8×4 等，如图 2-13 所示。

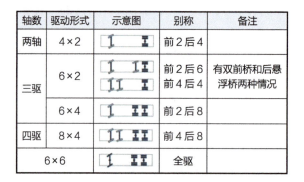

图 2-13 汽车的驱动形式

2. 汽车的布置形式

汽车按发动机的布置位置及汽车的驱动方式的不同，布置形式通常有 5 种：发动机前置后轮驱动（FR）；发动机前置前轮驱动（FF）；发动机后置后轮驱动（RR）；发动机中置后轮驱动（MR）；四轮驱动（4WD）。

（1）发动机前置后轮驱动

传动路线较长，发动机只能采用纵向布置，但是后轮得到的驱动力较大，如图 2-14 所示。大多数货车、部分轿车和部分客车采用这种形式。

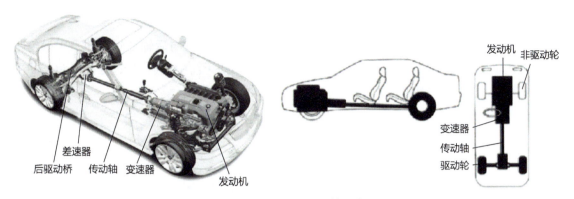

图 2-14 发动机前置后轮驱动

（2）发动机前置前轮驱动

传动路线结构简单，路线短，车身底板可以降低，有助于提高高速时的行驶稳定性。发动机可以横置也可以纵置，若采用横置可以简化主减速器的结构，但爬坡能力差，如图 2-15 所示。大多数轿车采用这种布置形式，豪华轿车一般不采用。

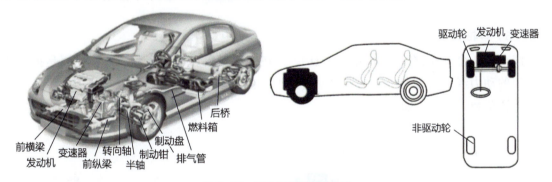

图 2-15 发动机前置前轮驱动

（3）发动机后置后轮驱动

传动系统结构紧凑，便于车身内部布置，减小驾驶舱内来自发动机的噪声，如图 2-16 所示。一般用于大中型客车和少数高档轿车，高档轿车还有发动机后置四轮驱动的形式。

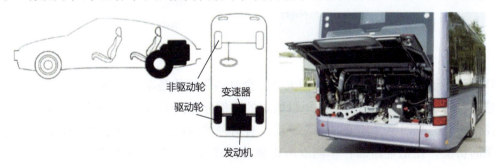

图 2-16 发动机后置后轮驱动

（4）发动机中置后轮驱动

发动机中置后轮驱动如图 2-17 所示，发动机放在驾驶舱与后轴之间，并采用后轮驱动（后中置后驱），或发动机放在前轴后面并用后轮驱动（前中置后驱），是高级跑车的主流驱动方式。部分高级跑车还采用发动机中置全轮驱动的形式。

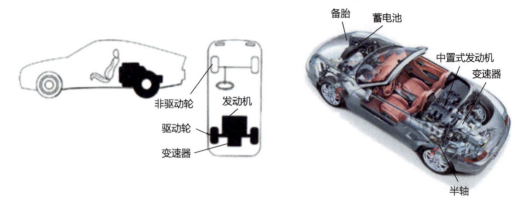

图 2-17　发动机中置后轮驱动

（5）四轮驱动

汽车的 4 个车轮都是驱动轮（4WD），其在变速器后加了一个分动器，作用是把变速器输出的动力经几套万向传动装置分别传给所有的驱动桥，并可以进一步降速增矩，常用于高档轿车和越野车，如图 2-18 所示。

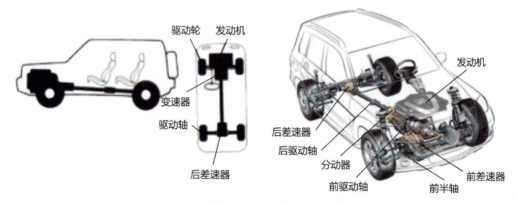

图 2-18　四轮驱动

4WD 分为全时四驱、适时四驱两大类。全时四驱指的是车辆在整个行驶过程中一直保持四轮驱动的形式，发动机输出转矩以固定的比例分配到前后轮，能随时拥有较好的越野和操控性能。适时四驱又称分时四轮驱动，有两种控制模式，一种是由电控单元控制两驱与四驱的切换，在正常路面，车辆以两轮驱动模式行驶，遇到越野路面或者车轮打滑时，电控单元将探测并自动将动力分配到另外两个车轮；另一种是由驾驶人手动控制以切换驱动形式的分时四驱。

第3章 机动车技术基础

第一节 机动车传动系

一、传动系的功用

机动车传动系是指从发动机到驱动轮之间所有动力传递装置的总称,其功用是将发动机发出的动力按需要传递给驱动轮。在动力传递过程中,传动系具有减速增矩、变速、倒车、中断动力、差速等功能,使机动车在各种不同的工况下均能正常行驶。

1. 减速增矩

发动机输出的动力具有转速高、转矩小的特点,无法满足机动车行驶的基本需要,通过传动系的主减速器,可以达到减速增矩的目的,即传给驱动轮的动力比发动机输出的动力转速低、转矩大。

2. 变速变矩

发动机的最佳工作转速范围很小,但机动车行驶的速度和需要克服的阻力在很大范围内变化,通过传动系的变速器,可以在发动机工作范围变化不大的情况下,满足机动车行驶速度变化大和克服各种行驶阻力的需要。

3. 实现倒车

发动机不能反转,但机动车除了前进外,还要倒退,这就需要在变速器中设置倒档,从而实现倒车。

4. 必要时中断传动系统的动力传递

在起动发动机、换档、行驶途中短时间停车(如等候交通信号灯)、机动车低速滑行等情况下，都需要中断传动系的动力传递，此时可利用变速器的空档中断动力传递。

5. 差速功能

在机动车转向等情况下，需要两个驱动轮能以不同转速转动，通过驱动桥中的差速器可以实现差速功能。

二、传动系的分类及组成

传动系的组成与其类型、布置形式及驱动形式等许多因素有关。

1. 机械式传动系

机械式传动系的组成如图3-1所示，主要由离合器、变速器、万向传动装置和驱动桥组成。其中，万向传动装置由万向节和传动轴组成，驱动桥由主减速器和差速器组成。

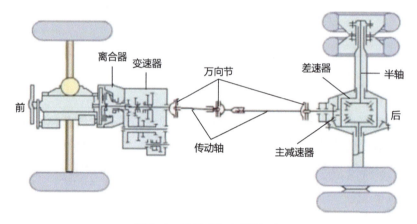

图3-1　机械式传动系的组成

发动机输出的动力经离合器、变速器、万向传动装置传到驱动桥，动力又经主减速器、差速器和半轴等传递到驱动车轮。

驱动轮得到的转矩给地面一个向后的作用力，地面对驱动轮产生一个向前的反作用力，这个反作用力称为驱动力或牵引力，当驱动力克服机动车行驶阻力，并满足附着条件时，机动车就会起步和行驶。

机械式传动系各部分的功用分别是：

1）离合器：使发动机与传动系平顺接合，把发动机的动力传给传动系，或者使两者分开从而切断传动。

2）变速器：实现变速、变矩和变向。

3）万向传动装置：将变速器输出的动力传给主减速器。

4）主减速器：降低转速，增加转矩。

5）差速器：将主减速器传来的动力分配给左、右半轴。

6）半轴：将动力由差速器传给驱动轮。

2. 液力机械式传动系

液力机械式传动系的特点是将液力传动与机械传动有机地组合起来，以液体为传动介质，利用其在主动元件和从动元件之间循环流动过程中动能的变化来传递动力。液力机械式传动系用自动变速器取代机械式传动系的摩擦式离合器和普通齿轮变速机构，其他组成部件与机械式传动系相差不大。

3. 新能源汽车传动系

新能源汽车传动系的传动方式有串联、并联、混联三种形式。图3-2所示为混合动力汽车的传动方式。

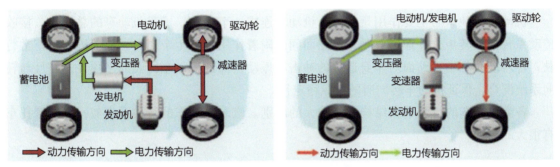

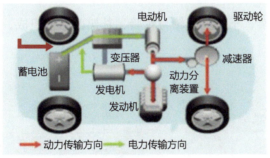

图3-2 混合动力汽车的传动方式

（1）串联

混合动力汽车的驱动包括一台电机和一台内燃机，所有组件须依次安装，其仅由电机直接对驱动轮产生影响，这种结构称为串联。

纯电动汽车传动装置在特定情况下同样也是一种串联传动装置。

（2）并联

混合动力汽车的驱动系统中，内燃机和电机都要与驱动轮进行机械连接的结构形式称为并联。

并联式传动方式可以单独也可以同时使用内燃机、电动机两种动力传动系统，将动力输送至传动系统。

（3）混联

混合动力汽车传动装置中，可以用串联和并联方式传递作用力的系统被称为混联或功率分支式混合动力系统。

第二节 机动车行驶系

一、机动车行驶系的功用

机动车行驶系的主要作用是将整个机动车连成一个整体，承受机动车的总质量，接收传动系传来的转矩，并通过驱动轮与路面间的附着作用，产生牵引力，保证机动车正常行驶；尽可能缓和不平路面对车身造成的冲击和振动，保证机动车行驶的平顺性；并且与转向系统配合，保证机动车转向时的操纵稳定性。

各类机动车的行驶系在结构上有较大的区别。汽车与挂车的行驶系类似，但与摩托车有很大的区别。

二、机动车行驶系的组成

机动车行驶系由车架、车桥、车轮与轮胎、悬架四部分组成，图3-3所示为二轴货车行驶系组成。

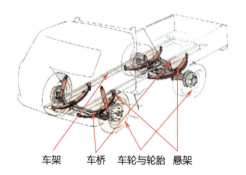 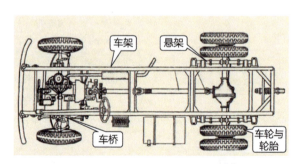

图3-3 二轴货车行驶系组成

三、车架

车架是连接在各车桥之间形似桥梁的一种结构，是整个汽车的安装基础，用于安装汽车的各总成和部件，使它们保持正确的相对位置，并承受来自车上和地面的各种静/动载荷。

车架的类型主要有边梁式车架、中梁式车架（又称脊梁式车架）、综合式车架和无梁式车架四种。如图3-4所示，常见的边梁式车架常用于货车、挂车；无梁式车架又称承载式车身，常用于载客汽车。

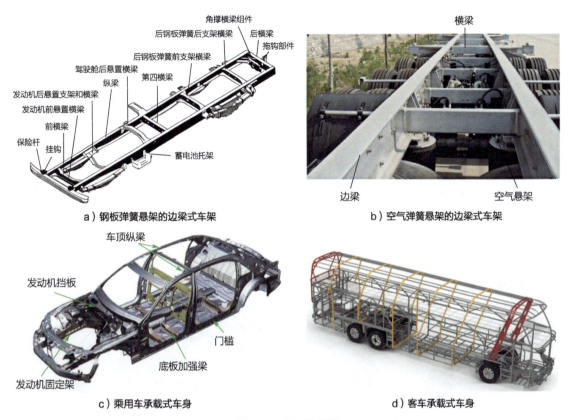

图 3-4 车架的类型

四、车桥

1. 车桥的功用

车桥通过悬架与车架（或承载式车身）相连，两端安装车轮。车架所受的垂直载荷通过车桥传到车轮。

2. 车桥的类型及组成

根据车辆悬架类型以及传动系（前置发动机前轮驱动、前置发动机后轮驱动、四轮驱动等）的不同，按车轮不同运动方式，车桥分为转向桥、驱动桥、转向驱动桥和支承桥四种类型，如图 3-5 所示。

转向桥通过转向节的摆动带动车轮偏转一定的角度以实现汽车转向，它承受车轮与车架之间的垂直载荷，纵向的道路阻力、制动力和侧向力，以及由这些力所形成的力矩。

驱动桥的基本功能是增大由传动轴或变速器传来的转矩，并将动力合理地分配给左右驱动轮。另外，还承受作用于路面和车架或车身之间的垂直力、纵向力和横向力。驱动桥一般由主减速器、差速器、车轮传动装置和驱动桥壳等组成。

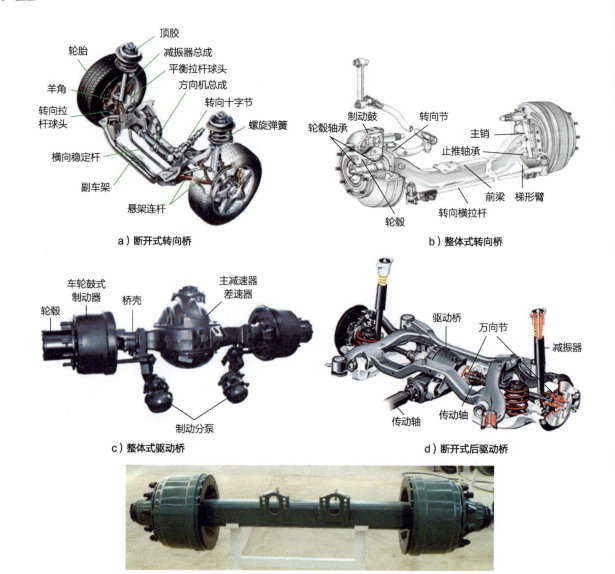

图 3-5 车桥分类

转向驱动桥具有转向和驱动两种功能,既包括一般驱动桥具有的主减速器、差速器及半轴等部件,也包括一般转向桥所具有的转向节壳体、主销和轮毂等部件。

支承桥通常只起支承作用,属于从动桥,主要由车桥和轮毂等部分组成。发动机前置前轮驱动乘用车的后桥属于支承桥;单桥驱动的三轴机动车的后桥设计成支承桥,挂车上的车桥也是支承桥。

五、车轮与轮胎

1. 车轮与轮胎的功用

车轮与轮胎又可以称为车轮总成,位于车身(车架)与路面之间,如图 3-6 所示,支承机动车及其装载质量；缓冲车轮受路面不平引起的冲击振动，提高机动车通过性；传递机动车与路面之间的各种力和力矩；抵抗侧滑并能产生回正力矩，保证机动车正常的转向及行驶。

图 3-6　车轮与轮胎

2. 车轮

车轮是介于轮胎和车轴之间承受负荷的旋转组件，通常由轮辋（俗称轮圈）、轮辐组成。轮辋是在车轮上安装和支承轮胎的部件，轮辐是在车轮上介于车轴和轮辋之间的支承部件。

3. 轮胎

轮胎安装在轮辋上且直接与地面接触，轮胎与地面之间的摩擦力决定了机动车的操纵性。轮胎与机动车悬架共同吸收、缓和机动车行驶时所受到的冲击和振动，以保证机动车具有良好的乘坐舒适性和行驶平顺性。

按轮胎组成结构不同，可将轮胎分为有内胎轮胎和无内胎轮胎两种；按胎体中帘线排列的方向不同，可将轮胎分为普通斜交轮胎和子午线轮胎；按照使用季节不同，可将轮胎分为夏季轮胎、冰雪地轮胎及全天候轮胎。

轮胎的结构、规格标识如图 3-7 所示，有内胎的轮胎由轮胎、内胎、垫胎、轮辋、轮辐、挡圈组成。轮胎的外胎由胎冠、胎侧、胎肩、胎圈四部分组成。

轮胎的侧面标有轮胎的规格：外胎直径 D、轮辋直径（又称轮胎内径）d、扁平率（断面高 H 和断面宽 B 的比值）。斜交轮胎用 B-d 表示，国产子午线轮胎用 BRd 表示，其中 R 代表子午线轮胎。

轮胎的速度性能要和汽车的最高速度相匹配，轮胎需要表明其速度级别。

轮胎的负荷能力是指在一定行驶速度和相应充气压力时的最大载荷质量，可用"层级（PR）""荷重指数""负荷级别"等表示。

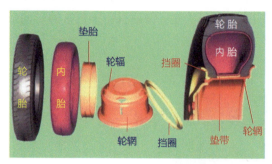

a）有内胎的车轮结构

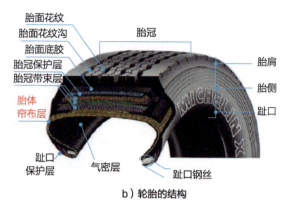

b）轮胎的结构

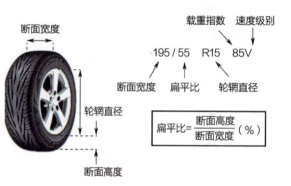

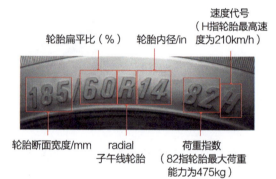

c）轮胎的规格标识

图 3-7　轮胎的结构、规格标识

六、悬架

1. 悬架的功用

悬架是车架（或承载式车身）与车桥（或车轮）之间所有传力连接装置的总称。悬架把路面与车轮之间摩擦所产生的驱动力和制动力传递到车架（或承载式车身）上，保证机动车的正常行驶；利用弹性元件和减振器吸收各种摇摆和振动，保障乘客和货物的安全；利用悬架的某些传力杆件使车轮按一定轨迹相对于车架或车身跳动，起到导向作用，保证各部件处于适当的几何位置；利用悬架中的辅助弹性元件和横向稳定器，防止车身在转向等行驶情况下发生过大的侧向倾斜。

2. 悬架的类型

如图 3-8 所示，按系统结构的不同，悬架分为非独立悬架和独立悬架。非独立悬架是两侧车轮安装于同一整体式车桥上，车轮与车桥一起通过弹性元件悬挂在车架或车身上；当一侧车轮受到冲击时会直接影响到另一侧车轮，左右两轮都会运动。独立悬架采用的车桥是断开式的，两侧车轮分别独立地与车架或车身弹性连接，当一侧车轮受到冲击时，其运动不会直接影响到另一侧车轮。

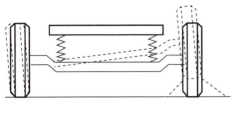
a）非独立悬架

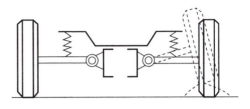
b）独立悬架

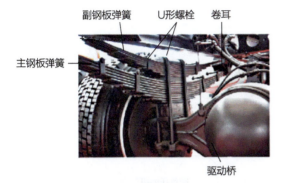
c）被动悬架的钢板弹簧

d）主动悬架的空气弹簧

图 3-8 悬架的类型

按照控制形式的不同，悬架可分为被动式悬架和主动式悬架两大类。被动式悬架采用钢板弹簧，特点是车辆姿态（状态）只能被动地取决于路面、行驶状况和车辆的弹性元件、导向装置以及减振器这些机械零件。主动悬架采用空气弹簧及其电控系统，可以根据路面和行驶工况自动调整悬架的刚度和阻尼，从而使车辆能主动地控制垂直振动及其车身或车架的状态。

3. 悬架的组成

悬架一般由弹性元件、减振器、导向装置和横向稳定器等组成，如图 3-9 所示。

1）弹性元件：承受和传递垂直载荷，缓冲并抑制不平路面所引起的冲击。弹性元件主要是指弹簧，是维持正确的行驶高度并吸收冲击力的元件。机动车上常用的弹性元件包括螺旋弹簧、钢板弹簧、扭杆弹簧、气体弹簧和橡胶弹簧等。如果弹簧磨损或损坏，则其他悬架元件就会偏离其正确位置而增加磨损，增加的冲击力将破坏汽车操纵性。

2）减振器：加快振动的衰减，使车身和车轮的振动得以控制。

3）导向装置：传递纵向力、侧向力及其力矩，并保证车轮有正确的运动关系。

4）横向稳定器：用以阻止车身在不平路面上行驶或转向时发生过大的横向侧倾。

空气悬架主要由空气压缩机、空气滤清器、油水分离器、储气筒、空气电磁阀、车身高度传感器、车身高度调节控制阀、囊式空气弹簧、悬架控制执行器、悬架控制模式选择开关（在驾驶舱）和电控单元等组成。

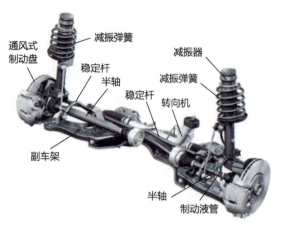

a）螺旋弹簧悬架　　　　　　　　b）扭杆弹簧悬架

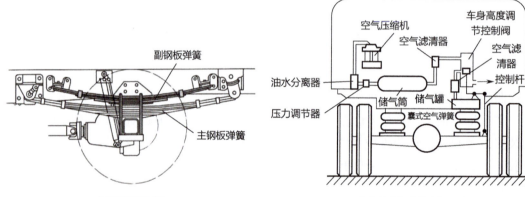

c）钢板弹簧悬架　　　　　　　　d）货车空气弹簧悬架组成

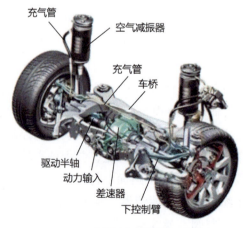

e）乘用车空气悬架

图 3-9　悬架的组成

第三节　机动车转向系

一、机动车转向系的功用

机动车转向系的功用是改变和保持机动车的行驶方向。转向时，必须使转向轮绕主销轴线偏转一定角度，直到新的行驶方向符合驾驶人的要求时，再将转向轮恢复到直线行驶位置。这种由驾驶人操纵转向轮偏转和回位的一整套机构，称为机动车转向系。

汽车、专项作业车转向系类似，摩托车的转向系较简单，本节以汽车转向系为例进行讲解。

二、汽车转向系的分类及组成

转向系主要由转向操纵机构、转向器和转向传动机构组成，当驾驶人转动转向盘时，作用力经转向柱传至转向器，转向器把这个动作传到转向传动机构。然后，转向传动机构带动前轮偏转，控制汽车的行驶方向。

汽车转向系按转向能源的不同分为机械式转向系和动力式转向系两大类，其中动力式转向系又分为液压动力式转向系和电动动力式转向系，如图3-10所示。

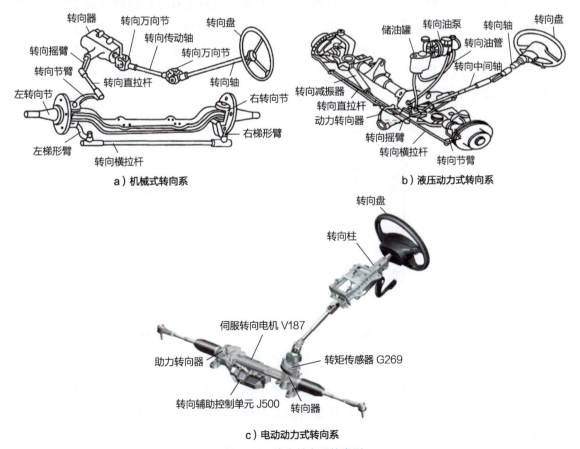

图3-10　汽车转向系的类型

1. 机械式转向系

机械式转向系以驾驶人的体力作为转向能源。汽车转向时，驾驶人对转向盘施加一个转向力矩，该力矩通过转向轴、转向万向节、转向传动轴输入转向器。经转向器放大后的力矩在减速之后的运动传动转向摇臂，再经转向直拉杆、转向节臂传给左转向节，使左转向节及其所安装的左转向轮偏转。同时，左转向节经过左梯形臂、转向横拉杆、右梯形臂带动右转向节及其所安装的右转向轮偏转相应的角度。

2. 动力式转向系

动力式转向系是兼用驾驶人体力和发动机动力（或电动机动力）作为转向能源的转向系。动力式转向系是在机械式转向系的基础上加设一套转向加力器而成。

3. 转弯半径

如图 3-11 所示，汽车转向时，内侧车轮和外侧车轮滚过的距离是不相等的。对于一般汽车来说，后桥左右两侧的驱动轮由于差速器的作用，能够以不同的转速滚过不同的距离。但前桥左右两侧的转向轮要滚过不同的距离，必然引起车轮沿路面边滚动边滑动，致使转向时的行驶阻力增大，轮胎磨损增加。为了避免这种现象，要求转向系能保证汽车在转向时，所有车轮均做纯滚动运动。显然，这只有在转向时所有车轮的轴线都交于一点方能实现。此交点 O 称为汽车的转向中心。汽车转向时，内侧转向轮偏转角 β 大于外侧转向轮偏转角 α。从转向中心 O 到外侧转向轮与地面接触点的距离 R 称为汽车转弯半径。转弯半径 R 越小，则汽车转向所需场地就越小，汽车的机动性也越好。当外侧转向轮偏转角达最大值时，转弯半径最小。

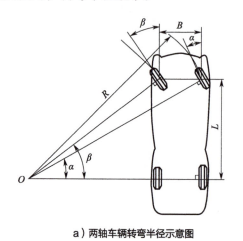

a）两轴车辆转弯半径示意图　　b）车辆内轮差

图 3-11　转弯半径

车辆转弯时，内前轮转弯半径与内后轮转弯半径之差称为内轮差。车长越长，内轮差越大，会危及行人及车辆的安全，特别是驾驶人右侧盲区，因此车辆应设置右转弯音响提示装置。

4. 转向盘自由行程

转向盘自由行程,又称为转向盘最大自由转动量,即原地不动的情况下,转向盘可以自由转动的最大角度,如图 3-12 所示。

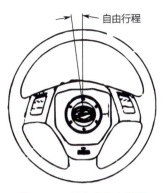

图 3-12 转向盘自由行程

转向系各传动件之间都存在装配间隙,而且这些间隙将随着零件的磨损而增大。在转向盘转动过程的开始阶段,驾驶人对转向盘所施加的力矩很小,因为只是用这个力矩来克服转向系内部的摩擦,并使各传动件的运动间隙完全消除,故可以认为这一阶段是转向盘空转阶段。此后,才需要对转向盘施加更大的转向力矩以克服经车轮传到转向节上的转向阻力矩,从而实现使转向轮偏转的目的。转向盘在空转阶段中的角行程称为转向盘自由行程。转向盘自由行程对于缓和路面冲击及避免使驾驶人过度紧张是有利的,但不宜过大,否则将使转向灵敏性降低。

根据 GB 7258—2017 中条文"6.4"的规定,机动车转向盘的最大自由转动量应小于或等于:

1)最大设计车速大于或等于 100km/h 的机动车:15°。

2)三轮汽车:35°。

3)其他机动车:25°。

三、转向桥

转向桥俗称转向轴,转向桥是通过转向节的摆动带动车轮偏转一定的角度以实现汽车转向。

如图 3-13 所示,以车辆纵向看,位于车辆的中心位置前的车桥为前桥,位于中心位置后的车桥为后桥。

图 3-13 区分前桥数量

常见的前桥数量为 1 桥或 2 桥。一般汽车有几个转向桥就称几轴转向,常见的有 1 轴转向或 2 轴转向。两轴车辆,前桥(第一轴)为转向桥,多轴车辆分为单桥转向和双桥转向两种形式。有些全挂车的第一轴具有转向功能。

第四节 机动车制动系

一、制动系的要求

（1）具有良好的制动性能

1）良好的制动效能：要求汽车在良好路面上以一定初速度制动到停车的距离，或制动过程的减速度能满足法规要求。评价指标有制动距离、制动减速度、制动力和制动时间。

2）制动效能的恒定性：指抗"热衰退"和抗"水衰退"能力。在高速或下坡连续制动时散热性好、抗"热衰退"性好，或制动器摩擦副浸水后，制动效能的保持程度能满足法规要求。

3）制动时汽车的方向稳定性：汽车在制动过程中，不允许出现跑偏、侧滑、甩尾等现象。保持汽车原有行驶方向控制的能力，通常是规定汽车制动时不能偏离规定宽度的跑道，或偏离距离不得大于规定值。

（2）坡道上的停车能力

汽车应能在规定坡度的坡道上可靠地驻车，即驻坡能力。

（3）制动时的操纵轻便性及乘坐舒适性

指制动操纵力与制动器制动力的特性（随动性）使驾驶人在行车中能操纵自如、不会疲劳。

（4）制动平顺性好

制动力矩能迅速而平稳地增加，也能迅速彻底地解除。制动时，制动噪声小。

（5）工作可靠

当系统主要部件或装置出现故障或制动摩擦片过度磨损、油液液面过低时，能及时向驾驶人发出警告信号。

（6）挂车制动系要求

挂车制动系要求挂车的制动作用略早于主车，挂车自行脱钩时能自动进行应急制动。

二、制动系的功用

1）使行驶中的汽车强制减速甚至停车。在汽车进入弯道、行驶在不平道路、两车交会或者突遇障碍物、有碰撞行人和其他车辆的危险时，要在尽可能短的时间内降低车速，甚至停车。

2）使下坡行驶的汽车速度保持稳定，以保证行车安全。汽车在下长坡时，在重力产生的下滑力的作用下，车速不断加快，此时应将车速限定在安全值内，并保持车速相对稳定。

3）使已停驶的汽车在各种道路条件下（包括在坡道上）稳定驻车，以防溜车。

三、制动系的分类

按制动系的功用分为行车制动装置、驻车制动装置、第二制动装置、辅助制动装置四类。

1. 行车制动装置

使行驶中的汽车降低速度甚至停车的一套专门装置，主要由车轮制动器和制动传动机构组成，俗称脚制动。

汽车的行车制动系统采用双回路制动装置。该装置利用彼此独立的双腔制动主缸，通过两套独立管路，分别控制两桥或三桥的车轮制动器。若一套管路失效，另一套管路仍然能继续起制动作用。

大多数气压制动的车辆还有制动安全保护装置，在气压不足时制动车辆，使车辆不能行驶。

2. 驻车制动装置

使已停驶的汽车驻留原地不动的一套装置。坡道起步、行车制动效能失效后，该装置临时使用或配合行车制动器进行紧急制动，俗称手制动。

3. 第二制动装置

第二制动装置又称为应急制动装置，在行车制动系失效的情况下保证汽车仍能实现减速或停车的一套装置。有些车型第二制动装置是行车制动的一个回路，有些车型采用独立的一套制动系统。

4. 辅助制动装置

在汽车下长坡时用以稳定车速的一套装置。

四、制动系的组成

制动系由操纵制动器的制动传动装置和制动器组成。制动系还具有制动力调节装置、制动报警装置、气压压力保护装置等附加装置。图 3-14 所示为前盘后鼓式液压制动系。

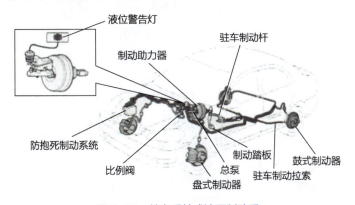

图 3-14 前盘后鼓式液压制动系

1. 制动传动装置

汽车制动传动装置是将驾驶人或其他动力源的作用力传递到制动器，同时控制制动器工作，从而获得所需要的制动力矩。一般分为液压制动传动装置、气压控制制动传动装置、气液综合式制动传动装置三种形式。

（1）液压制动传动装置

如图3-15所示，液压控制传动装置利用制动液作为传力介质，其机械效率高，传力比大，易于实现对各车轮制动力的合理分配，制动能源是人力，只适用于微型、轻型汽车的鼓式制动形式。

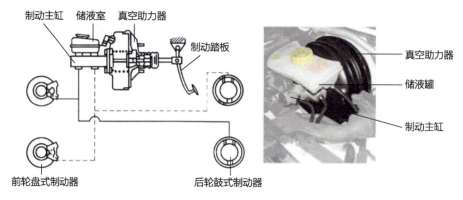

图3-15　液压制动传动装置

配置盘式制动器的大部分车辆在普通液压机构的基础上增加了真空助力器，称其为真空液压制动传动装置，即伺服制动系。助力器不改变液压系统的作用，即使助力器失灵或发动机动力切断时，真空液压制动传动装置也能实现制动，目前在中小型车辆中应用广泛。

（2）气压控制制动传动装置

气压控制制动传动装置的制动能源是空气压缩机产生的压缩空气。这种类型的传动装置具有操纵轻便省力的优点，广泛用于中型、重型汽车。

如图3-16所示，由发动机驱动的空气压缩机将压缩空气经单向阀首先输入湿储气罐，

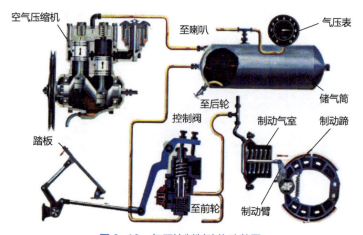

图3-16　气压控制制动传动装置

压缩空气在湿输气管内冷却并进行油水分离之后,分成两个回路:一个回路经储气筒、双腔制动阀的中腔通向后制动气室;另一个回路经储气筒、双腔制动阀的下腔通往前制动气室。当其中一个回路发生故障失效时,另一个回路仍能继续工作,以保证汽车具有一定的制动能力,从而提高了汽车行驶的安全性。

（3）气液综合式制动传动装置

如图3-17所示,气液综合式制动传动装置由空气加力器与液压控制传动装置组成。常用的空气加力器有真空加力器和压缩空气加力器。真空加力器是利用发动机工作时在进气管中形成的真空度（或利用真空泵）为动力源的动力制动传动装置。压缩空气加力器用带空气压缩机气压制动系统与液压制动系统组合而成,气压可通过串联的制动气室和液压主缸转换为液压能。

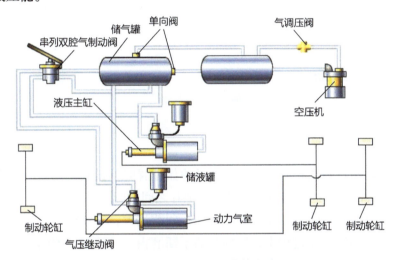

图3-17 气液综合式制动传动装置

2. 制动器

制动器在制动系中用以产生阻碍车辆运动或运动趋势的力,即利用固定元件与旋转元件表面之间的摩擦而产生制动力矩,分为鼓式制动器和盘式制动器两大类,如图3-18所示。

制动器按旋转元件固装位置的不同可分为车轮制动器和中央制动器两类。车轮制动器可用于行车制动和驻车制动,中央制动器只用于驻车制动和缓速制动。车轮制动器的旋转元件固装在车轮或半轴上；中央制动器的旋转元件固装在传动系的传动轴上,其制动力矩必须经过驱动桥再分配到两侧车轮上,一般只用于驻车制动。

鼓式制动器产生的制动力更大,常用于中型以上客车、货车和一些轿车的后制动器。鼓式制动器的旋转元件是制动鼓,固定元件是制动蹄。制动时,制动蹄在促动装置的作用下向外转动,外表面的摩擦片压靠到制动鼓的内圆柱面上,从而对制动鼓产生制动摩擦力矩。

盘式制动器摩擦副中的旋转元件是以端面工作的金属圆盘，称为制动盘。摩擦元件从两侧夹紧制动盘而产生制动。固定元件则有多种结构形式，大体上可将盘式制动器分为钳盘式和全盘式制动器两类。

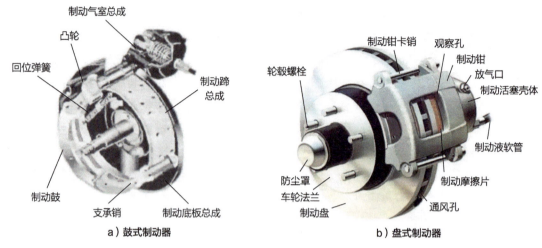

a）鼓式制动器　　　　　　　　　b）盘式制动器

图 3-18　制动器

3. 制动间隙

制动器的制动间隙是指在制动器不工作的原始位置时，鼓式制动器的制动鼓和制动蹄摩擦片之间、盘式制动器的制动盘和制动钳摩擦片之间的间隙。

制动器间隙过小，不能保证完全解除制动；间隙过大，制动器反应时间过长，直接威胁到行车安全。制动器工作过程中，摩擦片的不断磨损将导致制动器间隙逐渐增大，因此要求制动器必须有检查和调整间隙的装置。

微小型液压车辆制动间隙自动调整采用制动液压阀体；中重型车型采用自动调整臂，能自动、及时地调整由磨损而增大的间隙，使制动间隙始终保持在设计范围内，如图 3-19 所示。

a）调整臂式　　　　b）液压助力式调整臂　　　　c）机械式调整臂

图 3-19　制动间隙自动调整装置构成

五、驻车制动装置

驻车制动装置分中央驻车制动装置和车轮驻车制动装置两类；车轮驻车制动装置按照控制形式分为机械式驻车制动和电子式驻车制动两种。

1. 机械式驻车制动

机械式驻车制动装置类型及组成如图 3-20 所示。

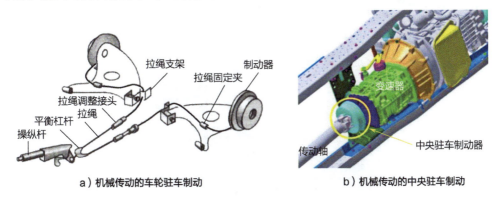

图 3-20 机械式驻车制动装置类型及组成

（1）车轮驻车制动装置

车轮驻车制动的传动装置与行车制动的传动装置各自独立。

车轮驻车制动利用行车驻车一体的车轮制动器，驻车制动与行车制动使用同一副摩擦衬片；或者使用独立的摩擦衬片（盘鼓结合的结构），实现制动作用，常用于中小型、微型车辆。

在中重型车辆上的气压制动车轮驻车制动装置，利用弹簧制动缸在放气状态下产生的弹簧推力迫使制动摩擦副产生摩擦力，俗称"断气刹"。

在挂车大梁上，有单独的驻车制动手柄，原理与货车的"断气刹"一致。

（2）中央驻车制动装置

中央驻车制动装置安装在变速器的后方、传动轴的前方，制动原理与车轮驻车制动装置大体相似，只是安装部位不同。

（3）操纵手柄的形式

机械式驻车制动操纵手柄有棘轮手拉式、脚踏式、手柄组合断气刹等形式，如图 3-21 所示。

2. 电子式驻车制动

电子式驻车制动多见于车轮驻车制动形式的小型、微型车辆上，分为电子驻车和自动驻车两类。电子驻车仅具有驻车功能，自动驻车具有上坡辅助、陡坡缓降、制动间隙自动调整功能。电子式驻车制动主要包括左右轮制动器锁止系统、驻车制动器控制单元、警告灯及驻车制动开关等，如图 3-22 所示。

a）棘轮手拉式

b）脚踏式

c）手柄组合断气刹

图 3-21　不同形式的驻车制动手柄

a）类型

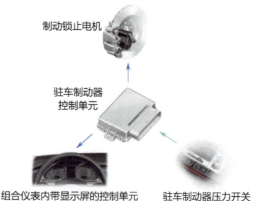
b）组成

图 3-22　电子式驻车制动装置类型及组成

六、辅助制动装置

辅助制动装置是辅助汽车减速的装置。有些重型汽车和经常在山区行驶的汽车，如果只靠行车制动器连续工作，则很容易造成制动器过热、制动能力衰退、磨损严重甚至烧坏。因此，加装辅助制动装置，可以减轻行车制动器的负担，保证安全行驶和降低油耗。

目前，辅助制动装置主要有发动机制动、排气减速辅助制动、电力减速装置和液力减速装置、能量回收式减速辅助制动四种形式。

图 3-23 所示为辅助制动装置类型及开关形式。

a) 排气减速辅助制动

b) 电涡流缓速器辅助制动

c) 液力缓速器辅助制动

d) 中控台上的缓速器开关

e) 刮水器开关上的缓速器开关

f) 排气制动手柄

图 3-23 辅助制动装置类型及开关形式

1. 发动机制动

对行驶中的汽车发动机停止燃料供给，并将变速器换入某一前进档，使汽车得以通过驱动轮和传动系反过来带动发动机曲轴继续旋转。这时，发动机从提供动力的角色变为一个消耗汽车动能的空气压缩机。

汽车对发动机输入的动能大部分消耗在发动机的进气、压缩、排气过程中，小部分消耗在对水泵、油泵、空压机、发电机等附件的驱动中。发动机及上述各附件阻碍曲轴旋转的力矩即制动力矩，通过传动系统放大后传给驱动轮。

2. 排气减速辅助制动

有的柴油车装有排气减速辅助制动装置，在下长坡时用该装置使排气管堵塞住，同时使高压油泵处于停止供油的工况，就可以提高发动机制动的效果并节省燃料。

3. 电力减速装置和液力减速装置

电力减速装置又称电涡流缓速器，利用传动轴转动的动力产生电涡流，形成阻止转动的制动力矩，这种装置制动强度较大。

液力减速装置又称液力缓速器，利用已有的油泵，在变速器内装有液力减速装置，靠转子和定子之间的液力摩擦吸收能量，使汽车减速。

4. 能量回收式减速辅助制动

新能源电动车辆的能量回收式减速辅助制动为主动式辅助制动装置。车辆无辅助制动开关，在踩踏制动踏板时，辅助制动装置开始工作，工作时仪表指示灯亮。

七、防抱死制动系统

1. 防抱死制动系统的功用

装备了防抱死制动系统（Anti-lock Brake System，ABS）的汽车，制动时既可缩短制动距离、提高制动时方向的稳定性（使汽车沿直线减速停止，防止甩尾、侧滑）、确保制动时有良好的转向能力，同时又能改善轮胎的磨损状况，提高轮胎使用寿命。

（1）制动过程中车轮的滑移率

汽车在制动时，车速与轮速之间产生速度差，车轮发生滑移现象。滑移的程度用汽车制动时的车速与车轮瞬时圆周速度之差与车速的比值，即车轮的滑移率 S 表示。

$$S = \frac{车速 - 轮速}{车速} \times 100\%$$

式中，轮速 = 车轮转速 × 车轮半径。

（2）附着系数 ϕ 与滑移率 S 的关系

干燥硬路面的附着系数与滑移率之间的关系如图 3-24 所示。

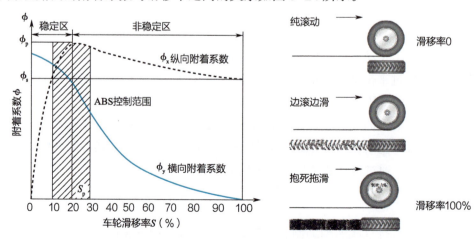

图 3-24　干燥硬路面的附着系数与滑移率之间的关系

车辆正常行驶时，车速 $v=$ 轮速 v_ω，$S=0$；车轮自由滚动。

车轮完全抱死时，轮速 $v_\omega=0$，$S=100\%$，车轮完全抱死滑移，纵向附着系数下降，制动力下降，汽车制动效能变差。横向附着系数下降至 0，此时，车轮在极小的侧向力作用下产生侧滑。若汽车前轴先抱死，则汽车方向失控；后轴先抱死，则汽车甩尾。

而当车速 $v>$ 轮速 v_ω，$0<S<100\%$，车轮既滚动又滑移。滑移率越大，车轮滑移程度越大。

通过以上分析得知，应将制动滑移率控制在稳定区域内。附着系数的大小取决于道路的材料、状况以及轮胎的结构、胎面花纹和车速等因素。将车轮滑移率 S 控制在 20% 左右，以便获取最大的纵向附着系数，使得制动力最大。同时，横向附着系数也保持较大值，使车辆具有良好的抗侧滑能力和制动时的转向操纵能力，控制效果最理想。

（3）理想的制动控制过程

制动开始时，让制动压力迅速增大，使滑移率 S 上升至 20% 所需时间最短，以便获取最短的制动距离和方向稳定性。

制动过程中，当 S 上升稍大于 20% 时，对制动轮迅速适当减小制动压力，使 S 迅速下降到 20%。

当 S 下降稍小于 20% 时，对制动轮迅速适当增大制动压力，使 S 迅速上升到 20%。

2. ABS 的组成和工作原理

ABS 在传统制动系统的基础上增设车轮轮速传感器、电控单元（ECU）、制动压力调节器、ABS 警告灯等元件，如图 3-25 所示。

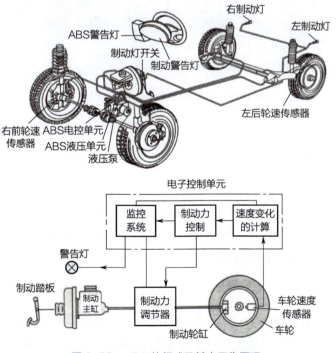

图 3-25　ABS 的组成及基本工作原理

汽车在制动过程中，车轮转速传感器不断把各个车轮的转速信号及时输送给 ABS 电控单元（ABS ECU）。ABS ECU 根据设定的控制逻辑对 4 个转速传感器输入的信号进行处理，同时计算汽车的参考车速、各车轮速度和减速度，以确定各车轮的滑移率。如果某个车轮的滑移率超过设定值，ABS ECU 就发出指令控制液压控制单元，使该车轮制动轮缸中的制动压力减小；如果某个车轮的滑移率还没达到设定值，ABS ECU 就控制液压单元，使该车轮的制动压力增大；如果某个车轮的滑移率接近于设定值时，ABS ECU 就控制液压控制单元，使该车轮制动压力保持一定。这样就使各个车轮的滑移率保持在理想的范围之内，防止 4 个车轮完全抱死。

在制动过程中，如果车轮没有抱死趋势，ABS 将不参与制动压力控制，此时的制动过程与普通制动系统相同。如果 ABS 出现故障，电子控制单元将不再对液压单元进行控制，并将仪表板上的 ABS 故障警告灯点亮，向驾驶人发出警告信号，此时 ABS 不起作用，制动过程与普通制动系统的工作相同。

3. 半挂车的 ABS

如图 3-26 所示，半挂车的 ABS 要与牵引车连接，由于半挂车的运输特点且控制器线束较多，一般选择安装在车厢下面。ABS 控制器固定牢固，轮速传感器的线束以及制动管路需要用扎带捆扎牢固，防止车辆行驶时颠簸振动导致线束和管路磨损。

图 3-26 半挂车 ABS 控制器及线束固定

八、其他形式的电子控制制动系统

1. 电子制动力分配

电子制动力分配（Electric Brakeforce Distribution，EBD）是 ABS 的辅助功能，其可以在汽车制动瞬间计算 4 个轮胎的摩擦系数，并自动分配前后轮之间的制动力。EBD 能避免车辆甩尾，改善制动平衡，缩短制动力。

2. 驱动防滑系统

驱动防滑系统（Acceleration Slip Regulation，ASR）也称牵引力控制系统（Traction Control System，TCS）。其功用是防止汽车在起步、加速和在滑溜路面行驶时的驱动轮滑转，以获得最大驱动力和良好的行驶稳定性。当驱动轮转动而车速低于驱动轮轮缘速度时，轮胎与地面之间就产生相对滑动，这种滑动称为"滑转"。驱动防滑系统是在驱动轮出现滑转时，通过对滑转的车轮施以制动或控制发动机的动力输出来抑制驱动轮的滑转，以避免汽车牵引力和行驶稳定性下降。

ASR 工作时，仪表板上的 ASR 信号灯亮。驾驶人可以按下 ASR 按钮断开 ASR 功能。

3. 电子稳定系统

电子稳定系统（Electronic Stability Program，ESP）属于汽车主动安全系统，又叫作动态驾驶控制系统，是 ABS/ASR 两种系统功能上的延伸。ABS/ASR 只能被动地做出反应，而 ESP 则能够识别车辆的不稳定状态，并通过对制动系统、发动机管理系统和变速器管理系统实施控制，从而有针对性地弥补车辆的滑动，防患于未然。

ABS/ASR 是要防止车辆制动或加速时出现的纵向滑移，而 ESP 是要控制横向滑移。ESP 可降低各种场合下发生侧滑的危险，对转向过度或转向不足特别敏感，例如，汽车在路滑时左转过度（转弯太急）会向右侧甩尾，传感器感觉到滑动就会迅速制动右前轮使其恢复附着力，产生一种相反的转矩而使汽车保持在原来的车道上。它可使汽车容易控制，减少交通事故。

第五节　机动车的电气设备

机动车的电气设备种类和数量较多，总体分为电源系统、用电设备、配电装置及全车线路三大部分。

一、机动车电气设备的组成

1. 电源系统

机动车电源包括蓄电池、发电机及调节器。蓄电池为起动机及其他用电设备提供工作电能将发动机起动，并使发动机在所需的工作状态下运转；发动机工作时发电机发电，并按机动车电气系统的电压要求，达到向用电设备供电和向蓄电池充电的最佳状态。当机动车中的用电设备所需的电能高于发电机发出的电能时，电气系统中的电压将下降至蓄电池的电压，蓄电池开始协助供电。发电机是机动车的主要电源，蓄电池是辅助电源。

一些有 CAN 系统的车辆还具有电控电源管理系统。

中重型车辆特别是柴油车，一般设置有紧急断电开关。紧急断电开关主要作用是在紧急故障和情况下，迅速切断电源，防止故障蔓延。紧急断电开关工作形式有两种，一种是断开蓄电池负极搭铁，另一种是熔断器熔断。

手动机械断电开关的形式如图 3-27 所示。手动机械断电开关有 2 个主接线柱，分别接蓄电池的正极和车辆负载，当连接车辆负载的线路短路或车辆负载异常时，连接蓄电池与手动机械断电开关的熔断器熔断。

a）仪表板附近的电源总开关　　　　　　b）独立设置的断电开关

图 3-27　手动机械断电开关的形式

2. 用电设备

用电设备包括起动系、点火系、照明系统、信号装置、仪表及报警装置、辅助电气设备、空调系统及机动车电子控制系统。

（1）起动系

起动系主要包括起动机及其控制电路，利用蓄电池电源起动发动机。

（2）点火系

汽油机的点火系用来产生高压电火花，点燃气缸中的可燃混合气。柴油机是压燃式发动机，没有点火系统。

（3）照明系统

照明系统包括车外和车内的照明灯具，为车辆夜间安全行驶提供必要的照明。

（4）信号装置

机动车信号装置可分为灯光信号与音响信号两类，为车辆安全行驶提供必要的信号。灯光信号装置包括转向信号灯、日间行车灯、制动灯、示廓灯、驻车灯、危险警告灯等，通常将多个灯具组合在一起构成组合灯具；音响信号装置包括喇叭、蜂鸣器和语音倒车报警器等。

（5）仪表及报警装置

仪表及报警装置用于监测发动机和机动车的工作情况，使驾驶人能够通过仪表及报警装置及时获取发动机及机动车运行的各种参数和异常情况，确保机动车正常运行。机动车仪表及报警装置包括车速里程表、冷却液温度表、发动机转速表、机油压力表、燃油表、发动机故障指示灯、转向指示灯等各种仪表及报警、信号指示灯。

（6）辅助电气设备

辅助电气设备包括刮水器、洗涤系统、除霜系统、电动车窗及电动后视镜、中控门锁及防盗系统、电动座椅、安全气囊、娱乐和信息系统，一般机动车的豪华程度越高，这些方面的电气设备也就越多。

（7）空调系统

空调系统包括制冷、采暖、通风和空气净化等装置，用来保持车内适宜的温度和湿度，使车内空气保持清新。

（8）机动车电子控制系统

机动车电子控制系统主要包括电控燃油喷射系统、电控点火系统、电控自动变速器、防抱死制动系统、电控悬架系统、自动空调等。机动车电子控制系统将电子控制与机械装置相结合，形成典型的机电一体化，电控系统的采用可以使机动车处于最佳的工作状态，从而大大提高机动车的使用性能。

3. 配电装置及全车线路

配电装置及全车线路包括中央接线盒、熔断装置、继电器、电线束及插接件、电路开关等，使全车电路构成一个统一的整体。

二、机动车电气设备的特点

1. 低压

机动车电气系统的标称电压有 12V 和 24V 两种，汽油机采用 12V，柴油机一般采用 24V，但有些装备高压共轨柴油机的轿车也采用 12V 电源。对于充电装置，12V 系统的额定电压为 14V，24V 系统的额定电压为 28V，均属低压。目前已经有 42V 和双蓄电池电气系统。

2. 直流

蓄电池为直流电源，并且蓄电池放电后必须用直流电对其充电，因此，机动车上的发电机也必须输出直流电，机动车电气设备采用直流电。

3. 单线制

单线制是指机动车的所有用电设备为并联连接，从电源到用电设备只用一根导线连接，机动车发动机和底盘等金属件作为一个公共导线构成回路。但为了保证机动车电子控制系统工作的可靠性，必须采用双线制。另外，机动车上一些没有与金属相连的元件，由于无法构成回路，也采用双线制。

4. 负极搭铁

在单线制中，机动车用电设备的一端与金属车体连接作为电路导电体的方法，称为搭铁。将蓄电池的负极与金属车体连接称为负极搭铁。

三、机动车的照明装置

为了保证机动车在夜间无光或微光条件下安全行驶，机动车上装备有照明系统。为使其他车辆和行人注意本车的行驶状况，保证车辆和行人安全，机动车上装备有灯光信号系统和音像信号系统。

1. 机动车照明系统的组成和功用

机动车照明系统按用途可分为外部照明系统与内部照明系统，由驾驶人控制开关。

如图3-28所示，外部照明系统是为了保证在能见度较差的条件下，驾驶人能安全驾驶车辆。外部照明系统主要包括前照灯、雾灯、倒车灯和制动灯等。

图3-28 外部照明系统

内部照明系统是为了方便驾驶人或乘员对车辆内部设置使用而设立的。内部照明系统主要包括室内灯、阅读灯、行李舱灯、仪表灯、车门灯、开关照明灯等。

2. 前照灯

（1）前照灯作用

前照灯安装于车辆前部两端，其作用是保证夜间行车提供明亮而均匀的照明。

前照灯由远光灯和近光灯组成。由于近光灯是对车前下方进行照明，所以距离较近，可对车前30m左右的路面进行照明，而远光灯由于是水平照射，可对车前100~250m的路面进行照明，以保证高速行驶安全。有些车辆增加了自适应前照灯系统，它能根据驾驶人的操作和路况的变化自动调节前照灯的照射角度，增加了驾驶人的视野范围，甚至可以自动识别环境来选取不同的照明策略，使行车更安全。

前照灯要有防眩目装置，例如当两车相会时，前照灯就由远光照明变为近光照明，这是因为远光灯灯丝功率较大，射出的光线远而亮，会导致对向车辆驾驶人眩目。

（2）前照灯结构及分类

如图3-29所示，传统机动车前照灯一般由灯泡、反射镜、配

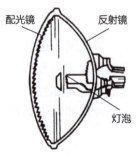

图3-29 前照灯结构

光镜（散光镜）三部分组成。氙灯（HID）即高压气体放电灯，是指在石英灯管内填充高压惰性气体氙气，在两段电极上有水银和碳素化合物。LED 前照灯就是利用 LED 作为光源制造出的照明器具。激光前照灯是指利用激光二极管作为光源的机动车前照灯，既保持了 LED 前照灯响应速度快、亮度高、衰减少的特点，又不需要透镜加持，光线也不会像 LED 那样发散，而是高度地集中。前照灯分类组成如图 3-30 所示。

a）带透镜的氙气前照灯

b）LED 前照灯

c）激光前照灯

图 3-30　前照灯分类组成

（3）前照灯制

以车辆具备远光光形的数量，确定车辆灯光类型为单灯制、两灯制、四灯制。四灯制的车型，外侧远光为主照明灯，内侧远光为辅助远光灯，有些车型独立安装，有些车型两个远光灯安装在一起，有些车型与雾灯组合安装，称为第二前照灯。

3. 前小灯

前小灯也称为行车灯、示廓灯，它的作用是使车辆的轮廓为人所见。

4. 雾灯

机动车前雾灯的作用是在有雾、雪、大雨或沙尘等能见度较差的天气情况下，照明车辆前方道路并为其他车辆或行人提供指示信号。机动车前雾灯一般安装在前照灯下方，通常为黄色或者白色。后雾灯安装于车辆后方左右各一个，有些车辆后雾灯只有一个，安装在左后方或中间位置，颜色为红色。

5. 倒车灯

倒车灯是用于机动车倒车时，照亮车辆后方道路以及警告其他车辆和行人注意（有的车辆在倒车时还增加了倒车蜂鸣器）。

倒车灯安装于车辆尾部，其数量一般为一个或两个，一般采用白色灯具进行照明。倒车灯受倒车灯开关控制，倒车灯开关一般安装在变速器上，当点火开关处于点火位置挂上倒档时，倒车灯开关将倒车灯电路接通点亮倒车灯。

6. 牌照灯

牌照灯是汽车夜间行驶时，用来照亮后牌照的灯具，安装于机动车尾部牌照的上方。

牌照灯的亮度要达到夜间距离车后 25m 处能看清后牌照板上的数字，同时还不能直接向后照射，以防后车驾驶人眩目。

四、仪表及报警装置

驾驶人通过仪表及报警装置了解机动车工作状况，对确保机动车行车安全、及时排除故障和避免发动机出现严重故障起着重要的作用。

指示灯是用来指示汽车一些系统与部件的某种极限情况或非正常情况报警，因此要求指示的各种灯光必须醒目，以便容易引起驾驶人的注意。指示灯系统的灯光一般为红色和黄色。

图 3-31 所示为货车仪表及报警装置部分示意图。

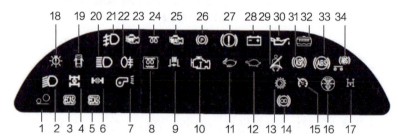

1—浮动桥指示灯　2—近光指示灯　3—ECAS 警告灯　4—轴间差速锁指示灯　5—ECAS 失效警告灯
6—轮间差速锁指示灯　7—空气干燥器加热指示灯　8—燃油预热指示灯　9—排气制动指示灯
10—发动机制动指示灯　11—变速器高档指示灯　12—变速器低档指示灯　13—取力指示灯
14—缓速器指示灯　15—巡航指示灯　16—空滤阻塞警告灯　17—PTO 指示灯　18—灯丝检测警告灯
19—车门开启警告灯　20—远光指示灯　21—前雾灯指示灯　22—后雾灯指示灯
23—油水分离器指示灯　24—预热指示灯　25—发动机等待起动指示灯　26—驻车制动指示灯
27—气压过低指示灯　28—不充电指示灯　29—安全带指示灯　30—机油压力过低警告灯
31—ASR 指示灯　32—水位过低指示灯　33—ABS 故障闪码指示灯
34—挂车 ABS 故障指示灯（预留接口）

图 3-31　货车仪表及报警装置部分示意图

第六节　机动车安全性

一、机动车安全性分类

机动车的安全性一般分为：主动安全性、被动安全性、事故后安全性和生态安全性四类。机动车安全技术检验项目仅涵盖机动车主动安全性、被动安全性范畴。

因其自身结构和应用领域的特点，机动车主动安全性和被动安全性的表现形式各不相同，如图 3-32 所示。

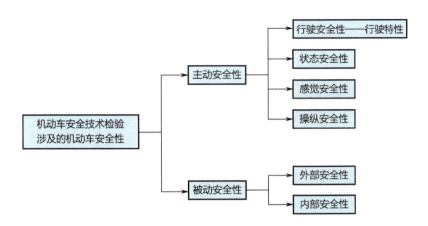

图 3-32　机动车安全性的表现形式

二、机动车的主动安全性

主动安全性是指机动车上的一些安全设计，能帮助驾驶人在所有交通状况下尽可能安全地避免事故的一种性能。主动安全性分为行驶安全性–行驶特性、状态安全性、感觉安全性及操纵安全性四大类。

行驶安全性是指机动车上所有的为了避免由于机动车技术缺陷及驾驶人操纵失误所引起事故的措施和设置，即属于行驶特性范畴。

状态安全性是指机动车上有助于减轻驾驶人疲劳和心理负担的机构，包括空调、座椅、防振动设施等。

感觉安全性是指机动车上保障驾驶人搜集车内外信息能力的机构，包括灯光仪表信号、玻璃、刮水器、盲区等。

操纵安全性是指机动车上防止驾驶人误操作的措施。

1. 主动安全性的影响因素

1）车辆的性能：机动车的总体尺寸、制动性、行驶稳定性、操纵性、信息性、动力性。

2）驾驶人的工作条件：座椅舒适性、噪声、温度和通风、操纵轻便性、操作元件的人机特性等。

2. 机动车主动安全方面的主要内容及技术应用

（1）驾驶人的视觉视野保障系统

驾驶人的视觉视野保障系统主要包括照明及信号装置；机动车后视镜的安装要求及性能；风窗玻璃除霜、除雾；刮水器、洗涤器等。

有些车型增加有防碰撞预警、夜视辅助、变道辅助、主动防追尾等功能。

部分视觉和视野保障系统在车上的应用如图 3-33 所示。

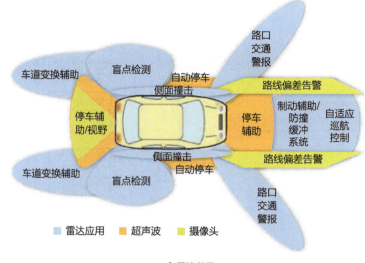

a）雷达装置

b）刮水器　　　　　　　　c）后视镜

图 3-33　部分视觉和视野保障系统在车上的应用

（2）行驶特性及操纵性能的保障系统

行驶特性及操纵性能的保障系统包括转向系统、行驶稳定性、加速控制系统（特别是超车的时间和距离）、制动系统的功能等底盘控制系统。

底盘控制系统通过汽车驾驶室内各种操纵件、指示器及信号装置使用统一的图形标志显示工作状态，可避免驾驶人错误识别或错误操作而导致车祸。

底盘控制系统包括制动系统的 ABS、EBD、EBA、ASR/TCS、ESP 等；轮胎监测装置；主动悬架装置、防滑差速器主动控制、坡道起步辅助、陡坡缓降等。

三、机动车的被动安全性

被动安全性即发生事故时的安全性，指机动车发生交通事故后，能尽可能减轻人员伤亡及车辆损失的一种性能。被动安全性分为机动车内部被动安全性以及外部被动安全性。

使用较广泛的被动安全技术在机动车上的应用如图 3-34 所示，主要有车身结构的优化与吸能；发动机舱的布置兼顾紧凑与吸能；全方位安全气囊防护；基于行人安全的外部防护等。

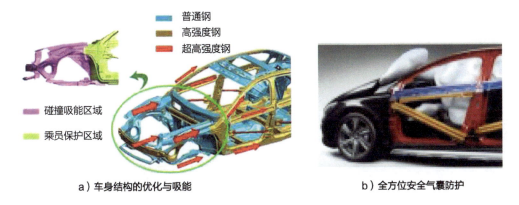

a) 车身结构的优化与吸能　　　　b) 全方位安全气囊防护

图 3-34　被动安全技术在机动车上的应用

第二篇 机动车安全技术检验人工检验项目

根据 GB 38900—2020 标准条文 "4""5""6" 及 "附录 G""附录 H" 等的要求，预检员、登录员完成送检机动车基本要求检验；登录员在登录工位完成联网查询工作；引车员和外检人员在外检工位完成人工检验项目的检验工作；引车员在底盘动态工位完成底盘动态检验项目的检验工作，车辆底盘检验员在底盘检验工位与引车员配合完成车辆底盘检验项目的检验工作。

安检机构按照 GB 38900—2020 的相关要求及公安交管部门的联网规范，将所有检验项目和结果通过检验智能终端（PDA，应符合 GA/T 1434—2017《机动车查验检验智能终端通用技术要求》的规定）或者人工输入等方式记录和保存到计算机系统中，按要求拍摄照片（或视频）项目的数量、内容和清晰度应能满足 GA 1186—2014《机动车安全技术检验监管系统通用技术条件》的要求。

第 4 章 预检、登记和联网查询、车辆唯一性检定

预检、登记根据 GB 38900—2020 标准条文"5"的要求，由外检员（或引车员）、登录员对送检机动车进行预检，登记预检结果，全部项目合格再进行安全技术检验项目检验。

第一节　送检机动车基本要求

一、检验要求

GB 38900—2020 标准条文"5.1"：

> 5.1 一般规定
>
> 5.1.1 送检机动车应满足以下基本要求：
>
> a）车辆应清洁，无滴漏油（液）、漏电现象，轮胎完好，轮胎气压正常且胎冠花纹中无异物，发动机运转平稳，急速稳定，无异响；
>
> b）车辆不应有与 ABS、EPS 及其他与行车安全相关的故障信息；
>
> c）纯电动汽车、插电式混合动力汽车、燃料电池汽车不应有与电驱动系统、高压绝缘、动力电池等有关的报警信号；
>
> d）组成汽车列车的牵引车的准牵引总质量应大于或等于挂车总质量，组成乘用车列车的乘用车在设计和制造上应具有牵引功能；
>
> e）集装箱车、集装箱运输半挂车不应载有集装箱，货车不应装载货物。
>
> 对达不到以上基本要求的送检机动车，对机动车进行安全技术检验的机构（以下简称"检验机构"）应书面告知送检人整改，符合要求后再进行安全技术检验。

二、检验员工作方法

1. 车辆交接

检验员（引车员）检查送检车辆应该是基本清洁的，检查车辆物品情况，与车主沟通是否有贵重物品，可列出物品清单。

2. 判定车辆检验形式

检验员根据车辆的基本配置，确定检验的形式：人工检验后进行仪器设备检验，还是人工检验后进行路试检验。

3. 检查车辆基本情况

引车员将送检车辆开往预检工位，方向打直停好，在此过程，引车员检查发动机工作状态：加减速正常，无异响，急速稳定；观察仪表盘指示灯是否正常，然后关闭发动机，钥匙在 ON 位置，再观察仪表盘，各指示灯应正常，如图 4-1 所示。

图 4-1　仪表盘指示灯

若出现 ABS 灯、发动机故障灯、转向故障灯、轮胎胎压灯等主动安全装置灯常亮或不亮，检验中止，建议车主维修后再送检。

如果是安检环检一体的机构，则引车员应连续踩踏 2~3 次加速踏板，要超过踏板行程的一半但不要将加速踏板踩到底，观察尾气排放是否有冒黑烟的现象。

4. 新能源汽车

若送检车辆为纯电动汽车、插电式混合动力汽车、燃料电池汽车，仪表盘指示灯不应有如图 4-2 所示的与电驱动系统、高压绝缘、动力电池等有关的报警信号。

指示灯	名称
	电机故障报警
	高压断开报警
	动力电池故障
	ABS故障
	充电提醒灯
	车身防盗指示
	EPS故障报警
	驱动电机过热报警

指示灯	名称
	制动能量回收关闭
	制动能量回收档位信号
	胎压故障报警

指示灯	名称
	12V蓄电池充电故障报警灯
	安全带未系
	门开指示灯
READY	READY
	系统故障灯
	安全气囊故障
	左转向指示灯
	右转向指示灯

图 4-2　电驱动系统、高压绝缘、动力电池指示灯

5. 漏油及轮胎状况

车辆熄火，引车员下车，检查车辆底部是否有漏油、漏冷却液的现象；检查轮胎是否完好，胎压是否正常，同一轴轮胎花纹是否一致，轮胎花纹中是否有异物，轮胎是否有明显的异常，如鼓包、花纹异常磨损较大、胎侧或胎冠裂纹大于 25mm 等，如图 4-3 所示。

a）检查底盘是否滴漏油（液）

b）明显的异常磨损

c）同一轴轮胎花纹、气压是否一致

d）鼓包

e）扎入异物

f）裂纹

g）剔除嵌入物

图 4-3　检查底盘及轮胎

6. 汽车列车要求

引车员检查送检车辆应空载。汽车列车的牵引车的准牵引总质量应大于或等于挂车总质量，图 4-4a 所示为乘用车列车牵引装置，图 4-4b 所示为汽车列车质量组成。

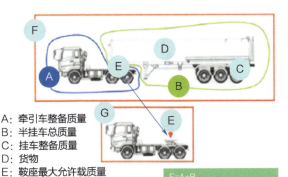

A：牵引车整备质量
B：半挂车总质量
C：挂车整备质量
D：货物
E：鞍座最大允许载质量
F：列车总质量
G：牵引车总质量

F=A+B
B=C+D
G=A+E+驾驶室准乘人数×75

a）乘用车列车牵引装置　　　　　b）汽车列车质量组成

图 4-4　汽车列车质量组成及要求

7. 不符合送检要求的处理流程

引车员发现车辆不符合送检要求时，书面告知机动车所有人或送检人"机动车（××项目）达不到基本要求"，需要维护或修理，完成后再次送检。

预检符合要求后再进行安全技术检验。

第二节　送检机动车提交资料及检验流程

一、送检机动车提交资料

1. 检验要求

GB 38900—2020 标准条文"5.1"：

> 5.1.2 在用机动车安全检验时，应提供送检机动车有效的机动车交通事故责任强制保险凭证（挂车以及实现电子保单、保险信息联网核查的除外）和机动车行驶证。
>
> 5.1.3 安全技术检验时应先进行联网查询、车辆唯一性检查，确认车辆无异常情形后按检验流程开展检验。检验流程参见附录 A。

2. 检验人员工作方法

（1）提交资料

1）在用车按照条文"5.1.1"项目检验合格的送检机动车，预检员将机动车行驶证、有效期内的机动车交通事故责任强制保险凭证（若是电子版，可由登录员联网查询）提交到登录室。

2）营运车辆应提交有效的营运证。

3）注册登记检验的车辆应提交机动车整车出厂合格证、环保信息随车清单、强制性产品认证车辆一致性证书、机动车销售统一发票等。

（2）注意事项

登录员与预检员配合工作，进行联网查询、车辆唯一性检验，避免出现替车等违法现象。

二、检验流程

1. 检验流程

GB 38900—2020 标准条文"附录 A"：

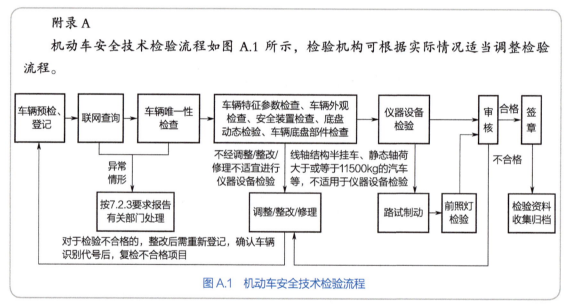

图 A.1　机动车安全技术检验流程

2. 检验员工作方法

预检合格的送检机动车按照 GB 38900—2020 标准条文检验流程开始检验工作，必须先进行联网查询、车辆唯一性检查，确认车辆无异常情形后再按检验流程开始检验工作。检验机构可以根据场地工位布置不同，对检验流程（包括仪器设备检验各工位顺序）适当加以调整。

三、各工位最少检验时间

1. 检验时间

GB 38900—2020 标准条文"5.1.4"：

5.1.4 安全技术检验时各工位的最少检验时间见表3。

表3 各工位最少检验时间

单位为秒

检验工位		最少检验时间		
		非营运小型、微型载客汽车	载客汽车（非营运小型、微型载客汽车除外）、货车（三轮汽车除外）、专项作业车、挂车	摩托车、三轮汽车
人工检验	车辆唯一性检查、车辆特征参数检查、车辆外观检查、安全装置检查	120	240	90
	底盘动态检验	60	60	
	车辆底盘部件检查	40	100	
仪器设备检验	制动 a	40	60	30
	前照灯远光发光强度	30		

注：a—使用平板式制动检验台检验时最少检验时间为15s。

2. 检验人员工作方法

1）检验时间为所有项目的分项目之和。公安交管部门的机动车检验监管系统记录各工位的检验时间，出现异常会提出警示。人工检验工位的检验员需要将人工检验项目所用时间准确地填写到GB 38900—2020"附录H"中的"表H.1 机动车安全技术检验表（人工检验部分）"的"检验时间"位置。

2）机构可以根据工位布局，如实填写各项目检验开始及结束时间，外观检验必须在第一工位。

3）检验员在填写检验时间时，注意车辆类型，不检验项目填写"—"。建议项目根据检验情况给车主提出合理建议，例如，货车底盘部件检验，建议：备胎固定链条固定部位锈迹过重，请车主及时保养。

4）车辆底盘部件检验需要检验员与引车员在底盘检验工位完成。若底盘检验设置在仪器设备检验车间，检验时间按顺序填写；若底盘检验设置在外检工位，填写检验时间时，车辆底盘部件检验时间要早于底盘动态检验时间，如图4-5所示。

检验人员	建议	检验时间	检验员签字
外观检验员	无	10:20—10:26	王二
底盘动态检验员	无	10:27—10:29	刘五
底盘部件检验员	备胎固定链条固定部位锈迹过重，请车主及时保养	10:38—10:42	李四
引车员	无	10:27—10:42	刘五

a）若底盘检验设置在仪器设备检验车间

图4-5 人工检验时间填写示例

检验人员	建议	检验时间	检验员签字
外观检验员	无	10:20—10:26	王二
底盘动态检验员	无	10:38—10:42	刘五
底盘部件检验员	备胎固定链条固定部位锈迹过重，请车主及时保养	10:27—10:29	李四
引车员	无	10:27—10:42	刘五

b）若底盘检验设置在外检工位

图 4-5　人工检验时间填写示例（续）

第三节　联网查询

一、标准相关条文要求

1. 检验项目

GB 38900—2020 标准条文"4"：

4 检验项目

4.1 机动车注册登记安全检验项目见表 1，在用机动车安全检验项目见表 2。

4.2 对需领取机动车牌证方可上道路行驶的入境机动车检验时，应覆盖表 1 规定的注册登记安全检验项目，并按照注册登记安全检验要求执行。

4.3 轮式专用机械车、有轨电车的安全技术检验项目，参照表 1 和表 2 确定。

4.4 机动车注册登记安全检验时，应按照 GB 7258 和 GA 802 核定的车辆类型确定检验项目。

表 1　机动车安全技术检验项目表（注册登记安全检验）

序号	检验项目	适用车辆类型					
		载客汽车		货车（三轮汽车除外）、专项作业车	挂车	三轮汽车	摩托车
		非营运小型、微型载客汽车	其他类型载客汽车				
1	联网查询	车辆事故、违法、安全缺陷召回等信息	●	●	●	●	●	●

表2　机动车安全技术检验项目表（在用机动车安全检验）

序号	检验项目		适用车辆类型					
			载客汽车		货车（三轮汽车除外）、专项作业车	挂车	三轮汽车	摩托车
			非营运小型、微型载客汽车	其他类型载客汽车				
1	联网查询	车辆事故、违法、安全缺陷召回等信息	■	■	■	■	■	■

2. 检验项目对应方法

GB 38900—2020 标准条文"5.2"：

> 5.2 检验项目对应方法
> 机动车安全技术检验项目对应方法见表4。

表4　机动车安全技术检验项目对应方法

序号	检验项目		检验方法
1	联网查询	车辆事故、违法、安全缺陷召回等信息	利用联网信息系统查询

3. 检验要求

GB 38900—2020 标准条文"6.1"：

> 6.1 联网查询
>
> 注册登记安全检验和在用机动车安全检验时，联网查询送检机动车事故、违法、因安全缺陷召回等信息：
>
> a）对发生过造成人员伤亡交通事故的送检机动车，人工检验时应重点检查损伤部位和损伤情况，属于使用年限在10年以内的非营运小型、微型载客汽车的，检验项目增加底盘动态检验、车辆底盘部件检查；
>
> b）对涉及尚未处理完毕的道路交通安全违法行为或道路交通事故的送检机动车，应提醒机动车所有人及时到公安机关交通管理部门处理；
>
> c）对送检机动车状态为"被盗抢""注销""达到报废标准""事故逃逸""锁定"情形的，应报告当地公安机关交通管理部门处理；
>
> d）发现送检机动车达到召回计划实施周期而未实施召回的，应提醒机动车所有人及时进行召回处置。

4. 联网查询检验结果填写

GB 38900—2020 标准条文"表H.1"：

表 H.1　机动车安全技术检验表（人工检验部分）

一、基本信息					
号牌号码（编号）：		车辆类型：		里程表读数：	km
使用性质：		道路运输证号：			
车辆出厂日期：　年　月　日		初次登记日期：　年　月　日		检验日期：　年　月　日	

二、安全检验采集信息	
机动车所有人拟申报的使用性质（注册登记安全检验）：	是否全时／适时四驱：
转向轴数量：　　　　驻车制动是否使用电子控制装置：	是否配备空气悬架：

三、检验结果					
序号	检验项目	判定	序号	检验项目	判定
1	①联网查询（对发生过造成人员伤亡交通事故的送检机动车，人工检验时应重点检查损伤部位和损伤情况＿＿＿＿；其他不符合情形＿＿＿＿）。		4	车辆外观检查　⑰外部照明和信号装置	
				⑱轮胎	
				⑲号牌／号牌板（架）	
				⑳加装／改装灯具	

5. 联网查询的异常状态

主要包括 16 项：转出；被盗抢；停驶；注销；违法未处理；海关监管；事故未处理；嫌疑车；查封；暂扣；强制注销；事故逃逸；锁定；逾期未检测；达到报废标准公告牌证报废；其他异常状态。

二、检验员工作方法

联网查询是登录员利用机动车检验监管系统等联网信息系统查询送检机动车是否发生过造成人员伤亡的交通事故，是否有未处理完毕的道路交通安全违法，送检机动车状态是否异常、是否有因安全缺陷召回等情形。

对于发生过造成人员伤亡交通事故的送检机动车，在人工检验时应重点检查损伤部位和损伤情况。

三、检验结果填写

主要是对 GB 38900—2020 表 H.1 的填写。

1）"一、基本信息""二、安全检验采集信息"填写信息来源及填写内容如图 4-6 所示。送检机动车不适用某项目时填写"—"。例如，非营运车辆无"道路运输证号"该项目填写为"—"。

2）填写"一、基本信息"中的"使用性质"时：在用车检验，从行车证信息读取填写；注册登记检验填写"—"。

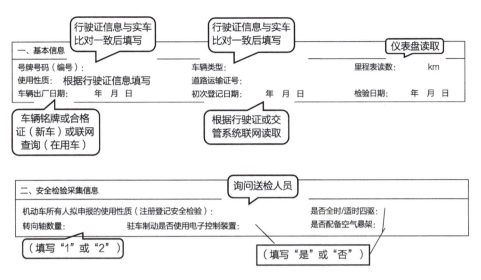

图 4-6 信息填写

3)"二、安全检验采集信息"中的"机动车所有人拟申报的使用性质(注册登记安全检验)"是注册登记检验项目,登录员询问送检车主后,根据 GA 802—2019 中机动车使用性质填写,如图 4-7 所示。

A	非营运	K	工程救险
B	公路客运	L	营转非
C	公交客运	M	出租转非
D	出租客运	N	教练
E	旅游客运	O	幼儿校车
F	货运	P	小学生校车
G	租赁	Q	初中生校车
H	警用	R	危化品运输
I	消防	S	中小学生校车
J	救护	T	预约出租客运
		U	预约出租转非

图 4-7 使用性质

4)联网查询检验结果填写。
①联网查询无发生过造成人员伤亡交通事故时,填写"无"。
②联网查询无异常状态时,在"其他不符合情形"填写"无",若有异常状态时,填写异常状态项目。例如,送检机动车有"违法未处理"异常情形时,填写到"其他不符合情

形"中，如图 4-8 所示。

三、检验结果		
序号	检验项目	判定
1	①联网查询（对发生过造成人员伤亡交通事故的送检机动车，人工检验时应重点检查损伤部位和损伤情况__无__；其他不符合情形__无__）。	— ○

a）无异常情形时填写示例

三、检验结果		
序号	检验项目	判定
1	①联网查询（对发生过造成人员伤亡交通事故的送检机动车，人工检验时应重点检查损伤部位和损伤情况__无__；其他不符合情形__违法未处理__）。	— ○

b）有异常情形时填写示例

图 4-8　联网查询状态填写

四、送检车辆联网查询填写示例

图 4-9 所示为"GB 38900—2020 附录 H 的表 H.1"注册登记检验及在用车检验填写示例。

号牌号码（编号）：×××××	车辆类型：重型栏板货车	里程表读数：1142km
使用性质：—	道路运输证号：—	
车辆出厂日期：2020 年 09 月 17 日	初次登记日期：—	检验日期：2021 年 07 月 14 日

二、安全检验采集信息			
机动车所有人拟申报的使用性质（注册登记安全检验）：货运		是否全时适时四驱：否	
转向轴数量：1　　驻车制动是否使用电子控制装置：否		是否配备空气悬架：否	

三、检验结果					
序号	检验项目	判定	序号	检验项目	判定
1	①联网查询（对发生过造成人员伤亡交通事故的送检机动车，人工检验时应重点检查损伤部位和损伤情况__无__；其他不符合情形__无__）。	— ○	5	安全装置检查	㉔行驶记录装置

a）注册登记检验

号牌号码（编号）：×××××	车辆类型：重型栏板货车	里程表读数：2170km
使用性质：货运	道路运输证号：×××××	
车辆出厂日期：2020 年 09 月 17 日	初次登记日期：2020 年 10 月 15 日	检验日期：2021 年 08 月 03 日

二、安全检验采集信息			
机动车所有人拟申报的使用性质（注册登记安全检验）：—		是否全时适时四驱：否	
转向轴数量：1　　驻车制动是否使用电子控制装置：否		是否配备空气悬架：否	

三、检验结果					
序号	检验项目	判定	序号	检验项目	判定
1	①联网查询（对发生过造成人员伤亡交通事故的送检机动车，人工检验时应重点检查损伤部位和损伤情况__无__；其他不符合情形__无__）。	— ○	5	安全装置检查	㉔行驶记录装置

b）在用车检验

图 4-9　联网查询填写示例

第四节 车辆唯一性检查

一、标准相关条文要求

1. 检验项目

GB 38900—2020 标准条文"表1"和"表2"：

表1 机动车安全技术检验项目表（注册登记安全检验）

序号	检验项目		适用车辆类型					
			载客汽车		货车（三轮汽车除外）、专项作业车	挂车	三轮汽车	摩托车
			非营运小型、微型载客汽车	其他类型载客汽车				
1	联网查询	车辆事故、违法、安全缺陷召回等信息	●	●	●	●	●	●
2	车辆唯一性检查	车辆品牌和型号	●	●	●	●	●	●
		车辆识别代号（或整车出厂编号）	●	●	●	●	●	●
		发动机号码/驱动电机号码	●	●	●	●	●	●
		车身颜色和车辆外形	●	●	●	●	●	●

表2 机动车安全技术检验项目表（在用机动车安全检验）

序号	检验项目		适用车辆类型					
			载客汽车		货车（三轮汽车除外）、专项作业车	挂车	三轮汽车	摩托车
			非营运小型、微型载客汽车	其他类型载客汽车				
1	联网查询	车辆事故、违法、安全缺陷召回等信息	■	■	■	■	■	■
2	车辆唯一性检查	号牌号码和分类	■	■	■	■	■	■
		车辆识别代号（或整车出厂编号）	■	■	■	■	■	■
		发动机号码/驱动电机号码	■	■	■	■	■	■
		车身颜色和车辆外形	■	■	■	■	■	■

2. 检验项目对应方法

GB 38900—2020 标准条文"表4":

表4 机动车安全技术检验项目表(注册登记安全检验)

序号	检验项目		检验方法
1	联网查询	车辆事故、违法、安全缺陷召回等信息	利用联网信息系统查询
2	车辆唯一性检查	号牌号码和分类	目视检查,目视难以清晰辨别时使用内窥镜等工具。注册登记安全检验时应拓印车辆识别代号(或整车出厂编号,下同),在用机动车安全检验时应使用检验PDA拍摄打刻的车辆识别代号;大中型客车、重中型货车、重中型挂车应使用PDA由近及远拍摄车辆识别代号视频,视频应能清晰显示车辆识别代号、打刻区域情况以及车辆前部特征等;有条件时,使用VIN码信息读取仪器采集、比对车载ECU记载的车辆识别代号等信息;有疑问时,可采用金属探伤仪、油漆层微度厚度检验仪等仪器设备;注册登记安全检验时,如打刻(或铸出)的发动机号码/驱动电机号码不易见,只查看发动机易见部位或覆盖件上能永久保持的标有发动机型号和出厂编号的标识;在用机动车安全检验时,如打刻(或铸出)的发动机号码/驱动电机号码不易见,且易见部位或覆盖件上的发动机/驱动电机标识缺失的,使用内窥镜等工具进一步确认
		车辆品牌和型号	
		车辆识别代号(或整车出厂编号)	
		发动机号码/驱动电机号码	
		车身颜色和车辆外形	

3. 检验要求

GB 38900—2020 标准条文"3.1.3":

> 3.1.3 车辆唯一性检查 inspection of vehicle identification
> 对机动车的号牌号码和分类、车辆品牌和型号、车辆识别代号(或整车出厂编号)、发动机号码/驱动电机号码、车身颜色和车辆外形等特征进行检查,以确认送检机动车的唯一性。
> 注:发动机号码/驱动电机号码包括发动机/驱动电机的型号和出厂编号。

4. 检验结果填写

GB 38900—2020 标准条文"表H.1":

表H.1 机动车安全技术检验表(人工检验部分)

三、检验结果			
序号	检验项目		判定
1	①联网查询(对发生过造成人员伤亡交通事故的送检机动车,人工检验时应重点检查损伤部位和损伤情况_____;其他不符合情形_____)。		

（续）

三、检验结果			
序号		检验项目	判定
2	车辆唯一性检查	②号牌号码和分类	
		③车辆品牌和型号	
		④车辆识别代号（或整车出厂编号）	
		⑤发动机号码/驱动电机号码	
		⑥车身颜色和车辆外形	

5. 车辆唯一性检查的异常状态

车辆唯一性检查的异常状态主要包括10项：

1）号牌号码和号牌种类与机动车登记信息不一致。

2）车辆品牌和型号与机动车出厂合格证（对进口车为海关货物进口证明书）不一致。

3）车辆识别代号（或整车出厂编号）与机动车出厂合格证（对进口车为海关货物进口证明书）不一致。

4）车辆识别代号（或整车出厂编号）与机动车登记信息不一致。

5）车辆识别代号（或整车出厂编号）出现被凿改、挖补、打磨、垫片、重新涂漆、擅自重新打刻等现象。

6）车辆上标识多个车辆识别代号，存在内容不一致情形。

7）发动机号码/驱动电机号码与机动车出厂合格证（对进口车为海关货物进口证明书）不一致。

8）发动机号码/驱动电机号码与机动车登记信息不一致。

9）车辆颜色和车辆外形与机动车登记信息不一致。

10）其他与机动车登记信息不一致的情形。

二、号牌号码和分类、车辆品牌和型号

1. 检验要求

GB 38900—2020标准条文"6.2.1"：

> 6.2.1 号牌号码和分类、车辆品牌和型号
> 6.2.1.1 注册登记安全检验时，送检机动车的车辆品牌和型号应与机动车出厂合格证（对进口车为海关货物进口证明书等）一致。
> 6.2.1.2 在用机动车安全检验时，送检机动车的号牌号码和分类，应与机动车行驶证签注的内容（或机动车登记信息，下同）一致。

2. 检验员工作方法

检验员工作方法为目视检验。

1）注册登记检验，检验员将送检机动车一致性证书、机动车出厂合格证与实车及铭牌比对，信息应一致。

2）在用车检验，检验员将送检机动机动车行驶证与实车及铭牌比对，信息应一致，如有疑问，则上公安公告信息网进行核实。

图 4-10 所示为检验员比对车辆信息的正确性。

a）注册登记检验比对

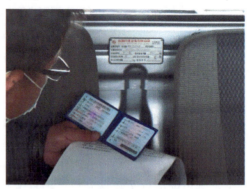
b）在用车比对

图 4-10　检验员比对车辆信息的正确性

3）检验员按照 GA 36—2018《中华人民共和国机动车号牌》要求，仔细辨别号牌号码的安装是否规范、是否存在异常号牌的现象，图 4-11 所示为常见号牌号码特点。

图 4-11　常见号牌号码特点

3. 影像资料拍摄要求

检验员在车辆左前方斜视 45° 拍照，应能清晰显示车辆前外观、前号牌（摩托车产品除外）和轮胎。车辆正后方照片、后方斜视 45° 照片能清晰显示后号牌及外观与车辆唯一性证明或行车证一致。摩托车在车辆右后方斜视 45° 的照片，应能清晰显示摩托车号牌号码及车辆特征与行驶证一致。

机动车唯一性检验影像资料采集方法示例如图 4-12 所示。这个工位照片要求照片齐全，全面反映车辆信息及特征参数。

a）摩托车照片

b）左前方

c）正后方

d）侧方

e）右后方

图 4-12　机动车唯一性检验影像资料采集方法示例

三、车辆识别代号（或整车出厂编号）

1. 检验要求

GB 38900—2020 标准条文"6.2.2"：

> 6.2.2 车辆识别代号（或整车出厂编号）
> 6.2.2.1 注册登记安全检验时，送检机动车的车辆识别代号（或整车出厂编号）应满足：

a）车辆识别代号（或整车出厂编号）与机动车出厂合格证（对进口车为海关货物进口证明书等）、车辆识别代号（或整车出厂编号）的拓印膜一致，车辆识别代号的内容和构成应符合 GB 16735 的相关规定；属于打刻的，其打刻部位、深度，以及组成字母与数字的字高等应符合 GB 7258 的相关规定，且不应出现被凿改、挖补、打磨、垫片、重新涂漆（设计和制造上为保护打刻的车辆识别代号而采取涂漆工艺的情形除外）、擅自重新打刻等现象；

b）对于 2013 年 3 月 1 日起出厂的乘用车、总质量小于或等于 3500kg 的货车（低速汽车除外），从车外应能清晰地识读到靠近风窗立柱位置的车辆识别代号标识；

c）对于 2019 年 1 月 1 日起出厂的总质量大于或等于 12000kg 的货车、货车底盘改装的专项作业车及所有牵引杆挂车，车辆识别代号应打刻在右前轮纵向中心线前端纵梁外侧，如受结构限制也可打刻在右前轮纵向中心线附近纵梁外侧；对于 2019 年 1 月 1 日起出厂的半挂车和中置轴挂车，车辆识别代号应打刻在右前支腿前端纵梁外侧（无纵梁的除外）；

d）对于 2018 年 1 月 1 日起出厂的总质量大于或等于 12000kg 的栏板式、仓栅式、自卸式、罐式货车及总质量大于或等于 10000kg 的栏板式、仓栅式、自卸式、罐式挂车还应在其货箱或常压罐体（或设计和制造上固定在货箱或常压罐体上且用于与车架连接的结构件）上打刻至少两个车辆识别代号；打刻的车辆识别代号应位于货箱（常压罐体）左、右两侧或前端面且易于拍照，深度、高度和总长度应符合 GB 7258 的规定，且若打刻在货箱（常压罐体）左、右两侧时距货箱（常压罐体）前端面的距离应小于或等于 1000mm，若打刻在左、右两侧连接结构件时应尽量靠近货箱（常压罐体）前端面；

e）对于 2018 年 1 月 1 日起出厂的机动车，打刻的车辆识别代号（或产品识别代码、整车型号和出厂编号）总长度应小于或等于 200mm，字母和数字的字体和大小应相同（打刻在不同部位的车辆识别代号除外）；打刻的车辆识别代号两端有起止标记的，起止标记与字母、数字的间距应紧密、均匀；打刻的车辆识别代号（或产品识别代码、整车型号和出厂编号）从上（前）方应易于观察、拓印；对于汽车和挂车还应能拍照；

f）对 2014 年 3 月 1 日起出厂的具有 ECU 的乘用车（纯电动乘用车为 2018 年 1 月 1 日起出厂）和 2019 年 1 月 1 日起出厂的具有 ECU 的其他汽车，至少有一个 ECU 应记载有车辆识别代号等特征信息；

g）车辆上标识的所有车辆识别代号内容应一致；

h）车辆的车架（无车架的机动车为车身主要承载且不能拆卸的部件）上，不应既打刻车辆识别代号（或产品识别代码），又打刻整车型号和出厂编号；

i）车辆识别代号（或整车出厂编号）一经打刻不允许更改、变动，但按 GB 16735 的规定重新标示或变更的除外。

6.2.2.2 在用机动车安全检验时，送检机动车的车辆识别代号（或整车出厂编号）应与机动车行驶证签注的内容一致,所有打刻的车辆识别代号不应出现被錾改、挖补、打磨、垫片、重新涂漆(设计和制造上为保护打刻的车辆识别代号而采取涂漆工艺的情形除外)、擅自重新打刻等现象,对于 2018 年 1 月 1 日起出厂的总质量大于或等于 12000kg 的栏板式、仓栅式、自卸式、罐式货车及总质量大于或等于 10000kg 的栏板式、仓栅式、自卸式、罐式挂车还应在其货箱或常压罐体(或设计和制造上固定在货箱或常压罐体上且用于车架连接的结构件)上打刻有至少两个车辆识别代号。

2. 检验员工作方法

检验员主要采用目视检查的方法,目视难以清晰辨别时使用内窥镜等工具。

(1)车辆识别代号标示位置

1)每一辆机动车都具有唯一的车辆识别代号,并永久保持地标示在车辆上。不同种类的车辆打刻位置略有不同,以乘用车、商用车和摩托车为例,车辆识别代号打刻位置如图 4-13 所示。

a)乘用车

b)商用车

c)摩托车

图 4-13 乘用车、商用车和摩托车车辆识别代号打刻位置

2）2018年1月1日起出厂的总质量大于或等于12000kg的栏板式、仓栅式、自卸式、罐式货车及总质量大于或等于10000kg的栏板式、仓栅式、自卸式、罐式挂车左右两侧均打刻有车辆识别代号；混凝土搅拌运输车属于特殊结构货车，在公安网PDA或《汽车公告查询》管理上属于罐式货车的一类，按GB 7258—2017"4.1.8"规定要求，在常压罐体上打刻至少两个车辆识别代号。

3）对2014年3月1日起出厂的具有ECU的乘用车（纯电动乘用车为2018年1月1日起出厂）和2019年1月1日起出厂的具有ECU的其他汽车，还应使用VIN信息读取仪器（俗称解码器、汽车故障诊断仪等）采集、比对车载ECU记载的车辆识别代号等信息。如图4-14所示，VIN信息读取仪器通过车载CAN、LIN通信模块可以实现与车内各电子控制装置之间的对话，传送车辆基本信息、故障码以及车辆电子控制系统的状态等信息。

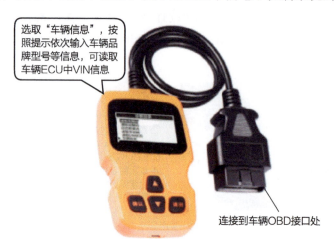

图4-14 VIN信息读取仪器

（2）车辆识别代号检验方法

怀疑车辆识别代号出现"重新涂漆"等现象，可以使用金属探伤仪、油漆层微量厚度检验仪等仪器设备检查，如图4-15所示。

a）油漆层微量厚度检验仪

b）金属探伤仪

图4-15 油漆层微量厚度检验仪、金属探伤仪

油漆层微量厚度检验仪是运用磁感应法测量金属基体上的油漆层厚度。

金属探伤仪安检机构多采用磁力探伤仪，利用磁-光传感器将发现的缺陷传递到显示器上。

（3）车辆识别代号异常处理流程

如果于检验时发现打刻车辆识别代号的部件表面有严重锈蚀等情况，导致无法有效确认车辆唯一性，则应告知车主至车辆管理部门申请重新打刻车辆识别代号变更备案，检验机构拍照留存。

（4）常见的异常情形

常见的异常情形是指在检验时发现车辆识别代号出现凿改、挖补、打磨、重新涂漆、擅自重新打刻、行驶证与铭牌或大梁处VIN不一致等现象，如图4-16所示。检验时发现异常情形按照GB 38900—2020中的"7.2.3 异常情形处置"进行处置。

a）打磨

b）凿改、挖补、打磨　　　　　　c）铭牌与大梁处VIN不一致

图4-16　车辆识别代号部分异常情形

3. 影像资料采集

1）车辆识别代号（或整车出厂编号）位置拍照时应显示车辆识别代号（或整车出厂编号）打刻位置。

2）大中型客车、重中型货车、重中型挂车视频应由近及远拍摄车辆识别代号，视频应能清晰显示车辆识别代号、打刻区域情况以及车辆前部特征等。

3）2018年1月1日起出厂的总质量大于或等于12000kg的栏板式、仓栅式、自卸式、罐式货车及总质量大于或等于10000kg的栏板式、仓栅式、自卸式、罐式挂车还应一并拍摄左右两侧车辆识别代号。

4）注册登记安全检验时，检验员应拓印车辆识别代号（或整车出厂编号），保存车辆识别代号拓印膜或1∶1等比例扫描照片。

5）对于无法清晰拍摄的机动车，允许拍摄车辆识别代号的拓印膜。

车辆识别代号（或整车出厂编号）拓印及视频示例如图4-17所示。

将专用拓印纸贴在上面，拓印出清晰的号码存档

由近及远拍摄车辆识别代号，视频应能清晰显示车辆识别代号、打刻区域情况以及车辆前部特征

a）拓印　　　　　　　　　　　b）视频

图 4-17　车辆识别代号（或整车出厂编号）拓印及视频示例

四、发动机号码 / 驱动电机号码

1. 检验要求

GB 38900—2020 标准条文"6.2.3"：

> 6.2.3 发动机号码 / 驱动电机号码
>
> 6.2.3.1 注册登记安全检验时，送检机动车的发动机号码 / 驱动电机号码应与机动车出厂合格证（对进口车为海关货物进口证明书等）一致，并符合 GB 7258 的相关规定。对除轮边电机、轮毂电机外的其他驱动电机，如打刻的电机型号和编号被覆盖，应留出观察口，或在覆盖件上增加能永久保持的电机型号和编号的标识。
>
> 6.2.3.2 在用机动车安全检验时，送检机动车发动机 / 驱动电机标识记载的内容或可见的发动机号码 / 驱动电机号码应与机动车行驶证签注的内容一致。
>
> 6.2.3.3 因更换发动机申请变更登记的机动车检验时，更换的发动机型号应与登记的发动机型号一致，或为机动车产品公告对应车型许可选装的其他发动机型号。

2. 检验员工作方法

检验员工作方法为目视检查。

1）发动机号码打刻在缸体上，电动或混动汽车驱动电机号码一般打刻在电机轮毂上，有些发动机的易见部位或覆盖件上粘贴或用铆钉固定铭牌，标有发动机型号和出厂编号等标识，并且永久保持，如图 4-18 所示。

2）注册登记安全检验时，如打刻（或铸出）的发动机号码 / 驱动电机号码不易见，则查看发动机易见部位或覆盖件上能永久保持的标有发动机型号和出厂编号的标识；若发动机标识不能永久保持的，则判定为不合格，不予注册登记检验。

3）在用车检验时，发现行驶证发动机信息与实车发动机信息一致，但是与车辆铭牌标注发动机信息不一致时，应进入公安交管部门信息网进行联网查询核对，若查询结果为发动机号码与行车证信息一致,则判定为合格;若不一致,则上报公安交管部门。

图 4-18 发动机号码/驱动电机号码的打刻位置

如图 4-19 所示,更换完整发动机后申请进行变更检验,在信息登录时,发动机号码应按规定填写。

机动车安全技术检验报告

一、基本信息			
检验报告编号	00821050800079-1	检验机构名称	安阳市××机动车检测有限责任公司
号牌号码	豫E6×××	所有人	河南××汽车有限公司
车辆类型	重型仓栅式货车	品牌/型号	解放牌/CA5160CCYP62KIL4AIE5
使用性质	货运	道路运输证编号	410××××××
注册登记日期	2017-04-24	出厂年月	2014-04-11	检验日期	2021-05-10 09:38:29
车辆识别代号(或出厂编号)	LFNAFUKMIHIE18028	发动机号码/驱动电机号码	CA4DK1-18E6/60391116
检验类别	在用机动车安全检验		
更换发动机申请变更登记的,更换后发动机号码(包括型号和出厂编号)			CA4DK1-18E6/60391120

图 4-19 更换发动机后申请进行变更检验

> **需要注意的是**
>
> 如果更换完整发动机，则新发动机编号与原发动机编号是不一致的；如果仅更换了发动机缸体，则发动机编号是不变的，只是需要申请重新打刻发动机号，报告单上的"更换发动机申请变更登记的，更换后发动机号码（包括型号和出厂编号）"这一栏不需要填写。

4）在用机动车安全检验时，如打刻（或铸出）的发动机号码/驱动电机号码在外检工位和地沟都无法看到、易见部位或覆盖件上的发动机/驱动电机标识缺失的，则按照 GB 38900—2020 的表 H.1 中"注 7"的要求，在该表的备注栏填写"发动机/驱动电机标识缺失且打刻号码不易见，无法拍摄"，并使用内窥镜等工具进一步确认。

5）打刻号码不易见或怀疑有重打、凿改、打磨等疑问时，采用放大镜或内窥镜等工具辅助检查，如图 4-20 所示。

a）可与手机直连的内窥镜　　　　b）一体式内窥镜

图 4-20　使用内窥镜辅助检查

内窥镜分辨率要足够，否则照片不清晰。将内窥镜探头深入发动机号码/驱动电机号码处，用大拇指调整控制按钮，显示出清晰的照片。

> **需要注意的是**
>
> 很多混动或纯电动车辆的驱动电机号码不易见，需要借助内窥镜检查，有些单位采取拆卸附件的方法拍摄照片，该方法并不可取，因为电动车辆操作需要专业人员。

3. 影像资料拍摄要求

如图 4-21 所示，发动机号码/驱动电机号码照片要能清晰显示发动机编号或柔性标签。在用机动车安全检验时发现打刻（或铸出）的发动机号码/驱动电机号码不易见，且易见部位或覆盖件上的发动机/驱动电机标识缺失无法拍

注册登记检验与车辆一致性证书比对，在用车与行驶证和交管联网平台数据比对

图 4-21　发动机号码照片

摄的，应记录在检验表中。

五、车身颜色和车辆外形

1. 检验要求

GB 38900—2020 标准条文"6.2.4":

> 6.2.4 车身颜色和车辆外形
> 6.2.4.1 注册登记安全检验时：
> a）送检机动车的车辆外形（不包括车辆颜色）应与机动车产品公告照片一致（对国产机动车）；
> b）送检机动车具有允许自行变更的情形视为合格；
> c）送检乘用车在不改变车辆长度、宽度和车身主体结构且保证安全的情况下，加装车顶行李架、出入口踏步件、换装散热器面罩/保险杠、更换轮辋（更换后轮胎规格不应变化）的视为合格。
>
> 6.2.4.2 在用机动车安全检验时：
> a）送检机动车的车身颜色、车辆外形应与机动车行驶证上的车辆照片一致（目视不应有明显区别），不应有更改车身颜色、改变车厢形状、改变车辆结构等情形；
> b）送检机动车具有允许自行变更的情形视为合格；
> c）送检乘用车在不改变车辆长度、宽度和车身主体结构且保证安全的情况下，加装车顶行李架、出入口踏步件、换装散热器面罩/保险杠、更换轮辋（更换后轮胎规格不应变化）的，提醒机动车所有人及时申请换发机动车行驶证后视为合格。

2. 检验员工作方法

检验员工作方法为目视检查。

1）注册登记安全检验时，车辆颜色与铭牌及车辆唯一性证明上的信息应一致。在用车检验时，检验员将行驶证、公告信息与实车比对，不能有改变车体外形及颜色的情形。

2）根据公安部令第164号《机动车登记规定》的相关规定，有下列情形之一，在不影响安全和识别号牌的情况下，机动车所有人不需要办理变更登记：①小型、微型载客汽车加装出入口踏步件；②货车加装防风罩、水箱、工具箱、备胎架等；③增加机动车车内装饰。在用机动车安全检验时，检验员遇到此类车辆，检验判定应为合格。拍照留存的同时要书面提醒机动车所有人及时申请换发行驶证。

3）乘用车在不改变车辆长度、宽度和车身主体结构且保证安全的情况下，可以加装改装部分部件，如加装车顶行李架、出入口踏步件、换装散热器面罩/保险杠、更换轮辋（更换后轮胎规格不应变化）的情形。

4）允许加装部件（如防风罩、水箱、工具箱、备胎架、起重尾板等）的质量不计入整备质量和总质量。

3. 影像资料拍摄要求

影像资料应在车辆左前方斜视45°、右后方斜视45°拍摄，能清晰显示车辆颜色、外形和牌照，如图4-22所示。

a）行驶证与实车比对　　　　b）车辆左前方斜视45°　　　　c）车辆右后方斜视45°

图4-22　车身颜色和车辆外形检验及影像资料采集方法

六、车辆唯一性检查填写示例

安全技术检验中车辆唯一性检验填写示例如图4-23所示。

三、检验结果			
序号		检验项目	判定
2	车辆唯一性检查	② 号牌号码和分类	—
		③ 车辆品牌和型号	○
		④ 车辆识别代号（或整车出厂编号）	○
		⑤ 发动机号码/驱动电机号码	○
		⑥ 车身颜色和车辆外形	○

a）注册登记检验乘用车填写示例

三、检验结果			
序号		检验项目	判定
2	车辆唯一性检查	② 号牌号码和分类	○
		③ 车辆品牌和型号	—
		④ 车辆识别代号（或整车出厂编号）	○
		⑤ 发动机号码/驱动电机号码	—
		⑥ 车身颜色和车辆外形	○

b）在用挂车填写示例

图4-23　车辆唯一性检验填写示例

第 5 章 车辆特征参数检查

第一节 概述

一、标准相关条文要求

1. 检验项目

GB 38900—2020 标准条文"表 1"和"表 2":

表 1 机动车安全技术检验项目表(注册登记安全检验)

序号	检验项目		适用车辆类型					
			载客汽车		货车(三轮汽车除外)、专项作业车	挂车	三轮汽车	摩托车
			非营运小型、微型载客汽车	其他类型载客汽车				
3	车辆特征参数检查	外廓尺寸		●	●	●	●	○
		轴距			●	●		
		核定载人数和座椅布置	●	●	●			○
		栏板高度			○	○		
		悬架			●	●		
		客车出口		○				
		客车乘客通道和引道		○				
		货厢/罐体			○	○	●	

表 2　机动车安全技术检验项目表（在用机动车安全检验）

序号	检验项目		适用车辆类型					
			载客汽车		货车（三轮汽车除外）、专项作业车	挂车	三轮汽车	摩托车
			非营运小型、微型载客汽车	其他类型载客汽车				
3	车辆特征参数检查	外廓尺寸			□	□		
		核定载人数和座椅布置	■	■	■			□
		栏板高度			□	□		
		悬架			■	■		
		客车出口		□				
		客车乘客通道和引道		□				
		货厢/罐体			□	□	■	

2. 检验项目对应方法

GB 38900—2020 标准条文"表 4"：

表 4　机动车安全技术检验项目对应方法

序号	检验项目		检验方法
3	车辆特征参数检查	外廓尺寸	用长度测量工具测量，重中型货车、重中型专项作业车、重中型挂车应使用符合标准的自动测量装置，见附录 B
		轴距	用长度测量工具测量，有条件时可使用自动测量装置
		核定载人数和座椅布置	目视检查。注册登记安全检验时目测座椅宽度、深度及驾驶室内部宽度等参数偏小或载客汽车座椅布置及固定情形异常的，使用量具测量相关尺寸
		栏板高度	用钢尺等长度测量工具测量
		悬架	目视检查
		客车出口	目视检查。目测应急出口尺寸偏小的，使用长度测量工具测量相关尺寸
		客车乘客通道和引道	目视检查。目测通道、引道偏窄或高度不符合要求时，使用通道、引道测量装置检查
		货厢/罐体	目视检查。目测货厢/罐体有超长、超宽、超高嫌疑时，使用长度测量工具测量相关尺寸

二、检验结果填写

GB 38900—2020 标准条文"表 H.1"：

表 H.1 机动车安全技术检验表（人工检验部分）

三、检验结果			
序号		检验项目	判定
3	车辆特征参数	⑦外廓尺寸（人工检验时）	
		⑧轴距	
		⑨核定载人数和座椅布置	
		⑩栏板高度	
		⑪悬架	
		⑫客车出口	
		⑬客车乘客通道和引道	
		⑭货厢/罐体	

第二节 外廓尺寸和轴距检查

一、检验要求

1. 外廓尺寸

GB 38900—2020 标准条文"6.3.1"：

> 6.3.1 外廓尺寸
> 6.3.1.1 注册登记安全检验时，机动车外廓尺寸实测值不应超出 GB 7258、GB 1589 规定的限值，且与机动车产品公告、机动车出厂合格证记载的数值相比，误差应满足：汽车（三轮汽车除外）、挂车不超过 ±1% 或 ±50mm，三轮汽车、摩托车不超过 ±3% 或 ±50mm。
> 6.3.1.2 在用机动车安全检验时，重中型货车（半挂牵引车除外）、重中型载货专项作业车、重中型挂车外廓尺寸实测值不应超出 GB 7258、GB 1589 规定的限值，且与机动车行驶证记载的数值相比误差不超过 ±3% 或 ±150mm。

2. 轴距

GB 38900—2020 标准条文"6.3.2"：

> 6.3.2 轴距
> 注册登记安全检验时，机动车的轴距应与机动车产品公告、机动车出厂合格证相符，且误差不超过 ±1% 或 ±50mm。

二、检验员工作方法

根据 GB 38900—2020 "附录 B（规范性附录）外廓尺寸测量"要求，检验人员工作方法分为人工测量和采用机动车外廓尺寸测量仪自动检验两种方法。

1. 人工测量法

人工测量使用的长度工具有准确度为Ⅱ级的5m或30m钢卷尺，辅助工具有铅垂（线锤）、水平尺、标尺（塔尺）。

被检车辆一般停放在外检工位，外检工位路面要求平整、硬实。如图5-1所示，在车辆的前后、左右突出位置，用线锤在地面上画出十字标记。采用水平尺或塔尺，测出车辆的长、宽、高及轴距；也可以在测完高度后将车辆驶离，按照所做的十字标记，测出车辆的长宽和轴距。

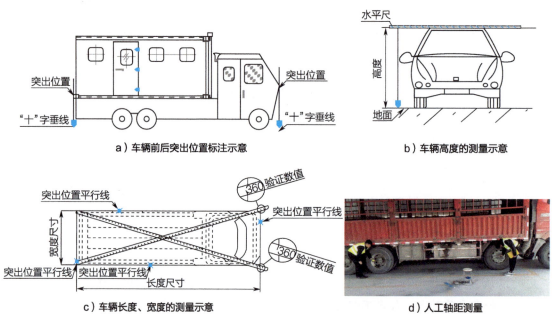

图 5-1 外廓尺寸及轴距人工测量法

2. 采用机动车外廓尺寸测量仪自动检验

（1）适用车型

重中型货车（半挂牵引车除外）、重中型载货专项作业车、重中型挂车应使用自动测量装置检测，使用较多的为机动车外廓尺寸测量仪，测量结果自动采集上传到仪器设备检验记录单中。

（2）外廓尺寸测量仪工作原理及检验方法

外廓尺寸测量仪工作原理及报告单如图5-2所示。机动车外廓尺寸测量仪采用红外线或超声波雷达扫描仪，对车辆进行切片扫描，通过软件对切片数据进行合成运算，得到车辆的长、宽、高数据。有些外廓尺寸测量仪，以及地面高速光电信号检验仪，可以分析计算出轴数及轴距。

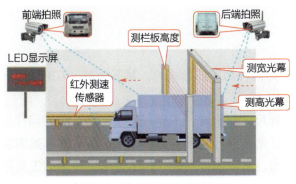

a) 测量长、宽、高、轴距及栏板高度　　　　　　b) 仅测量长、宽、高

车辆外廓尺寸检测报告单

检验流水号：17202009030064		检测日期：2020-09-03 13：40：05		
车牌号码		豫 017614	牌照类别	小型汽车
车辆类型		轻型厢式货车	轴数	2
总质量（kg）		3800	最高车速（km/)	150
车辆识别代号		LSH14JDC2LAD87614	机动车所有人	刘林满
检验项目	检测数据（mm）	原车数据（mm）	绝对误差（mm）	相对误差（%）	单项判定
车长	5695	5700	-5	-0.09	合格
车宽	2047	1998	49	2.45	合格
车高	2372	2345	27	1.15	合格
栏板高	—			
前悬	859			后悬	990
轴距1-2	3845			轴距2-3	—
轴距3-4	—			轴距4-6	—
车身侧视图			车头照片	
车身俯视图			车尾照片	
整车判定	合格	检验员（签字）	检验员（签字）	单位盖章	

c) 外廓尺寸报告单

图 5-2　外廓尺寸测量仪工作原理及报告单

常见的外廓尺寸测量仪检验方式有两种：一是车辆检验过程是动态的，二是车辆检验过程是定置的。

车辆检验过程是动态的检验方法：引车员按照助手提示，以 5~7km/h 匀速前进，车身摆正，不能转向及制动。具有轴距测量功能的，检验员要注意通道清洁，不能有杂物，检验期间，人员不能进入测量区域。

车辆检验过程是定置的检验方法：引车员按照助手提示，将车辆开到检验区内停稳，车身摆正，5s 后检验结束。

3. 外廓尺寸测量注意事项

车辆的外廓尺寸（特别是在用车），不管是何种功能、形式的，都不能超出 GB 1589—2016、GB 7258—2017 等规定的限值范围。

根据 GB 1589—2016 的规定，在进行外廓尺寸测量时，不计入测量尺寸范围的部件包括：刮水器、突出的车辆品牌等外部标识、灯光和信号装置、后视镜下视镜、外部遮阳装置、用于固定防雨布等物件的装置及防护设施、突出的排气管、各类货车、挂车的工具箱冷机等，如图 5-3 所示。

图 5-3　外廓尺寸测量部分不计入测量范围的部件

> **需要注意的是**
>
> 车辆外廓尺寸限值范围应根据车辆出厂日期、依据 GB 1589—2016 时，需注意新车新标准、老车老标准。

三、影像资料拍摄要求

外廓尺寸测量时拍摄的照片，一张应能清晰显示车辆的前部并且显示车辆前车牌号码，另一张侧面照片应能看清车辆的侧面轮廓。视频应能清晰地观察到检测全过程，如图 5-4 所示。

图 5-4　外廓尺寸测量时拍摄的照片

第三节　核定载人数和座椅布置、栏板高度、悬架检查

一、核定载人数和座椅布置

1. 检验要求

GB 38900—2020 标准条文"6.3.3":

> 6.3.3 核定载人数和座椅布置
>
> 6.3.3.1 注册登记安全检验时,机动车的核定载人数应符合 GB 7258—2017 中 4.4.2~4.4.6 的核载规定,并与机动车产品公告、机动车出厂合格证相符;机动车的座椅布置应符合 GB 7258—2017 中 11.6 的规定,并于产品使用说明书等资料相符。
>
> 6.3.3.2 在用机动车安全检验时,机动车的座位(铺位)数应与机动车行驶证签注的内容一致,座椅布置和固定方式应无改装情形。

2. 检验员工作方法

检验员采用目视检查比对的方式。注册登记安全检验时,目测核定载人数、座椅宽度、深度及驾驶室内部宽度等参数偏小或载客汽车座椅布置及固定情况异常时,使用量具测量相关尺寸。在用机动车安全检验时,机动车的座位(铺位)数应与机动车行驶证签注的内容一致,座椅布置和固定方式应无改装情形。

检验人员特别注意观察座椅布置和固定方式,乘员区内的座位不得移动,座椅固定牢固,注意观察固定脚周围有无可疑的印记、孔洞等现象。机动车行驶证上标注的乘员人数应与机动车的座位数相同,并且与车门位置喷印数据(图5-5)相同,发现异常时,参照 GB 7258—2017 相关要求,使用测量工具测量,确定座椅的状况是否符合要求。对违法改造的车辆,应将车辆相关信息上报公安交管部门。

图 5-5　车门位置喷印数据

3. 影像资料拍摄要求

车厢内部照片应完整反映座椅布置情况,侧面照片应清晰地拍出车门上核定载人数涂装信息。

二、栏板高度

1. 检验要求

GB 38900—2020 标准条文"6.3.4":

> 6.3.4 栏板高度
>
> 6.3.4.1 注册登记安全检验和在用机动车安全检验时，机动车栏板（含盖）高度不应超出 GB 1589 规定的限值。
>
> 6.3.4.2 注册登记安全检验时，货车、挂车的栏板（含盖）高度应与机动车产品公告、机动车出厂合格证、驾驶室两侧喷涂的栏板高度数值相符，且误差不超过 ±50mm。
>
> 6.3.4.3 在用机动车安全检验时，货车、挂车的栏板（含盖）高度应与机动车登记信息、驾驶室两侧喷涂的栏板（含盖）高度数值相符，且误差不超过 ±50mm。

2. 检验员工作方法

检验员用钢尺等长度测量工具对货车、挂车的栏板（含盖）高度测量。

GB 1589—2016 条文"4.6.3"规定：挂车及二轴货车的货箱栏板（含盖）高度不应超过 600mm，二轴自卸车、三轴及三轴以上货车的货箱栏板（含盖）高度不应超过 800mm，三轴及三轴以上自卸车的货箱栏板（含盖）高度不应超过 1500mm。

货车及挂车的货箱栏板高度采用专用设备或钢卷尺人工测量，将测量结果与机动车唯一性证书、行驶证、驾驶室两侧喷涂的栏板高度数值进行比对，涂装的字体不能有涂改等异常现象，图 5-6 所示为栏板高度测量及涂装信息。

a）栏板高度测量

b）涂装信息

图 5-6　栏板高度测量及涂装信息

栏板高度测量时注意要将钢直尺放在车箱底部平坦的位置垂直测量，测量时进行影像资料采集。注册登记检验时遇到异形货箱，公安交管部门信息网联网查询数据查不到的，可以从制造厂家查询信息，并且报给公安监管部门，查询异形货箱的相关资质。

3. 影像资料采集

车辆正后方照片、右后方斜视 45° 照片，能清晰显示车辆栏板外形和牌照、检验员的测量操作，侧面照片清晰显示车辆外形，车门上的涂装信息单独拍照。

三、悬架

1. 检验方法

GB 38900—2020 标准条文"6.3.5"：

6.3.5 悬架

6.3.5.1 注册登记安全检验时，货车（三轮汽车除外）、挂车、专项作业车的后轴钢板弹簧片数应与机动车产品公告、机动车出厂合格证一致，且不应有明显增宽、增厚情形；2020年1月1日起出厂的总质量大于或等于12000kg的危险货物运输货车的后轴，所有危险货物运输半挂车，以及三轴栏板式、仓栅式半挂车应装备空气悬架。

6.3.5.2 在用机动车安全检验时，货车（三轮汽车除外）、挂车、专项作业车的后轴钢板弹簧片数应与机动车登记信息一致，且不应有明显增宽、增厚情形。

2. 检验员工作方法

检验员采用目视检查的方法，比对载货汽车、挂车、专项作业车后轴钢板弹簧片数与机动车产品公告、出厂合格证是否相符；有明显增厚、增宽情形的，判定为不合格。

2020年1月1日起出厂的总质量大于或等于12000kg的危险货物运输货车的后轴，所有危险货物运输半挂车，以及三轴栏板式、仓栅式半挂车应装备空气悬架。检验员应查看行驶证或车辆铭牌，注意车辆出厂年限。发现钢板弹簧与空气弹簧组合的复合形式，要与公安交管部门信息网联网查询比对，如果不符，则视为改造，判定不合格，如图5-7所示。

图5-7 复合形式的空气悬架

3. 影像资料采集

货车（三轮汽车除外）、挂车、专项作业车的悬架照片应符合"悬架照片"的要求，如图5-8所示，对采用钢板弹簧的悬架应清晰显示钢板弹簧片数及固定情况，对采用空气悬架的应能清晰显示空气弹簧及周围主要部件。

a）空气悬架　　　　　　　　　　　　b）钢板弹簧

图5-8 悬架影像资料拍摄要求

第四节　客车出口、客车乘客通道和引道、货厢/罐体检查

一、客车出口

1. 检验要求

GB 38900—2020 标准条文"6.3.6":

> 6.3.6 客车出口
>
> 6.3.6.1 注册登记安全检验时,客车出口应满足以下要求:
>
> a) 2012年9月1日起出厂的车长大于9m的公路客车、旅游客车,以及2018年1月1日起出厂的车长大于9m的未设置乘客站立区的客车(专用校车及乘坐人数小于20的其他专用客车除外)应设置两个乘客门。采用动力开启的乘客门,车门应急控制器应正常且其附近应标有清晰的符号或字样注明操作方法,字体高度应不小于10mm;
>
> b) 客车应急出口的数量、型式、尺寸参数、标志应符合 GB 7258、GB 13094、GB 24407 的相关规定;且2012年9月1日起出厂的车长大于7m的客车(乘坐人数小于20的专用客车除外)应设置撤离舱口;2014年9月1日起出厂的车长大于或等于6m的客车(乘坐人数小于20的专用客车除外),如车身右侧仅有一个乘客门且在车身左侧未设置驾驶人门,应在车身左侧或后部设置应急门;
>
> c) 2013年9月1日起出厂的设有乘客站立区的客车车身两侧的车窗,若洞口可内接一个面积大于或等于800mm×900mm的矩形时,应设置为推拉式应急窗或外推式应急窗;若洞口可内接一个面积大于或等于500mm×700mm的矩形时,应设置为击碎玻璃式的应急窗,并在附近配置应急锤或具有自动破窗功能;
>
> 注:侧窗洞口尺寸在车辆制造完成后从侧窗立柱内侧测量。
>
> d) 2019年1月1日起出厂的公路客车、旅游客车和未设置乘客站立区的公共汽车,车长大于9m时车身左右两侧应至少各配置2个外推式应急窗并应在车身左侧设置1个应急门,车长大于7m且小于或等于9m时车身左右两侧应至少各配置1个外推式应急窗;外推式应急窗玻璃的上方中部或右角应标记有击破点标记(邻近处应配置应急锤)。2019年1月1日起出厂的其他车长大于9m的未设置乘客站立区的客车,车身左右两侧至少各有2个击碎玻璃式的应急窗(车身两侧击碎玻璃式的应急窗总数小于或等于4个时为所有击碎玻璃式的应急窗)具有自动破窗功能的,视为合格。
>
> 6.3.6.2 在用机动车安全检验时,客车出口应满足以下要求:
>
> a) 采用动力开启的乘客门,车门应急控制器应正常且其附近应标有清晰的符号或字

样注明操作方法,字体高度应不小于 10 mm;

b)不应安装有保护装置以外的其他固定、锁止应急门的装置;

c)击碎玻璃式的应急窗邻近处配备的应急锤应齐全,推拉式应急窗和外推式应急窗操作装置应正常;

d)应急出口的标志应齐全清晰。

2. 检验员工作方法

检验员采用目视检查的工作方法。目测尺寸偏小的,使用长度测量工具测量相关尺寸。

检验员查看客车铭牌、比对行驶证时,应仔细核对车辆出厂年限,按照客车出口的要求,进行有针对性的检查。

客车不同形式应急出口及开关如图 5-9 所示,检验员通过目视检查,必要时开启查看:客车的应急门和安全顶窗机件是否齐全,工作是否可靠;采用动力启闭车门的应急控制器机件是否齐全,应急控制器标志及操作说明或标志及操作说明是否齐全;应急锤及操作说明标识是否齐全。

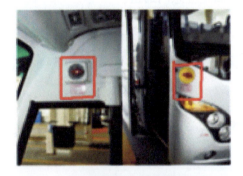

a)应急门车内外控制器及标识

b)应急门

c)应急窗及控制器

d)应急窗及应急锤

图 5-9 客车不同形式应急出口及开关

3. 影像资料拍摄要求

车辆左前方斜视 45°、右后方斜视 45°、正后方、车厢内部等方位照片、视频应清晰显示客车不同形式出口的状况。

二、客车乘客通道和引道

1. 检验要求

GB 38900—2020 标准条文 "6.3.7"：

> 6.3.7 客车乘客通道和引道
>
> 6.3.7.1 注册登记安全检验时，客车的通道、引道应符合 GB 7258、GB 13094、GB 24407 等相关标准的规定。
>
> 6.3.7.2 在用机动车安全检验时，客车的通道、引道应畅通无障碍。

2. 检验员工作方法

检验员采用目视检查的工作方法。目测通道、引道偏窄或高度不符合要求时，使用通道、引道测量装置检查。

通道、引道测量装置如图 5-10 所示，垂直平板用来测量乘客门引道，通道测量装置用来测量座椅间距离及通道，应急门测量装置测量应急门通道。

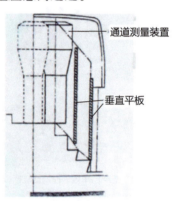

图 5-10　通道、引道测量装置

3. 影像资料拍摄要求

检验员拍照时注意：座椅布置、固定安装情况、通道引道状况、安全出口、安全窗、手锤等一并拍照上传。如图 5-11 所示，驾驶位置、车厢内部照片应能清晰显示驾驶人座椅、所有汽车安全带处于扣紧状态。

a）驾驶位置　　　　　　　　　b）车厢内部

图 5-11　影像资料拍摄要求

三、货厢 / 罐体

1. 检验要求

GB 38900—2020 标准条文 "6.3.8":

> 6.3.8 货厢 / 罐体
> 6.3.8.1 注册登记安全检验时,货厢 / 罐体应满足以下要求:
> a) 车辆不应设置有货厢(货箱)加高、加长、加宽的结构、装置,不应有"拆除厢式货车顶盖""拆除仓栅式货车顶棚杆""平板货车 / 挂车的平板上有用于固定集装箱等的锁具""栏板货车 / 挂车的栏板上有方便加高栏板的铰链"等情形;
> b) 仓栅式载货车辆的载货部位的顶部应安装有与侧面栅栏固定的、不能拆卸和调整的顶棚杆;2018 年 1 月 1 日起出厂的车辆顶棚杆间的纵向距离应小于或等于 500mm;
> c) 自卸式载货车辆的车箱栏板应开闭灵活,锁紧可靠;侧开式车箱栏板与立柱、底板之间以及后开式车箱后栏板与车箱后断面之间应贴合;
> d) 厢式载货车辆的货厢的顶部应封闭、不可开启(翼开式车辆除外),其与侧面的连接应采用焊接等永久固定的方式;货厢的后面或侧面应设有固定位置的车门;
> e) 侧帘式载货车辆应设置有竖向滑动立柱、横向挡货杆、托盘、固货绳钩等防护装置,且车厢内应设置有用于对货物进行必要固定和捆扎的固定装置,帘布锁紧装置应锁紧可靠;
> f) 所有集装箱车、集装箱运输半挂车的载货部位应采用骨架式结构,集装箱不应用焊接等方式与骨架成为一体;
> g) 罐体式样、尺寸应与机动车产品公告相符。
> 6.3.8.2 在用机动车安全检验时,车辆不应有"加高、加长、加宽货厢""拆除厢式货车顶盖""拆除仓栅式货车顶棚杆""换装大尺寸罐体"等非法改装情形;货厢和栏板的锁止机构应齐全、完好;货厢栏板和底板应规整。

2. 检验员工作方法

检验员采用目视检查的工作方法。目测货厢 / 罐体有超长、超宽、超高嫌疑时,使用长度测量工具测量相关尺寸。

目视观察及比对货厢 / 罐体的式样、尺寸,应与公安交管部门信息网信息公告、行驶证照片一致,若发现异常,用长度测量工具测量,误差应在 ±1% 或 ±50mm 以内。检验员要依据 GB 7258—2017 条文 "11.3 货运机动车的特殊要求"来严格审验。

货厢和栏板的锁紧机构应工作可靠,货厢栏板和底板应完好平整。侧面栏杆不应有栏杆举升机构情形。对具有封闭式货厢的货车、挂车应打开车厢门检查,重点检查是否有非法改造箱体内部结构等违法改造情形。

较常见的货厢 / 罐体式样如图 5-12 所示。货厢 / 罐体的式样、尺寸异常的情形有:加高、加长、加宽货厢；加装货厢，拆除厢式货车顶盖；拆除仓栅货车顶棚杆；换装大尺寸罐体等违法改装行为。

a）罐车

b）厢式货车

c）仓栅货车

图 5-12　货厢/罐体式样

3. 影像资料拍摄要求

车辆左前方斜视 45°、右后方斜视 45°、侧面、正后方等方位照片、视频应清晰显示货厢/罐体式样及状况。

对于有举升功能的车辆，在拍正后方外检照片时，应拍摄半举升状态，清晰地显示该车具有的举升功能和举升状态，即是侧翻还是后翻，如图 5-13 所示。

图 5-13　具有侧翻举升功能的车辆照片

第五节　车辆特征参数检验结果填写示例

一、大、中型客车车辆特征参数检验结果填写示例

注册登记检验和在用车检验结果填写示例如图 5-14 所示。

图 5-14 大、中型客车车辆特征参数检验结果填写示例

a）注册登记检验

三、检验结果			
序号	检验项目		判定
1	①联网查询（对发生过造成人员伤亡交通事故的送检机动车，人工检验时应重点检查损伤部位和损伤情况_____；其他不符合情形_____）。		○
2	车辆唯一性检查	②号牌号码和分类	—
		③车辆品牌和型号	○
		④车辆识别代号（或整车出厂编号）	○
		⑤发动机号码/驱动电机号码	○
		⑥车身颜色和车辆外形	○
3	车辆特征参数检查	⑦外廓尺寸（人工检验时）	○
		⑧轴距	—
		⑨核定载人数和座椅布置	○
		⑩栏板高度	—
		⑪悬架	—
		⑫客车出口	○
		⑬客车乘客通道和引道	○
		⑭货厢/罐体	—

b）在用车检验

三、检验结果			
序号	检验项目		判定
1	①联网查询（对发生过造成人员伤亡交通事故的送检机动车，人工检验时应重点检查损伤部位和损伤情况_____；其他不符合情形_____）。		○
2	车辆唯一性检查	②号牌号码和分类	○
		③车辆品牌和型号	—
		④车辆识别代号（或整车出厂编号）	○
		⑤发动机号码/驱动电机号码	○
		⑥车身颜色和车辆外形	○
3	车辆特征参数检查	⑦外廓尺寸（人工检验时）	—
		⑧轴距	—
		⑨核定载人数和座椅布置	○
		⑩栏板高度	—
		⑪悬架	○
		⑫客车出口	○
		⑬客车乘客通道和引道	○
		⑭货厢/罐体	—

二、重、中型货车车辆特征参数检验结果填写示例

注册登记检验和在用车检验结果填写示例如图 5-15 所示。

a）注册登记检验

三、检验结果			
序号	检验项目		判定
1	①联网查询（对发生过造成人员伤亡交通事故的送检机动车，人工检验时应重点检查损伤部位和损伤情况_____；其他不符合情形_____）。		○
2	车辆唯一性检查	②号牌号码和分类	—
		③车辆品牌和型号	○
		④车辆识别代号（或整车出厂编号）	○
		⑤发动机号码/驱动电机号码	○
		⑥车身颜色和车辆外形	○
3	车辆特征参数检查	⑦外廓尺寸（人工检验时）	○
		⑧轴距	○
		⑨核定载人数和座椅布置	○
		⑩栏板高度	○
		⑪悬架	○
		⑫客车出口	—
		⑬客车乘客通道和引道	—
		⑭货厢/罐体	○

b）在用车检验

三、检验结果			
序号	检验项目		判定
1	①联网查询（对发生过造成人员伤亡交通事故的送检机动车，人工检验时应重点检查损伤部位和损伤情况_____；其他不符合情形_____）。		○
2	车辆唯一性检查	②号牌号码和分类	○
		③车辆品牌和型号	—
		④车辆识别代号（或整车出厂编号）	○
		⑤发动机号码/驱动电机号码	○
		⑥车身颜色和车辆外形	○
3	车辆特征参数检查	⑦外廓尺寸（人工检验时）	○
		⑧轴距	—
		⑨核定载人数和座椅布置	○
		⑩栏板高度	○
		⑪悬架	○
		⑫客车出口	—
		⑬客车乘客通道和引道	—
		⑭货厢/罐体	○

图 5-15 重、中型货车车辆特征参数检验填写示例

三、重型半挂车辆特征参数检验结果填写示例

注册登记检验和在用车检验结果填写如图 5-16 所示。

三、检验结果

序号	检验项目		判定
1		①联网查询（对发生过造成人员伤亡交通事故的送检机动车，人工检验时应重点检查损伤部位和损伤情况＿＿＿＿；其他不符合情形＿＿＿＿）。	○
2	车辆唯一性检查	②号牌号码和分类	—
		③车辆品牌和型号	○
		④车辆识别代号（或整车出厂编号）	○
		⑤发动机号码/驱动电机号码	○
		⑥车身颜色和车辆外形	○
3	车辆特征参数检查	⑦外廓尺寸（人工检验时）	○
		⑧轴距	○
		⑨核定载人数和座椅布置	—
		⑩栏板高度	○
		⑪悬架	○
		⑫客车出口	—
		⑬客车乘客通道和引道	—
		⑭货厢/罐体	○

a）注册登记检验

三、检验结果

序号	检验项目		判定
1		①联网查询（对发生过造成人员伤亡交通事故的送检机动车，人工检验时应重点检查损伤部位和损伤情况＿＿＿＿；其他不符合情形＿＿＿＿）。	○
2	车辆唯一性检查	②号牌号码和分类	○
		③车辆品牌和型号	—
		④车辆识别代号（或整车出厂编号）	○
		⑤发动机号码/驱动电机号码	○
		⑥车身颜色和车辆外形	○
3	车辆特征参数检查	⑦外廓尺寸（人工检验时）	—
		⑧轴距	○
		⑨核定载人数和座椅布置	—
		⑩栏板高度	○
		⑪悬架	○
		⑫客车出口	—
		⑬客车乘客通道和引道	—
		⑭货厢/罐体	○

b）在用车检验

图 5-16　重型半挂车辆特征参数检验结果填写示例

四、三轮汽车车辆特征参数检验结果填写示例

注册登记检验和在用车检验结果填写如图 5-17 所示。

三、检验结果

序号	检验项目		判定
1		①联网查询（对发生过造成人员伤亡交通事故的送检机动车，人工检验时应重点检查损伤部位和损伤情况＿＿＿＿；其他不符合情形＿＿＿＿）。	○
2	车辆唯一性检查	②号牌号码和分类	—
		③车辆品牌和型号	○
		④车辆识别代号（或整车出厂编号）	○
		⑤发动机号码/驱动电机号码	○
		⑥车身颜色和车辆外形	○
3	车辆特征参数检查	⑦外廓尺寸（人工检验时）	○
		⑧轴距	—
		⑨核定载人数和座椅布置	○
		⑩栏板高度	—
		⑪悬架	—
		⑫客车出口	—
		⑬客车乘客通道和引道	—
		⑭货厢/罐体	○

a）注册登记检验

三、检验结果

序号	检验项目		判定
1		①联网查询（对发生过造成人员伤亡交通事故的送检机动车，人工检验时应重点检查损伤部位和损伤情况＿＿＿＿；其他不符合情形＿＿＿＿）。	○
2	车辆唯一性检查	②号牌号码和分类	○
		③车辆品牌和型号	—
		④车辆识别代号（或整车出厂编号）	○
		⑤发动机号码/驱动电机号码	○
		⑥车身颜色和车辆外形	○
3	车辆特征参数检查	⑦外廓尺寸（人工检验时）	—
		⑧轴距	○
		⑨核定载人数和座椅布置	○
		⑩栏板高度	—
		⑪悬架	—
		⑫客车出口	—
		⑬客车乘客通道和引道	—
		⑭货厢/罐体	○

b）在用车检验

图 5-17　三轮汽车车辆特征参数检验结果填写示例

第6章 车辆外观检查

第一节 概述

一、标准相关条文要求

1. 检验项目

GB 38900—2020 标准条文"表1"和"表2":

表1 机动车安全技术检验项目表（注册登记安全检验）

序号	检验项目		适用车辆类型					
			载客汽车		货车（三轮汽车除外）、专项作业车	挂车	三轮汽车	摩托车
			非营运小型、微型载客汽车	其他类型载客汽车				
4	车辆外观检查	车身外观	●	●	●	●	●	●
		外观标识、标注和标牌	●	●	●	●	●	●
		外部照明和信号装置	●	●	●	●	●	●
		轮胎	●	●	●	●	●	●
		号牌板（架）	●	●	●	●	●	●
		加装/改装灯具	●	●	●	●		

表2 机动车安全技术检验项目表（在用机动车安全检验）

序号	检验项目		适用车辆类型					
			载客汽车		货车（三轮汽车除外）、专项作业车	挂车	三轮汽车	摩托车
			非营运小型、微型载客汽车	其他类型载客汽车				
4	车辆外观检查	车身外观	■	■	■	■	■	■
		外观标识、标注和标牌	■	■	■	■	■	■
		外部照明和信号装置	■	■	■	■	■	■
		轮胎	■	■	■	■	■	■
		号牌/号牌板（架）	■	■	■	■	■	■
		加装/改装灯具	■	■	■		■	

2. 检验项目对应检验方法

GB 38900—2020 标准条文"表4"：

表4 机动车安全技术检验项目对应方法

序号	检验项目		检验方法
4	车辆外观检查	车身外观	目视检查。对封闭式货厢的货车、挂车应打开车厢门检查。对客车、货车，操作检查前风窗玻璃刮水器。目测车窗玻璃可见光透射比、车身尺寸等参数有疑问时，使用透光率计、钢直尺、钢卷尺等工具测量相关参数。对大型客车、重中型货车、重中型载货专项作业车、重中型挂车，在平整场地上使用钢直尺，在距地1.5m高度内，测量第一轴和最后轴（对挂车仅测最后轴）上方的车身两侧对称部位的高度
		外观标识、标注和标牌	目视检查。目测字高偏小时，使用长度测量工具测量相关尺寸
		外部照明和信号装置	目视检查并操作
		轮胎	目视检查。目测胎压不正常时，使用轮胎气压表测量相关参数。检查轮胎花纹深度时，对大型客车、重中型货车、重中型载货专项作业车、危险货物运输车的转向轮使用轮胎花纹深度计测量；对大型客车、重中型货车、重中型载货专项作业车的其余轮胎以及其他车型的轮胎检验时，目测轮胎胎冠花纹深度偏小的，使用轮胎花纹深度计测量；有条件时可使用轮胎花纹深度自动测量装置
		号牌/号牌板（架）	目视检查。目测号牌安装位置、形式有疑问时使用长度测量工具测量相关尺寸
		加装/改装灯具	目视检查

二、车辆外观检查填写

GB 38900—2020 标准条文"表 H.1":

表 H.1　机动车安全技术检验表（人工检验部分）

三、检验结果			
序号	检验项目		判定
1	①联网查询（对发生过造成人员伤亡交通事故的送检机动车，人工检验时应重点检查损伤部位和损伤情况＿＿＿＿＿；其他不符合情形＿＿＿＿＿）。		
2	车辆唯一性检查	②号牌号码和分类	
		③车辆品牌和型号	
		④车辆识别代号（或整车出厂编号）	
		⑤发动机号码/驱动电机号码	
		⑥车身颜色和车辆外形	
3	车辆特征参数检查	⑦外廓尺寸（人工检验时）	
		⑧轴距	
		⑨核定载人数和座椅布置	
		⑩栏板高度	
		⑪悬架	
		⑫客车出口	
		⑬客车乘客通道和引道	
		⑭货厢/罐体	
4	车辆外观检查	⑮车身外观	
		⑯外观标识、标注和标牌	
		⑰外部照明和信号装置	
		⑱轮胎	
		⑲号牌/号牌板（架）	
		⑳加装/改装灯具	

第二节　车身外观

一、检验要求

GB 38900 标准条文"6.4.1":

6.4.1 车身外观
6.4.1.1 注册登记安全检验和在用机动车安全检验时，车身外观应满足以下要求：
a）车身前部外表面的易见部位上应至少装置一个能永久保持，且与车辆品牌/型号相适应的商标或厂标，在用机动车不应变更商标或厂标；

b）保险杠、后视镜、下视镜等部件应完好，灯具不应破损、缺失；

c）车窗玻璃应齐全，驾驶人视区部位应无裂纹、破损，客车、重中型货车驾驶人视区以外的车窗玻璃不应有穿孔或长度超过 25 mm 的裂纹，所有车窗玻璃不应张贴镜面反光遮阳膜；

d）车体应周正，车体外缘左右对称部位高度差应小于或等于 40mm；

e）车身外部不应有明显的镜面反光现象（局部区域使用镀铬、不锈钢装饰件的除外），不应有任何可能触及行人、骑自行车人等交通参与者的外部构件，不应有可能使人致伤的尖角、锐边等凸起物；

f）车身（车厢）及其漆面不应有超过 3 处的轻微开裂、锈蚀和明显变形；

g）喷涂、粘贴的标识或车身广告不应影响安全驾驶。

6.4.1.2 注册登记安全检验和在用机动车安全检验时，对应车辆类型和使用性质的车辆还应满足以下要求：

a）货车和挂车的货厢安装应牢固，其栏板和底板应规整，强度应满足使用要求，装置的安全架应完好无损。

b）校车和车长大于 7.5m 的其他客车不应设置有车外顶行李架；设置有车外顶行李架的客车，其车外顶行李架长度不应超过车长的 1/3 且高度不应超过 300mm。

c）前风窗玻璃驾驶人视区部位及驾驶人驾驶时用于观察外后视镜的部位的可见光透射比应大于或等于 70%；校车、2012 年 9 月 1 日起出厂的公路客车、旅游客车，2018 年 1 月 1 日起出厂的设有乘客站立区的客车、面包车，所有车窗玻璃可见光透射比均应大于 50%。校车、公路客车、旅游客车、设有乘客站立区的客车以及面包车，所有车窗玻璃不应张贴有不透明和带任何镜面反光材料的色纸或隔热纸（客车车窗玻璃上张贴的符合规定的客车用安全标志和信息符号除外）；专用校车乘客区车窗结构应符合 GB 24407 的相关规定。

d）机动车（挂车除外）应在左右至少各设置一面外后视镜，总质量大于 7500 kg 的货车和货车底盘改装的专项作业车应在右侧至少设置广角后视镜和补盲后视镜各一面，车长大于 6m 的平头货车和平头客车在车前应至少设置有一面前下视镜或相应的监视装置。

e）货车和挂车的载货部分不应设计成可伸缩的结构（中置轴车辆运输列车主车后部的延伸结构除外）或设置有乘客座椅。

f）客车、货车的前风窗玻璃刮水器应能正常工作，关闭时刮片应能自动返回初始位置。

g）客车、重中型货车、重中型载货专项作业车驾驶室内应设置防止阳光直射而使驾驶人产生眩目的装置。

h）集装箱车、集装箱挂车用于固定集装箱箱体的锁止机构应齐全、完好。

i）2019 年 8 月 1 日起出厂的平板式载货车辆的平板不应有插桩结构、凹槽、集装箱锁具等装置，且平板式载货车辆、仓栅式载货车辆的载货部位不应具有举升功能或采用自卸结构。

j) 2019年8月1日起出厂的车厢可卸式汽车装载的货厢应为封闭式专用货厢，且车辆应装备有装卸或举升机构，能将专用货厢拖吊到车上，或能升降专用货厢/车架以实现专用货厢的交换。

k) 2019年1月1日起出厂的危险货物运输货车、公路客车、旅游客车和未设置乘客站立区的公共汽车应装备单燃油箱，且单燃油箱的容积应小于或等于400L。

l) 乘用车加装的前后防撞装置及货车、专项作业车和挂车加装的防风罩、水箱、工具箱、备胎架，不应影响安全和号牌识别。

m) 三轮汽车和摩托车的前、后减振器、转向上下联板和方向把不应有变形和裂损，左右后视镜应齐全有效，座垫、扶手（或拉带）、脚蹬和挡泥板应齐全，且牢固可靠；对无驾驶室的三轮汽车，货箱前部应安装有高出驾驶人座垫平面至少800mm的安全架。

n) 教练车（三轮汽车除外）和自学用车的车身两侧外后视镜上方或者车身前部两侧应至少各具有一面辅助外后视镜，自学用车在车内还应具有一面辅助内后视镜（原车安装有遮挡内后视镜视野范围的非玻璃材料装置时除外），每面辅助后视镜的反射面面积应不小于原车相应后视镜反射面面积的50%。辅助后视镜应安装牢固，不应有任何可能使人致伤的尖角、锐边等凸起物。检验员坐在副驾驶位置上应能完整观察到所有辅助后视镜的反射面，并能通过辅助后视镜有效观察到车辆两侧及后方的交通状态。

6.4.1.3 注册登记安全检验时，送检机动车还应满足以下要求：

a) 货车货厢（自卸车、装载质量1000kg以下的货车除外）前部应安装有比驾驶室高至少70mm的安全架；

b) 厢式货车和封闭式货车驾驶室（区）两旁应设置有车窗，货厢部位不应设置车窗[但驾驶室（区）内用于观察货物状态的观察窗、运输特定物品车辆的通气孔除外]；

c) 罐式危险货物运输车辆的罐体顶部应按GB 7258要求设置倾覆保护装置（罐体顶部的管接头、阀门及其他附件的最高点应低于倾覆保护装置的最高点至少20mm），但2018年1月1日起出厂的，若罐体顶部无任何附属设备设施或附属设备设施未露出罐体，不应设置倾覆保护装置；

d) 乘用车、旅居车、专用校车和车长小于6m的其他客车的前后部应设置有保险杠，货车（三轮汽车除外）应设置有前保险杠；

e) 对无驾驶室的正三轮摩托车，应采用方向把转向；对2013年3月1日起出厂的有驾驶室的正三轮摩托车，若采用方向盘转向，方向盘中心立柱距车辆纵向中心平面的水平距离应不大于200mm。

6.4.1.4 新能源汽车注册登记安全检验和在用机动车安全检验时，车辆还应满足以下要求：

a）插电式混合动力汽车、纯电动汽车（换电式除外），应具有外接充电接口，且充电接口表面不应有明显变形或烧蚀痕迹；

b）目视检查可见区域内，高、低压线束、插接器不应有断裂、破损、表面材料溶解或烧蚀痕迹；2018 年 1 月 1 日起出厂的纯电动汽车、插电式混合动力汽车，目视检查可见区域内 B 级电压电路中的 REESS 应用符合规定的警告标记予以标识；

c）纯电动汽车、插电式混合动力汽车的 REESS 外壳不应有裂纹、外伤或电解液泄漏等情形。

二、检验员工作方法

检验员采用目视检查的工作方法。

1. GB 7258—2017 相关条文

由于车型众多，车身外观检查项目较多，检验人员应多了解各车型的特点。针对不同的车型，检验人员还应按照 GB 7258—2017 标准条文进行检验工作：条文"12.5 燃料系统的安全保护"；"12.6 气体燃料专用装置的安全防护"；"12.10 客车的特殊要求"；"12.11 货车的特殊要求"；"12.12 危险货物运输车辆的特殊要求"；"12.13 纯电动汽车、插电式混合动力汽车的特殊要求"；"12.14 三轮汽车和拖拉机运输机组的特殊要求"；"12.15 其他要求"。

2. 机动车车身前部的商标或厂标检验方法

机动车车身前部的商标或厂标，不应有更改或装饰过度，导致无法真实识别商标或厂标、号牌。在用车车身外观与行车证照片一致，不能改变商标或厂标。

3. 车身外部漆膜涂装检验方法

车身外部漆膜涂装不应有明显的镜面反光现象。送检机动车喷涂、粘贴的标识或车身广告不应该影响安全。如果影响车身颜色的辨认，就要告知送检人根据《中华人民共和国道路交通安全法实施条例》第十三条第三款，公安车辆管理所办理车身颜色变更。

4. 允许加装的部件方法

允许加装的部件，不能有使人致伤的尖角、锐边等凸起物。保险杠无明显的损坏、变形、松旷。

5. 车体周边的灯具检验方法

检验员与引车员配合检查，车体周边的灯具完整，对称设置功能相同的灯光的颜色、制式、发光强度基本一致。保险杠、后视镜等附件完整无破损。校车和车长大于 7.5m 的其他客车不应设置有车外顶行李架。

6. 车窗玻璃检验方法

车窗玻璃完好，粘贴的广告等不能影响驾驶人可视区域透光率。目测观察车窗玻璃透光率有疑问的，使用透光率测试仪检验。

透光率测试仪又名透光率仪，透光仪、透射率测试仪，主要用于测量汽车玻璃、各种玻璃、亚克力、薄膜、塑料以及透明及半透明物体的可见光透光率。它是一款便携式、智能数显的光透率测试器。

透光率测试仪如图 6-1 所示。将传感器连接到主机，打开主机电源，自校准完成之后将传感器压紧在测试玻璃面上，按下测试按键，仪器直接显示透光率值。

图 6-1 透光率测试仪

7. 车体周正检验方法

目视观察车体周正，对大型客车、重中型货车、重中型载货专项作业车、重中型挂车，在平整场地上使用钢直尺，在距地 1.5m 高度内，测量第一轴和最后一轴（对挂车仅测最后一轴）上方的车身两侧对称部位高度，并将测得的数据填写在外检记录单中，如图 6-2 所示。

a）第一轴对称高度差测量

b）第二轴对称高度差测量

图 6-2 对称高度差测量及填写

```
车身对称        单车
部位高度差      前：左 1492 右 1490 高度差  2
/mm            后：左 1470 右 1475 高度差  5

               挂车
               左____ 右____ 高度差____
```

c）测量结果人工检验单填写

图 6-2　对称高度差测量及填写（续）

有些最后轴无车身的车辆，仅测量前部位置对称高度差。

车体外缘左右对称部位高度差应小于或等于 40mm。两轮普通摩托车和轻便摩托车的方向把和导流板等左右对称的零部件离地面高度差应小于或等于 10mm；正三轮摩托车的驾驶室和车厢等左右对称的零部件离地面高度差应小于或等于 20mm。

8. 罐式危险货物运输车检验方法

检验人员查验罐式危险货物运输车的罐体顶部是否按 GB 7258—2017 的要求设置了倾覆保护装置。

9. 货箱及安全架检验方法

针对货车、三轮汽车的货箱及安全架，检验员参见 GB 7258—2017 "12.11　货车的特殊要求" 及其第 1 号修改单的规定检验。

注册登记检验时，中置轴运输列车主车后部可以有延伸结构，所有货车和挂车的载货部分不应有可伸缩的结构。

10. 后视镜等检验方法

检验员检查车辆设置的后视镜等辅助装置是否齐全，不能有空缺、破裂、安装位置不符等现象。

如图 6-3 所示，检查总质量大于 7500kg 的货车和货车底盘改装的专项作业车应在右侧至少设置广角后视镜和补盲后视镜各一面；车长大于 6m 的平头货车和平头客车在车前应至少设置有一面前下视镜或相应的监视装置。教练车或自学用车的内、外后视镜安装牢固，不能有使人致伤的尖角、锐边等凸起物。

11. 电动汽车检验方法

电动汽车外观检查仅限于目视检查。

电动汽车有外接充电接口装置的，要符合 GB 7258—2017 "12.13　纯电动汽车、插电式混合动力汽车的特殊要求" 的规定。如图 6-4 所示，目视检查充电接口，充电接口表面不应有明显变形或烧蚀痕迹；目视可见区域内 B 级电压电路中的 REESS 应用符合规定的警告标记予以标识；REESS 外壳不应有裂纹、外伤或电解液泄漏等情形。

图 6-3 机动车安装的外部设置

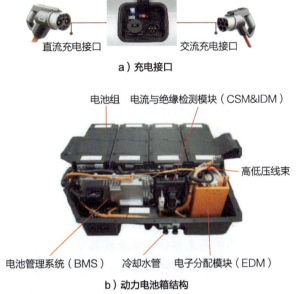

图 6-4 电动汽车检查

REESS 的全称为可充电储能系统，俗称动力电池箱，即可充电的且可提供电能的能量存储系统，如蓄电池、电容器等。

三、影像资料拍摄要求

车身外观检查项目照片应符合"车辆左前方斜视 45°；车辆右后方斜视 45°"照片的具体要求。

对于大型客车、重中型货车、重中型载货专项作业车、重中型挂车，要求有第一轴及最后一轴在车体周正测量时的照片。

第三节 外观标识、标注和标牌及号牌/号牌板（架）

一、外观标识、标注和标牌

1. 检验要求

GB 38900—2020 标准条文"6.4.2"：

6.4.2 外观标识、标注和标牌

6.4.2.1 注册登记安全检验和在用机动车安全检验时，对应车辆类型和使用性质的车辆外观标识、标注和标牌应满足以下要求：

a）所有货车（半挂牵引车、多用途货车除外）和专项作业车（消防车除外），其驾驶室（区）两侧应喷涂有总质量；所有半挂牵引车，其驾驶室（区）两侧应喷涂有最大允许牵引质量；载货部位为栏板结构的货车（多用途货车除外）和自卸车，驾驶室两侧应喷涂有栏板高度；罐式汽车和罐式挂车（罐式危险货物运输车辆除外）的罐体上应喷涂有允许装运货物的种类及与机动车产品公告和机动车出厂合格证一致的罐体容积；2018 年 1 月 1 日以前出厂的罐式危险货物运输车辆，其罐体上喷涂的允许装运货物的名称应与机动车产品公告和机动车出厂合格证一致；2018 年 1 月 1 日起出厂的罐式危险货物运输车辆，其罐体或与罐体焊接的支座右侧应有金属的罐体铭牌，罐体铭牌应标注唯一性编码、罐体设计代码、罐体容积等信息；载货部位为栏板结构的挂车，其车厢两侧应喷涂有栏板高度；冷藏车应在外部两侧易见部位上喷涂或粘贴明显的"冷藏车"字样和冷藏车类别的英文字母；喷涂的中文和阿拉伯数字应清晰，高度应大于或等于 80mm；

b）所有客车（专用校车和设有乘客站立区的客车除外）及 2018 年 1 月 1 日起出厂的面包车乘客门附近车身外部易见位置，应用高度大于或等于 100mm 的中文和阿拉伯数字标明该车提供给乘员（包括驾驶人）的座位数；2018 年 1 月 1 日起出厂的具有车底行李舱的客车，应在行李舱打开后前部易见位置设置能永久保持的、标有所有行李舱可运载的最大行李总质量的标识；

c）专用校车以及喷涂或粘贴专用校车车身外观标识的非专用校车应由校车标志、中文字符"校车"、中文字符"核载人数：××人"、校车编号和校车轮廓标识组成，且应符合 GB 24315 的相关规定；

d）2018 年 1 月 1 日起出厂的最大设计车速小于 70km/h 的汽车（低速汽车、设有乘客站立区的客车除外）应在车身后部喷涂或粘贴表示最大设计车速（单位：km/h）的阿拉伯数字，阿拉伯数字的高度应大于或等于 200mm，外围应用尺寸相匹配的红色圆圈包围；

e）教练车应在车身两侧及后部喷涂有高度大于或等于 100mm 的"教练车"字样；

f）气体燃料汽车、两用燃料汽车和双燃料汽车应按 GB/T 17676 的规定标注其使用的气体燃料类型；

g）消防车、救护车、工程救险车和警车的车身颜色和外观制式应符合 GB 7258—2017 中第 13 章的有关要求，警车、消防车、救护车、工程救险车安装使用的标志灯具应齐全、有效，其他机动车不得喷涂、安装、使用上述车辆专用的或者与其相类似的标志图案、警报器或者标志灯具；

h）残疾人专用汽车应在车身前部和后部分别设置残疾人机动车专用标志。

6.4.2.2 注册登记安全检验时，产品标牌还应满足以下要求：

a）标牌应固定可靠、标注的内容应清晰规范，并符合 GB 7258 的规定；

b）纯电动汽车、插电式混合动力汽车应标明主驱动电机型号和峰值功率，动力电池系统额定电压和额定容量（安时数）；燃料电池汽车应标明储氢容器型式、容积、工作压力；

c）采用气压制动的汽车、挂车，应在产品标牌（或车辆易见部位上设置的其他能永久保持的标识）上清晰标示制动响应时间；

d）采用气压制动的汽车和具有储气筒的挂车，应在产品标牌（或车辆易见部位上设置的其他能永久保持的标识）上清晰标示储气筒额定工作气压的数值。

6.4.2.3 在用机动车安全检验时，重中型货车（半挂牵引车除外）和货车底盘改装的专项作业车（消防车除外）、总质量大于 3500kg 的挂车，以及车长大于或等于 6m 的客车（专用校车、警用大型客车除外）均应在车身（车厢）后部喷涂或粘贴/放置放大的号牌号码；总质量大于或等于 12000kg 的自卸车还应在车厢左右两侧喷涂放大的号牌号码；受结构限制车厢后部无法粘贴/放置放大的号牌号码时，车厢左右两侧喷涂有放大的号牌号码的，视为合格；放大的号牌号码字样应清晰，符合 GA 36 中放大号的喷涂或粘贴/放置位置、尺寸、外观要求。

2. 检验员工作方法

检验员采用目视检查的工作方法。目测字高偏小时，使用长度测量工具测量具体数值。

外观标识、标注和标牌检查还应参见 GB 7258—2017 条文"4.1.2""4.7""13""14.7"的规定。对有质疑的车辆，用长度测量工具检验或与产品公告比对，不一致则判定不合格。

图 6-5 所示为罐式危险货物运输车的罐体喷涂示例。目视比对，罐式危险货物运输车的罐体上喷涂的允许装运货物的名称应与机动车产品公告和机动车出厂合格证一致。

图 6-5 罐式危险货物运输车的罐体喷涂示例

罐式危险货物运输车辆的罐体或与罐体焊接的支座的右侧应有金属的罐体铭牌，罐体铭牌应标注唯一性编码、罐体设计代码、罐体容积等信息。

对专门用于运送易燃和易爆物品的道路运输危险货物车辆，不再强制要求其在车身两侧喷有明显的"禁止烟火"字样或标记。部分地方的管理部门要求危险货物运输车辆在其车身上喷涂/粘贴"毒""爆""腐""严禁烟火"等中文字样。

检验人员检查机动车应至少装置一个能永久保持的产品标牌，改装车应同时具有改装后的整车产品标牌及改装前的整车（或底盘）产品标牌。

客车检验时，所有客车（专用校车和设有乘客站立区的公共汽车除外）应在乘客门附近车身外部易见位置，用高度大于或等于100mm的中文及阿拉伯数字标明该车提供给乘员（包括驾驶人）的座位数。校车运送学生时，应在前风窗玻璃右下角和后风窗玻璃适当位置各放置一块可以从车外清楚识别的校车标牌；专门用于接送学生上下学的非专用校车，车身外观标识还应符合专用校车相关规定。残疾人车辆的残疾人机动车专用标志设置在车辆的前后位置，如图6-6所示。

a）残疾人机动车专用标志

b）校车标识

c）客车标识

图6-6　车辆标识

自2018年1月1日起，对新生产的客车实施客车车底行李舱净高的要求和部分公路客车的随行物品存放区的设置要求，如图6-7所示。

图6-7　客车行李舱及标识

二、号牌/号牌板（架）

1. 检验要求

GB 38900—2020标准条文"6.4.5"：

6.4.5 号牌/号牌板（架）

6.4.5.1 注册登记安全检验时，号牌板（架）应满足以下要求：

a) 车辆应设置能够满足号牌安装要求的前、后号牌板（架），但摩托车只需设置有能满足号牌安装要求的后号牌板（架）。前号牌板（架）应设于前面的中部或右侧（按机动车前进方向），后号牌板（架）应设于后面的中部或左侧。

b) 2013 年 3 月 1 日起出厂的车辆，每面号牌板（架）上应至少设有 2 个号牌安装孔，且能保证用 M6 规格的螺栓将号牌直接牢固可靠地安装在车辆上。

c) 2016 年 3 月 1 日起出厂的车辆，每面号牌板（架）［三轮汽车前号牌板（架）、摩托车后号牌板（架）除外］上应设有 4 个号牌安装孔，且能保证用 M6 规格的螺栓将号牌直接牢固可靠地安装在车辆上。

d) 号牌板（架）应保证安装的号牌始终处于规定的位置，应不能翻转、移动。

6.4.5.2 在用机动车安全检验时，号牌及号牌安装应满足以下要求：

a) 机动车号牌字符、颜色、安装等应符合 GA 36 的规定，机动车号牌专用固封装置应符合 GA 804 的规定；

b) 机动车号牌应齐全，表面应清晰、整齐、平滑、光洁、着色均匀，不应有明显的皱纹、气泡、颗粒杂质等缺陷或损伤；

c) 机动车应使用机动车号牌专用固封装置固定号牌，固封装置应齐全、安装牢固；

d) 使用号牌架辅助安装时，号牌架内侧边缘距离机动车登记编号字符边缘应大于 5 mm，不应使用可拆卸号牌架和可翻转号牌架；

e) 不应出现影响号牌正常视认的加装、改装等情形。

2. 检验员工作方法

检验员采用目视检查的工作方法。目测号牌安装位置、形式有疑问时，使用长度测量工具测量相关尺寸（使用号牌架辅助安装时号牌架内侧边缘距离机动车登记编号字符边缘的距离）。

号牌/号牌板（架）检验还应参见 GB 7258—2017 相关条文"11.8"、GA 36—2018《中华人民共和国机动车号牌》等标准进行检验。

临时行驶车号牌应粘贴在车内前风窗玻璃的左下角或右下角不影响驾驶人视线的位置，载客汽车的另一张号牌应粘贴在后风窗玻璃左下角，没有前风窗玻璃的应随车携带。

号牌应无任何变形和遮盖。号牌架内侧边缘距离机动车登记编号字符边缘应大于 5mm，不应使用可拆卸号牌架和可翻转号牌架。图 6-8 所示为可翻转的号牌架及装饰遮挡号牌架。

安装的号牌若有任何变形、破损、字符被涂改、安装孔被破坏、底色和字符颜色异常或褪色，检验员应通知车主到公安交管部门更换，此项判定不合格。

a）可翻转的号牌架　　　　　　　　b）装饰遮挡号牌架

图 6-8　可翻转的号牌架及装饰遮挡号牌架

三、影像资料拍摄要求

外观标识、标注和标牌检查项目照片应符合车辆左前方斜视 45°、车辆右后方斜视 45°、正后方、侧面等方位照片的具体要求。

第四节　外部照明和信号装置、加装/改装灯具

一、检验要求

GB 38900—2020 标准条文"6.4"：

> 6.4.3　外部照明和信号装置
>
> 6.4.3.1　注册登记安全检验和在用机动车安全检验时，外部照明和信号装置应满足以下要求：
>
> a）前照灯、前位灯、前转向信号灯、前部危险警告信号、示廓灯和牵引杆挂车标志灯等前部照明和信号装置应齐全，工作应正常；前照灯的远、近光光束变换功能应正常，远光照射位置不应出现异常偏高现象；
>
> b）后位灯、后转向信号灯、后部危险警告信号、示廓灯、制动灯、后雾灯、后牌照灯、倒车灯、后反射器应齐全，工作应正常；制动灯的发光强度应明显大于后位灯的发光强度；
>
> c）侧转向信号灯、安装的侧标志灯和侧反射器应齐全，工作应正常；
>
> d）对称设置、功能相同灯具的光色和亮度不应有明显差异，转向信号灯的光色应为琥珀色；
>
> e）除转向信号灯、危险警告信号、紧急制动信号、校车标志灯，扫路车、护栏清洗车等专项作业车在作业状态下的指示灯具，以及消防车、救护车、工程救险车和

警车安装使用的标志灯具外,其他外部灯具不应具有闪烁的功能;
f) 对2014年9月1日起出厂的总质量大于或等于4500kg的货车、专项作业车和挂车,每一个后位灯、后转向信号灯和制动灯的透光面面积应大于或等于一个80mm直径圆的面积;如属非圆形的,透光面的形状还应能将一个40mm直径的圆包含在内;
g) 机动车不应安装或粘贴遮挡外部照明和信号装置透光面的护网、防护罩等装置(设计和制造上带有护网、防护罩且配光性能符合要求的灯具除外);
h) 机动车设置的喇叭应能有效发声;教练车(三轮汽车除外)还应设置辅助喇叭开关,其工作应可靠;
i) 2019年1月1日起出厂的总质量大于或等于12000kg的货车,应装备车辆右转弯音响提示装置,并在设计和制造上保证驾驶人不能关闭车辆右转弯音响提示装置;
j) 目视可见的电器导线应布置整齐、捆扎成束、固定卡紧,并无破损现象。

6.4.3.2 注册登记安全检验时,车辆外部照明和信号装置的数量、位置、光色还应符合 GB 4785 等相关标准的规定。

6.4.6 加装/改装灯具

注册登记安全检验和在用机动车安全检验时,外部照明和信号装置不得改装,车辆不应有后射灯,也不应加装强制性标准以外的外部照明和信号装置。

二、检验员工作方法

检验员通过目视检查并操作。宜由两名检验员配合进行或由驾驶人配合一名检验员进行。

检验员工作时参见 GB 7258—2017 中"8.1""8.2""8.3"等相关条文的具体要求。重点检查外部照明和信号装置是否完好齐全,工作正常。对称设置、功能相同的灯具光色和亮度不应有明显差异,否则判定为不合格。对外部照明和信号装置检查有质疑的车辆,参见 GB 4785 相关规定。

检验员在检验时应注意车辆所有的对外部照明和信号装置均不得进行改装,不能增加强制性标准以外的外部照明和信号装置,如货车安装的向后方照射的后射灯、闪烁的外廓信号灯、将制动灯改成爆闪灯等现象,如图 6-9 所示。

a) 加装前照灯

b) 加装侧射灯

c) 加装后射灯

图 6-9 部分改装加装灯具的现象

对于设计和制造上带有护网、防护罩且配光性能符合要求的灯具，检验时与公告一致，视为合格。

三、影像资料拍摄要求

外部照明和信号装置、加装/改装灯具检查项目照片应符合车辆左前方斜视 45°、车辆右后方斜视 45°、正前方、正后方、侧面等方位照片的具体要求。

第五节　轮胎

一、检验要求

GB 38900—2020 标准条文"6.4.4"：

> 6.4.4 轮胎
>
> 6.4.4.1 注册登记安全检验和在用机动车安全检验时，轮胎应满足以下要求：
>
> a）同轴两侧应装用同一型号、规格和花纹的轮胎，轮胎螺栓、半轴螺栓应齐全、紧固；轮胎规格应与机动车产品公告和机动车出厂合格证（在用机动车安全检验时为机动车登记信息）相符；
>
> b）轮胎的胎面、胎壁不应有长度超过 25mm 或深度足以暴露出轮胎帘布层的破裂和割伤及其他影响使用的缺损、异常磨损和变形，轮胎不应有不规则磨损；
>
> c）不应出现"螺栓、螺帽和螺柱缺失或未扣紧""螺柱孔出现严重磨损""车轮法兰断裂、轮胎锁环断裂或末端互相接触""轮毂损毁或破裂"等情形；
>
> d）2018 年 1 月 1 日起出厂的客车、货车的车轮及车轮上的所有螺栓、螺母不应安装有碍于检查其技术状况的装饰罩或装饰帽（设计和制造上为防止生锈等情形发生而配备的、易于拆卸和安装的装饰罩和装饰帽除外），且车轮螺母、轮毂罩盖和保护装置不应有任何蝶型凸出物；
>
> e）2020 年 1 月 1 日起出厂的专用校车、车长大于 9m 的未设置乘客站立区的客车及总质量大于 3500kg 的危险货物运输货车的转向轮应装备轮胎爆胎应急防护装置。
>
> 6.4.4.2 注册登记安全检验和在用机动车安全检验时，对应车辆类型和使用性质的车辆还应满足以下要求：
>
> a）乘用车、挂车轮胎胎冠上花纹深度应大于或等于 1.6mm，摩托车轮胎胎冠上花纹深度应大于或等于 0.8mm；其他机动车转向轮的胎冠花纹深度应大于或等于 3.2mm；其余轮胎胎冠花纹深度应大于或等于 1.6mm，轮胎胎面磨损标志应可见；
>
> b）公路客车、旅游客车和校车的所有车轮及其他机动车的转向轮不应装用翻新的轮

胎。

6.4.4.3 注册登记安全检验时，送检机动车还应满足以下要求：

a）专用校车应装用无内胎子午线轮胎；

b）危险货物运输车辆及车长大于9m的其他客车应装用子午线轮胎；

c）货车的备胎（如有）应可靠固定；

d）面包车不应使用轮胎名义宽度小于或等于155mm的轮胎；

e）2018年1月1日起出厂的车长小于或等于7.5 m的公路客车，若设置了符合GB 7258—2017中11.2.8规定的车内随行物品存放区，其后轮若采用单胎，则后轮的轮胎名义宽度应大于或等于195mm；

f）使用小规格备胎的小型、微型载客汽车，其备胎附近明显位置（或其他适当位置）应装置有能永久保持的、提醒驾驶人正确使用备胎的标识，标识的相关提示内容如有文字说明，则应有中文。

二、检验员工作方法

检验员采用目视检查的工作方法。目测、操作（施加外部压力的方式）检查胎压不正常时，使用轮胎气压表测量胎压值。检查轮胎花纹深度时，对大型客车、重中型货车、重中型载货专项作业车、危险货物运输车辆的转向轮使用轮胎花纹深度计测量。

检验同一轴两侧车轮型号、规格、花纹是否一致；轮胎是否存在异常磨损、割伤、变形、轮胎花纹中或并装轮胎间有异物嵌入等情况，这一项检查应在车辆预检时已经核查。

如图6-10所示，同一轴上两轮胎气压、轮胎花纹深度必须相同。检验员目测有质疑的，使用轮胎气压表冷态测量气压。轮胎气压值在车辆的胎侧、备胎附近、油箱护板、B柱等处查询。

a）测量轮胎气压　　　b）胎侧气压标注　　　c）B柱粘贴的气压标签

图6-10　轮胎气压检查及轮胎气压标注位置

检验人员还应正确识别翻新轮胎，并且清楚翻新轮胎不适用车型的情形。图6-11所示为翻新轮胎示例。

涉及GB 38900—2020条文"6.4.4.1e"中的车辆时，检验员应检查车辆是否装备爆胎应急防护装置（Tyre Emergency Safety Device，TESD）。TESD属于汽车被动安全装置，在车辆发生爆胎瞬间，能有效避免轮毂与地面接触，使车辆转向力及制动力仍然可控，保证人员及车辆安全，其结构组成如图6-12所示。

a）顶翻胎痕迹

b）胎肩翻胎痕迹

c）全翻胎痕迹

图 6-11 翻新轮胎示例

对于轮胎花纹深度测量，采用轮胎花纹深度计，有条件时可使用轮胎花纹深度自动测量装置。

如图 6-13 所示，使用轮胎花纹深度计测量轮胎花纹深度，测量时注意应测量轮胎的主花纹沟；使深度尺垂直于胎面，并将主尺探头避开花纹沟内的磨损极限标志；如果是新胎，则注意将尺身避开胎面上突起的胶瓣。

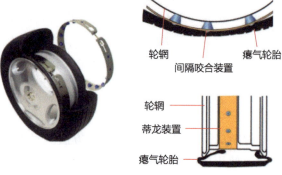

图 6-12 爆胎应急防护装置结构组成

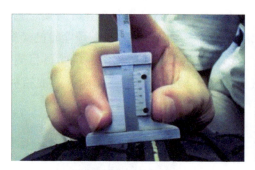
a）机械式深度游标卡尺测量

b）电子式深度游标卡尺测量

轮胎花纹深度（mm）	单车	
	转向轮：	A1:3.61/A2:3.51
	其他轮：	B1:3.62/B2:3.71
	挂车	

c）两轴客车轮胎花纹深度填写

轮胎花纹深度（mm）	单车	
	转向轮：	A1:12.2/A2:12.3/B1:12.3/B2:12.4
	其他轮：	C1:12.3/C2:12.3/D1:12.3/D2:12.2
	挂车	

d）四轴双转向货车轮胎花纹深度填写

图 6-13 花纹深度检查及填写人工检验单示例

填写人工记录单时：转向轮单桥转向填写"A1：×××/A2：×××"，其他轮填写"B1：×××/B2：×××"；多轴车辆双转向轮填写"A1：×××/A2：×××/B1：×××/B2：×××"，多轴其他轮填写："C1：×××/C2：×××/D1：×××/D2：×××"。编码的第一位代表所在轴（线轴车辆按线计），依次从 1 轴开始用 A、B、C、D……表示。

第二位代表车轮所在轴（或线）的位置，从左到右依次按 1、2、3……表示。

三、影像资料拍摄要求

轮胎影像资料拍摄需要车辆正前方、正后方以及轮胎花纹深度测量时的照片，如图 6-14 所示。

a）前轮轮胎花纹

b）后轮轮胎花纹

c）轮胎花纹深度测量

图 6-14　轮胎影像资料拍摄要求

车辆正前方照片，应能清晰显示车辆前部外观、前号牌（摩托车产品除外）和前轮轮胎花纹。

车辆正后方照片，应能清晰显示车辆后部外观、后号牌（摩托车产品除外）和后轮轮胎花纹。

轮胎花纹深度测量照片应能清晰显示测量位置、深度尺读数、轮胎胎侧规格标识信息。

第六节　车身外观检查结果填写示例

一、大、中型客车车身外观检查结果填写示例

注册登记检验和在用车检验检查结果填写如图 6-15 所示。

序号		检验项目	判定
4	车辆外观检查	⑮ 车身外观	○
		⑯ 外观标识、标注和标牌	○
		⑰ 外部照明和信号装置	○
		⑱ 轮胎	○
		⑲ 号牌/号牌板（架）	○
		⑳ 加装/改装灯具	○

a）注册登记检验

序号		检验项目	判定
4	车辆外观检查	⑮ 车身外观	○
		⑯ 外观标识、标注和标牌	○
		⑰ 外部照明和信号装置	○
		⑱ 轮胎	○
		⑲ 号牌/号牌板（架）	○
		⑳ 加装/改装灯具	○

b）在用车检验

图 6-15　大、中型客车车身外观检查结果填写示例

二、重、中型货车车身外观检查结果填写示例

注册登记检验和在用车检验检查结果填写如图 6-15 所示。

三、重型半挂车车身外观检查结果填写示例

注册登记检验和在用车检验记录单填写如图 6-15 所示。

四、三轮汽车车身外观检查结果填写示例

注册登记检验和在用车检验检查结果填写如图 6-16 所示。

三、检验结果

序号	检验项目		判定
4	车辆外观检查	⑮ 车身外观	○
		⑯ 外观标识、标注和标牌	○
		⑰ 外部照明和信号装置	○
		⑱ 轮胎	○
		⑲ 号牌/号牌板(架)	○
		⑳ 加装/改装灯具	—

a) 注册登记检验

三、检验结果

序号	检验项目		判定
4	车辆外观检查	⑮ 车身外观	○
		⑯ 外观标识、标注和标牌	○
		⑰ 外部照明和信号装置	○
		⑱ 轮胎	○
		⑲ 号牌/号牌板(架)	○
		⑳ 加装/改装灯具	—

b) 在用车检验

图 6-16　三轮汽车车身外观检查结果填写示例

五、摩托车车身外观检查结果填写示例

注册登记检验和在用车检验检查结果填写如图 6-17 所示。

三、检验结果

序号	检验项目		判定
4	车辆外观检查	⑮ 车身外观	○
		⑯ 外观标识、标注和标牌	—
		⑰ 外部照明和信号装置	○
		⑱ 轮胎	○
		⑲ 号牌/号牌板(架)	○
		⑳ 加装/改装灯具	—

a) 注册登记检验

三、检验结果

序号	检验项目		判定
4	车辆外观检查	⑮ 车身外观	○
		⑯ 外观标识、标注和标牌	—
		⑰ 外部照明和信号装置	○
		⑱ 轮胎	○
		⑲ 号牌/号牌板(架)	○
		⑳ 加装/改装灯具	—

b) 在用车检验

图 6-17　摩托车车身外观检查结果填写示例

第7章 安全装置检查

第一节 概述

一、标准相关条文要求

1.检验项目

GB 38900—2020 标准条文"表1"和"表2":

表1 机动车安全技术检验项目表（注册登记安全检验）

序号	检验项目		适用车辆类型					
			载客汽车		货车（三轮汽车除外）、专项作业车	挂车	三轮汽车	摩托车
			非营运小型、微型载客汽车	其他类型载客汽车				
5	安全装置检查	汽车安全带	●	●	●			
		应急停车安全附件	●	●	●		○	
		灭火器		○	○	○		
		行驶记录装置		○	○			
		车身反光标识			○	○	●	
		车辆尾部标志板			○	○		
		侧、后、前下部防护			○	○		
		应急锤		○				
		急救箱		○				
		车速限制/报警功能或装置		○	○			

（续）

序号	检验项目		适用车辆类型					
			载客汽车		货车（三轮汽车除外）、专项作业车	挂车	三轮汽车	摩托车
			非营运小型、微型载客汽车	其他类型载客汽车				
5	安全装置检查	防抱制动装置		○	○	○		
		辅助制动装置		○	○			
		盘式制动器		○	○	○		
		制动间隙自动调整装置		○	○			
		紧急切断装置			○	○		
		发动机舱自动灭火装置		○				
		手动机械断电开关		○				
		副制动踏板		○	○			
		校车标志灯和校车停车指示标志牌		○				
		危险货物运输车辆标志			○	○		
		驾驶区隔离设施		○	○			

表2　机动车安全技术检验项目表（在用机动车安全检验）

序号	检验项目		适用车辆类型					
			载客汽车		货车（三轮汽车除外）、专项作业车	挂车	三轮汽车	摩托车
			非营运小型、微型载客汽车	其他类型载客汽车				
5	安全装置检查	汽车安全带	■	■	■			
		应急停车安全附件	■	■	■	□		
		灭火器		□	□	□		
		行驶记录装置		□	□			
		车身反光标识			□	□	■	
		车辆尾部标志板			□	□		
		侧、后、前下部防护			□	□		
		应急锤		□				
		急救箱		□				
		辅助制动装置		□	□			
		紧急切断装置			□	□		
		发动机舱自动灭火装置		□				

（续）

序号	检验项目	适用车辆类型					
		载客汽车		货车（三轮汽车除外）、专项作业车	挂车	三轮汽车	摩托车
		非营运小型、微型载客汽车	其他类型载客汽车				
5	安全装置检查						
	手动机械断电开关		□				
	副制动踏板		□	□			
	校车标志灯和校车停车指示标志牌		□				
	危险货物运输车辆标志			□	□		
	驾驶区隔离设施		□	□			
	肢体残疾人操纵辅助装置	□					

2. 检验项目对应检验方法

GB 38900—2020 标准条文"表4"：

表4　机动车安全技术检验项目对应方法

序号	检验项目		检验方法
5	安全装置检查	汽车安全带	目视检查并操作
		应急停车安全附件	目视检查
		灭火器	目视检查
		行驶记录装置	目视检查并操作
		车身反光标识	目视检查。目测逆反射系数偏小时，使用专用检验仪器
		车辆尾部标志板	目视检查。目测逆反射系数偏小时，使用专用检验仪器
		侧、后、前下部防护	目视检查。目测防护装置单薄、安装不规范时，使用长度测量工具
		应急锤	目视检查
		急救箱	目视检查
		车速限制/报警功能或装置	审查机动车产品公告、机动车出厂合格证、产品使用说明书等凭证资料
		防抱制动装置	打开电源，观察ABS指示灯或EBS指示灯；对于半挂车检查相关装置
		辅助制动装置	审查机动车产品公告等凭证资料并操作驾驶室（区）内操纵开关，无操纵开关或有疑问时检查相关装置
		盘式制动器	目视检查
		制动间隙自动调整装置	目视检查。有疑问时检查产品使用说明书等凭证资料

(续)

序号	检验项目		检验方法
5	安全装置检查	紧急切断装置	目视检查
		发动机舱自动灭火装置	目视检查
		手动机械断电开关	目视检查。有疑问时操作开关，观察是否断电
		副制动踏板	目视检查。有疑问时分别踩下主、副制动踏板，判断主、副制动踏板工作是否正常
		校车标志灯和校车停车指示标志牌	目视检查
		危险货物运输车辆标志	目视检查
		驾驶区隔离设施	目视检查
		肢体残疾人操纵辅助装置	目视检查

二、检验结果填写

GB 38900—2020 标准条文"表 H.1"：

表 H.1　机动车安全技术检验表（人工检验部分）

三、检验结果			
序号		检验项目	判定
5	安全装置检查	㉑汽车安全带	
		㉒应急停车安全附件	
		㉓灭火器	
		㉔行驶记录装置	
		㉕车身反光标识	
		㉖车辆尾部标志板	
		㉗侧、后、前下部防护	
		㉘应急锤	
		㉙急救箱	
		㉚车速限制/报警功能或装置	
		㉛防抱制动装置	
		㉜辅助制动装置	
		㉝盘式制动器	
		㉞制动间隙自动调整装置	
		㉟紧急切断装置	
		㊱发动机舱自动灭火装置	

(续)

三、检验结果			
序号	检验项目		判定
5	安全装置检查	㊲手动机械断电开关	
		㊳副制动踏板	
		㊴校车标志灯和停车指示标志牌	
		㊵危险货物运输车辆标志	
		㊶驾驶区隔离设施	
		㊷肢体残疾人操纵辅助装置	

第二节 机动车安全装置检查

一、汽车安全带

1. 检验方法

GB 38900—2020 标准条文 "6.5.1"：

> 6.5.1 汽车安全带
>
> 6.5.1.1 注册登记安全检验时，检查汽车安全带，应满足：
>
> a）2018年1月1日前出厂的乘用车、公路客车、旅游客车、未设置乘客站立区的公共汽车、专用校车和旅居车的所有座椅，其他汽车（低速汽车除外）的驾驶人座椅和前排乘员座椅均应装置汽车安全带；所有驾驶人座椅、前排乘员座椅（货车前排乘员的中间位置及设有乘客站立区的公共汽车除外）、客车位于踏步区的车组人员座椅以及乘用车除第二排及第二排以后的中间位置座椅外的所有座椅，装置的汽车安全带均应为三点式（或四点式）安全带；
>
> 注1：前排乘员座椅指"最前H点"位于驾驶人"R"点的横截面上或在此横截面前方的座椅。
>
> b）2018年1月1日起出厂的乘用车、旅居车、未设置乘客站立区的客车、货车（三轮汽车除外）、专项作业车的所有座椅，以及设有乘客站立区的客车的驾驶人座椅和前排乘员座椅均应装备汽车安全带；除三轮汽车外，所有驾驶人座椅、乘用车的所有乘员座椅（设计和制造上具有行动不便乘客乘坐设施的乘用车设置的后向座椅除外）、总质量小于或等于3500 kg的其他汽车的所有外侧座椅、其他汽车（设有乘客站立区的客车除外）的前排外侧乘员座椅，装备的汽车安全带均应为三点式（或全背带式）汽车安全带；

c）专用校车和专门用于接送学生上下学的非专用校车的每个学生座位（椅）的每个铺位均应装备两点式汽车安全带；

d）汽车安全带应可靠有效，安装位置应合理，乘客座椅汽车安全带的固定点不合理，不应导致安全带卷带跨越其他乘客的上下车通道、影响其他乘客上下车；

注2：乘客的上下车通道不包括停车时需临时移动、折叠座椅以便其他乘客上下车的情形。

e）乘用车（单排座的乘用车除外）应至少有一个座椅配置符合规定的 ISOFIX 儿童座椅固定装置，或至少有一个后排座椅能使用汽车安全带有效固定儿童座椅；

f）2018年1月1日起出厂的设计和制造上具有行动不便乘客（如轮椅乘坐者）乘坐设施的载客汽车、装备有担架的救护车，应装备能有效固定轮椅、担架的安全带或其他约束装置；

g）2014年3月1日起出厂的乘用车、2020年1月1日起出厂的其他汽车（乘用车、三轮汽车除外）应装备驾驶人汽车安全带佩戴提醒装置。

6.5.1.2 在用机动车安全检验时，配备的所有汽车安全带应完好且能正常使用，不应出现座垫套覆盖遮挡安全带、安全带绑定在座位下面、使用安全带插扣等情形。

2. 检验员工作方法

检验员通过目视检查并手动操作。

新车注册登记检验时，检验员应注意规定安装三点式（或四点式）、两点式安全带的车型及车辆出厂时间范围。不能出现不按规定配备安全带，安全带的机件不全，锁扣锁止、自动卷收失效，织带破损，以及存在坐垫套覆盖遮挡安全带、安全带绑定在座位下面、使用安全带插扣等情形。

3. 影像资料拍摄要求

在车厢内部拍摄时，客车及校车应能观察到座垫平面的座椅安全带的状况，拍照时所有安全带应均为扣紧状态。

4. 安全带的结构组成

安全带的结构组成及检验如图7-1所示。在用车检验时，检验人员通过目视及手动操作安全带，检验车辆的安全带佩戴提醒装置是否有效。

常见的座椅安全带按固定方式不同可以分为：两点式、三点式、四点式、自由式。

两点式安全带与车体或座椅构架仅有两个固定点，软带从腰的两侧挂到腹部，形似腰带，在碰撞事故中可以防止乘员身体前移或从车内甩出。

三点式安全带是弥补两点式安全带缺点的一种安全带，它在两点式安全带的基础上增加了肩带，在靠近肩部的车体上有一个固定点，可同时防止乘员躯体前移和防止上半身前倾，增强了乘员的安全性，是目前使用最普遍的一种安全带。

a）坐垫套覆盖遮挡安全带

b）安全带佩戴提醒装置

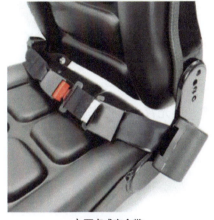
c）两点式安全带

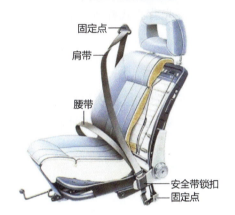
d）三点式安全带结构组成

图 7-1　安全带的结构组成及检验

赛车对安全带的要求更高，在比赛时制动和转弯带来的惯性力更大也更频繁。为了更好地保护车手和帮助车手驾驶，赛车上使用了四点式、五点式甚至六点式安全带。

当安全带工作时，首先及时收紧，在事故发生的第一时刻毫不犹豫地把人"按"在座椅上。然后，待冲击力峰值变小，或人已能受到气囊的保护时，即适当放松安全带，避免因拉力过大而使人肋骨受伤。先进的安全带都带有预收紧装置和拉力限制器。

二、应急停车安全附件

1. 检验要求

GB 38900—2020 标准条文 "6.5.2"：

> 6.5.2 应急停车安全附件
> 注册登记安全检验和在用机动车安全检验时，应急停车安全附件应满足以下要求：
> a）汽车（无驾驶室的三轮汽车除外）应配备三角警告牌，三角警告牌的外观、形状应符合 GB 19151 的要求；
> b）2018 年 1 月 1 日起出厂的汽车（无驾驶室的三轮汽车除外）应配备 1 件汽车乘员

> 反光背心；
>
> c）2018年1月1日起出厂的车长大于或等于6m的客车和总质量大于3500 kg的货车，应装备至少2个停车楔（如三角垫木）。

2. 检验员工作方法

检验员采用目视检查的工作方法。

如图7-2所示，检查三角警告牌、汽车乘员反光背心、停车楔的配备情况，检查三角警告牌是否为同心的等腰三角形。反光背心式样等应符合 GB 38046—2019 的要求。

3. 影像资料拍摄要求

应急停车安全附件检查项目照片应符合车辆右后方斜视45°方位的要求，应能清晰地看到三角警告牌、反光背心、停车楔。

图 7-2　汽车应急停车安全附件

三、灭火器

1. 检验方法

GB 38900—2020 标准条文"6.5.3"：

> 6.5.3 灭火器
>
> 6.5.3.1 注册登记安全检验和在用机动车安全检验时，客车、危险货物运输车辆及2018年1月1日起出厂的旅居车应按照 GB 7258 等相关标准的规定配备灭火器，配备的灭火器应在使用有效期内，不应有欠压失效等情形。道路运输爆炸品和剧毒化学品车辆驾驶室内应配备一个干粉灭火器，在车辆两边应配备与所装载介质性能相适应的灭火器各一个。灭火器应固定牢靠，取用方便。
>
> 6.5.3.2 注册登记安全检验时，专用校车的驾驶人附近应配置1具质量不少于2kg的ABC干粉灭火器，专用校车的至少一个照管人员附近应配置1具质量不少于2kg的ABC干粉灭火器，2018年1月1日起出厂的其他类型载客汽车的手提式灭火器配置应符合 GB 34655 的规定。

2. 检验员工作方法

检验员采用目视检查的工作方法。重点检查客车、危险货物运输车、2018年1月1日起出厂的旅居车是否按规定配备灭火器。

GB 34655—2017《客车灭火装备配置要求》规定了灭火装备的术语和定义、客车上配置灭火装备的基本要求、应用要求和其他要求，适用于 M2 和 M3 类客车、专用校车，但不适用于电动汽车上 D 类火灾隐患处（如锂离子电池）的灭火装备配置，自 2018 年 1 月 1

日起实施。该标准实施之前已出厂的客车，应按 GB 7258—2012 "12.9" 及相关标准和规定配置相应数量的灭火器及符合规定的发动机舱自动灭火装置。灭火器在使用有效期内且放置在规定的位置，如图 7-3 所示。

a）手提灭火器

b）危险货物运输车辆灭火器

c）灭火器压力表

图 7-3　灭火器配备示例

GA 1264—2015《公共汽车客舱固定灭火系统》规定了公共汽车客舱固定灭火系统的术语和定义、型号编制、要求、试验方法、检验规则，标志、包装、运输、贮存，以及系统设计、安装、调试和验收、维护管理等要求，适用于以水系灭火剂和泡沫灭火剂为灭火介质的单层公共汽车客舱固定灭火系统。

道路运输爆炸品和剧毒化学品车辆驾驶室内应配备一个干粉灭火器，在车辆两边应配备与所装载介质性能相适应的灭火器各一个。灭火器应固定牢靠，取用方便。

3. 影像资料拍摄要求

在车辆右后方斜视 45°、正前方、侧面、正后方等方位拍摄照片，应能清晰地看到三角警告牌、反光背心、停车楔、灭火器。

客车、危险货物运输车、2018 年 1 月 1 日起出厂的旅居车的照片应能清晰显示灭火器在车辆上的安装固定情况及数量。

四、行驶记录装置及车速限制/报警功能或装置

1. 检验要求

（1）行驶记录装置

GB 38900—2020 标准条文 "6.5.4"：

> 6.5.4 行驶记录装置
>
> 6.5.4.1 注册登记安全检验和在用机动车安全检验时，以下车辆应安装有符合要求的行驶记录装置（包括：汽车行驶记录仪或行驶记录功能符合 GB/T 19056 的卫星定位装置等），且行驶记录装置的连接、固定应可靠，时间、速度等信息显示功能应正常，汽车行驶记录仪主机外壳的易见部位应加施有符合规定的强制性产品认证标志：
>
> a）公路客车、旅游客车、危险货物运输货车、校车；
>
> b）2013 年 3 月 1 日起注册登记的未设置乘客站立区的公共汽车、半挂牵引车、总质

量大于或等于12000kg的货车；

c）2018年1月1日起出厂的设有乘客站立区的客车；

d）2019年1月1日起出厂的公路客车、旅游客车、未设置乘客站立区的公共汽车、校车、设有乘客站立区的客车以外的其他客车。

除校车、公路客车、旅游客车以外的车长小于6m的其他客车如安装了EDR，视为合格。

6.5.4.2 注册登记安全检验和在用机动车安全检验时，以下车辆应安装车内外录像监控系统，且安装的车内外录像监控系统的功能应正常：

a）卧铺客车；

b）2013年5月1日起出厂的专用校车；

c）2018年1月1日起出厂的设有乘客站立区的客车。

（2）车速限制/报警功能或装置

GB 38900—2020标准条文"6.5.10"：

6.5.10 车速限制/报警功能或装置

注册登记安全检验时：

a）公路客车、旅游客车、危险货物运输货车及车长大于9m的未设置乘客站立区的公共汽车，应具有限速功能或配备限速装置；车长大于或等于6m的客车，应具有超速报警功能（但具有符合规定的限速功能或限速装置的除外）；

b）2018年1月1日起出厂的车长大于9m的其他客车（除公路客车、旅游客车、未设置乘客站立区的公共汽车的客车）应具有限速功能或配备限速装置；

c）2019年1月1日起出厂的车长大于或等于6m的旅居车应具有限速功能或配备限速装置；

d）2019年1月1日起出厂的三轴及三轴以上货车（具有限速功能或配备有限速装置，且限速功能或装置符合规定的除外）应具有超速报警功能。

2. 检验员工作方法

检验员通过目视检查并操作。

1）行驶记录装置或卫星定位装置功能符合GB/T 19056—2012《汽车行驶记录仪》的要求。即使汽车在停驶状态下，相关人员也能方便地观察行车记录装置显示的信息，并且用USB端口可以完成行驶信息的采集。

2）对新生产的乘用车，应配备事件数据记录系统（EDR）或车载视频行驶记录装置并在其产品使用说明书中标明。

3）注册登记检验时，将机动车出厂合格证、产品使用说明书等技术凭证资料与实车比对，若不符，则判定为不合格。

4）卧铺客车、2013年5月1日起出厂的专用校车、2018年1月1日起出厂的设有乘客站立区的客车，检验员要查看车内外录像监控系统的功能是否正常。

5）符合要求的行驶记录装置或具有行驶记录功能的卫星定位装置的主机外表面上应有符合 GB/T 19056—2012 的"3C"标识。

6）车速限制/报警功能或装置检查为注册登记检验项目。

7）车速限制/报警功能或装置应符合 GB 24545—2019《车辆车速限制系统技术要求及试验方法》的要求。限速功能、限速装置和超速报警调定的最大速度应符合有关规定。

3. 影像资料拍摄要求

影像资料拍摄要求如图 7-4 所示。

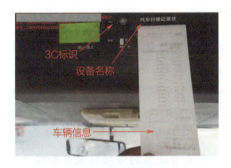

a）行驶记录装置

b）卫星定位装置

c）车内外录像监控系统照片

图 7-4　行驶记录装置、卫星定位装置及影像资料

1）行驶记录装置照片应能清晰显示行驶记录装置在车辆上的安装情况；对使用行驶记录仪作为行驶记录装置的，能确认其显示部分是否易于观察、主机外表面的易见部位是否模压或印有符合规定的"3C"标识，打印凭条应清晰显示车辆基本信息。

2）车内外录像监控系统照片应能清晰确认其安装的车内外录像监控装置的摄像头数量

和安装位置。

3）车速限制/报警功能或装置照片应能清晰显示其工作状态。

很多车辆的行驶记录装置及卫星定位装置中具有车速限制/报警功能，就不需要再提交此项照片。

五、车身反光标识

1. 检验要求

GB 38900—2020 标准条文"6.5.5"：

> 6.5.5 车身反光标识
>
> 6.5.5.1 注册登记安全检验和在用机动车安全检验时，车身反光标识应满足以下要求：
> a）货车（多用途货车除外）、货车底盘改装的专项作业车和挂车（设置有符合规定的车辆尾部标志板的专项作业车、旅居挂车除外）后部车身反光标识的粘贴要求和材料类型（反光膜型或反射器型）应符合 GB 7258、GB 23254 的规定，反射器型车身反光标识的固定应可靠；
> b）所有货车（半挂牵引车、多用途货车除外）、货车底盘改装的专项作业车和挂车（旅居挂车除外），侧面粘贴的车身反光标识应符合 GB 7258、GB 23254 的规定；
> c）粘贴或安装的车身反光标识应印有符合规定的强制性产品认证标志。
>
> 6.5.5.2 在用机动车安全检验时，存在部分车身反光标识单元破损、丢失的，若完好的车身反光标识单元的粘贴面积符合 GB 7258、GB 23254 规定，视为合格。

2. 检验员工作方法

检验员采用目视检查的工作方法。目视逆反射系数偏小时，使用逆反射性能测试仪测试逆反射系数。

1）车身反光标识检验参见 GB 7258—2017 中"8.4 车身反光标识和车辆尾部标志板"、GB 23254—2009《货车及挂车 车身反光标识》的规定。

2）GB 7258—2017 规定封闭式货车、侧帘式半挂车、总质量小于或等于 3500kg 的厢式货车、厢式专项作业车和厢式挂车可为反光膜型车身反光标识。

3）GB 23254—2009《货车及挂车 车身反光标识》形状和外观要求：车身反光标识采用红、白单元相间的条状材料组成。反光膜的白色单元上应有印刷、水印、激光刻印、模压或者其他适应适当方式加施的制造商标识、材料等级标识和国家有关部门规定的其他标识，标识应易于识别。采用印刷方式加施的标识应在反光面的次表面。

反光膜表面平滑光洁，无明显的划痕、气泡、裂纹、颜色不均匀等缺陷或损伤。

反光标识及逆反射系数检验仪如图 7-5 所示。

4）外观检验员要熟悉 GB 23254—2009，掌握货车、挂车的车身反光标识的相关规定。

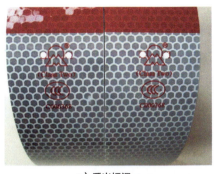 

a）反光标识　　　　　　　　　　b）逆反射系数检验仪

图 7-5　反光标识及逆反射系数检验仪

5）半挂牵引车应在驾驶舱后部上方设置能体现驾驶舱的宽度和高度的车身反光标识，左上角和右上角为白色单元相连。

6）道路运输爆炸品和剧毒化学品车辆还应在车辆的后部和两侧粘贴能标识车辆轮廓的宽度为（150±20）mm 的橙色反光带。

7）设置有符合规定的车辆尾部标志板的专项作业车，可不设置后部车身反光标识。

部分车型反光标识粘贴示例如图 7-6 所示。

a）封闭式货车　　　　b）道路运输爆炸品和剧毒化学品挂车　　　　c）半挂牵引车

图 7-6　部分车型反光标识粘贴示例

3. 影像资料拍摄要求

车身反光标识检查项目照片应符合车辆左前方斜视 45°、车辆右后方斜视 45°、正前方、正后方、侧面等方位照片要求，应能清晰显示车身反光标识完好状况及粘贴方式。例如，半挂牵引车正后方照片应能清晰地看到车身上方左、右角反光标识为白色单元相连。

六、车辆尾部标志板及侧、后、前下部防护

1. 检验方法

（1）GB 38900—2020 标准条文"6.5.6"

> 6.5.6 车辆尾部标志板
> 注册登记安全检验和在用机动车安全检验时，车辆尾部标志板应满足以下要求：

a）2012年9月1日起出厂的总质量大于或等于12000kg的货车（半挂牵引车除外）和车长大于8.0m的挂车，以及2014年1月1日起出厂的总质量大于或等于12000kg的货车底盘改装的专项作业车，应安装车辆尾部标志板；

b）车辆尾部标志板的形状、尺寸、布置和固定应符合GB 25990的规定。

（2）GB 38900—2020标准条文"6.5.7"

6.5.7 侧、后、前下部防护

6.5.7.1 注册登记安全检验和在用机动车安全检验时，防护装置应满足以下要求：

a）总质量大于3500kg的货车（半挂牵引车除外）、货车底盘改装的专项作业车和挂车，其装备的侧面及后下部防护装置应正常有效，货车列车的牵引车和挂车之间装备的侧面防护装置应正常有效；

b）罐式危险货物运输车辆的罐体及罐体上的管路和管路附件不应超出车辆的侧面及后下部防护装置，且罐体后封头及罐体后封头上的管路和管路附件外端面与后下部防护装置内侧在车辆长度方向垂直投影的距离应大于或等于150mm；

c）侧面防护装置的下缘离地高度、防护范围和前缘形式及后下部防护装置的离地高度、宽度、横截面宽度应符合GB 11567的规定；

d）总质量大于7500kg的货车、货车底盘改装的专项作业车装备的前下部防护装置应正常有效。

6.5.7.2 注册登记安全检验时，防护装置的外观、结构、尺寸、与车身的连接方式还应与机动车产品公告相符。

6.5.7.3 在用机动车安全检验时，防护装置安装应牢固、无明显变形。

2. 检验员工作方法

检验员采用目视检查的工作方法。目视逆反射系数偏小时，使用逆反射性能测试仪测试逆反射系数。目测防护装置安装离地高度不够时，使用长度工具测量。

1）车辆尾部标志板及侧、后、前下部防护装置检验标准参见GB 7258—2017中的相关条文"8.4""12.8""12.9"及GB 25990—2010《车辆尾部标志板》的要求。

2）所有的货车、货车底盘改装的专项作业车、挂车，均应有符合要求的侧面和后下部防护。

3）要重点检查机动车侧面及后下部防护装置的防护范围、连接方式、端部形式、强度等是否符合要求。必要时用长度工具测量相关尺寸，应符合GB 11567—2017《汽车及挂车侧面和后下部防护要求》的规定。图7-7所示为车辆侧、后、前下部防护装置示例。

4）机动车侧、后、前下部防护要完好、稳固、有效，不能有固定不良、过高、变形、无防护装置等异常情形。后部防护装置异常情形示例如图7-8所示。

有些专用货车和专项作业车由于客观原因无法安装后下部防护装置的，与该车型公安交管部门信息网联网查询比对后，检验判定是否合格。

a）罐车后下部防护装置　　　b）厢式货车后下部防护装置　　　c）半挂车后下部防护装置

d）侧面防护装置示例　　　　　　　　e）前下部防护装置

图 7-7　车辆侧、后、前下部防护装置示例

a）无后部防护装置　　　b）后部防护装置过高、变形　　　c）后部防护装置固定不良

图 7-8　后部防护装置异常情形示例

3. 影像资料拍摄要求

车辆尾部标志板及侧、后、前下部防护装置的照片应符合车辆左前方斜视45°、右后方斜视45°、正后方、侧面等方位照片的要求，应能清晰显示其状况。

七、应急锤和急救箱

1. 检验方法

（1）GB 38900—2020 标准条文"6.5.8"

> 6.5.8　应急锤
>
> 注册登记安全检验和在用机动车安全检验时，采用密闭钢化玻璃式应急窗的客车，在相应的应急窗邻近应配备一个应急锤或采用自动破窗装置；2019年1月1日起出厂的

> 公路客车、旅游客车和未设置乘客站立区的公共汽车的外推式应急窗邻近处应配备有应急锤。

（2）GB 38900—2020 标准条文"6.5.9"

> 6.5.9 急救箱
> 　　注册登记安全检验和在用机动车安全检验时，校车应配备急救箱，急救箱应放置在便于取用的位置并确保有效适用。

2. 检验员工作方法

检验员采用目视检查的工作方法。

1）确认每个应急锤安装座处的应急锤是否齐全。

2）此项为注册登记检验项目，检验人员注意车辆出厂时间。

3）采用密闭钢化玻璃式应急窗的客车，在应急窗附近放置应急锤；自 2019 年 1 月 1 日开始对新生产的车辆实施自动破窗功能的要求。

自动破窗装置一般安装在应急窗的上角位置，由驾驶人控制开关、应急窗附近的副控制开关、破玻装置及电池组成。当紧急情况发生时，驾驶人按压红色控制开关按钮，自动破窗装置启动击碎玻璃。

4）校车急救箱的安装位置要便于取用。

应急锤、自动破窗装置、急救箱安装位置如图 7-9 所示。

a）应急锤

b）自动破窗装置

c）急救箱

图 7-9　应急锤、自动破窗装置、急救箱安装位置

3. 影像资料拍摄要求

车厢内部影像资料应能涵盖全貌。客车照片应能清晰显示应急锤、自动破窗装置安装位置及周围状况。校车照片应能清晰显示配备的急救箱及放置在便于取用的位置。

八、防抱制动装置

1. 检验要求

GB 38900—2020 标准条文 "6.5.11"：

> 6.5.11 防抱制动装置
>
> 注册登记安全检验时，以下车辆应装备防抱制动装置，且装备的防抱制动装置自检功能应正常：
>
> a）道路运输爆炸品和剧毒化学品车辆，以及 2012 年 9 月 1 日起出厂的其他危险货物运输货车；
> b）2012 年 9 月 1 日起出厂的半挂牵引车及车长大于 9m 的公路客车、旅游客车；
> c）2013 年 5 月 1 日起出厂的专用校车；
> d）2013 年 9 月 1 日起出厂的车长大于 9m 的未设置乘客站立区的公共汽车；
> e）2014 年 9 月 1 日起出厂的总质量大于或等于 12000kg 的货车和专项作业车；
> f）2015 年 7 月 1 日起出厂的面包车；
> g）2018 年 1 月 1 日起出厂的其他乘用车和客车，以及总质量大于 3500kg 且小于 12000kg 的货车和专项作业车（五轴及五轴以上专项作业车除外）、总质量大于 3500kg 的挂车；
> h）2019 年 1 月 1 日起出厂的总质量小于或等于 3500kg 的货车（三轮汽车除外）和专项作业车。

2. 检验员工作方法

审查机动车出厂合格证、产品使用说明书等凭证资料。

1）防抱制动装置检查为注册登记检验项目，检验员应了解适用的车型。

2）打开电源，观察 ABS 指示灯或电子制动系统（EBS）指示灯。对于半挂车，需要实车连接牵引。打开点火开关，踩踏制动踏板，检查制动器是否有电磁阀通断的声音。

3）防抱死自检功能检验：打开点火开关至 ON 档（不起动车辆），橘黄色 ABS 警告灯亮 3~5s 后熄灭，自检结束；若 ABS 警告灯长亮不熄灭或不亮，说明 ABS 装置存在故障。

4）检验人员重点关注 GB 38900—2020 要求必须安装防抱死制动系统的车型。GB 7258—2017 也规定了安装防抱死装置的汽车车型范围，总质量大于或等于 12000kg 的危险货物运输货车还应具备电子制动系统（EBS），对防抱死装置的电气线路连接也做了要求。

3. 影像资料拍摄要求

客车、校车、货车（挂车）、专项作业车防抱死装置应能清晰显示仪表盘上的防抱制动装置处于点亮状态。拍照时，引车员将点火开关打开但不起动发动机，此时，ABS指示灯点亮，约5s熄灭，检验员在此间隙抓紧拍照。

图7-10所示为防抱死装置状态照片。

图7-10 防抱死装置状态照片

九、辅助制动装置

1. 检验要求

GB 38900—2020 标准条文"6.5.12"：

> 6.5.12 辅助制动装置
>
> 6.5.12.1 注册登记安全检验时，以下车辆应安装缓速器或其他辅助制动装置：
> a）2012 年 9 月 1 日起出厂的车长大于 9m 的客车（对专用校车为车长大于 8m）、总质量大于 3500kg 的危险货物运输货车、总质量大于或等于 12000kg 的货车；
> b）2014 年 9 月 1 日起出厂的总质量大于或等于 12000kg 的专项作业车。
>
> 6.5.12.2 注册登记安全检验和在用机动车安全检验时，2019 年 1 月 1 日起出厂的装备电涡流缓速器的汽车，电涡流缓速器的安装部位应设置温度报警系统或自动灭火装置。

2. 检验员工作方法

检验员检查机动车产品公告等凭证资料并操作驾驶舱内的操纵开关，无操纵开关或有疑问时检查缓速器或其他辅助制动装置。

1）注册登记检验时，检验人员在驾驶舱检查辅助制动装置控制开关或操纵手柄等，与产品说明书比对是否一致。虽然在用车不检查此项，但检验人员在检验底盘部件时要注意辅助制动装置是否有改动或拆除，发现疑问，与公安交管部门信息网联网查询比对判定。

2）GB 7258—2017 规定，总质量小于或等于 3500kg 的危险货物运输车可不装备辅助制动装置。

3）很多纯电动大客车辅助制动装置采用的是轮边减速器或电机能量回收装置，与普通汽车有较大的不同。检验人员要注意机动车无论采取何种制动辅助装置，在产品使用说明书中均应说明辅助制动装置的类型、安装位置、安全操作等相关事项。

4）由于电涡轮缓速器的缺点是重量大、工作时温度高，制动转矩随着温度的升高而降低。为防止高温引发火灾，安装电涡轮缓速器的汽车应装备温度报警系统或自动灭火装置，并且自 2019 年 1 月 1 日开始对新生产的车辆实施。

5）对于采用排气辅助制动装置的机动车，检验员检查排气制动装置是否有效。

3. 影像资料拍摄要求

货车、客车、校车照片应能清晰地反映辅助制动驾驶舱内操纵开关的形式及状态；无操纵开关的需要拍摄辅助制动装置照片，如图 7-11 所示。

图 7-11 辅助制动装置操纵开关照片

十、盘式制动器和制动间隙自动调整装置

1. 检验要求

（1）盘式制动器

GB 38900—2020 标准条文"6.5.13"：

> 6.5.13 盘式制动器
> 注册登记安全检验时，以下车辆应装备盘式制动器：
> a）2012 年 9 月 1 日起出厂的危险货物运输货车的前轮、车长大于 9m 的客车（未设置乘客站立区的公共汽车除外）的前轮；
> b）2013 年 5 月 1 日起出厂的专用校车的前轮；
> c）2013 年 9 月 1 日起出厂的车长大于 9m 的未设置乘客站立区的公共汽车的前轮；
> d）2019 年 1 月 1 日起出厂的危险货物运输半挂车的所有车轮；
> e）2020 年 1 月 1 日起出厂的三轴栏板式、三轴仓栅式半挂车的所有车轮。

（2）制动间隙自动调整装置

GB 38900—2020 标准条文"6.5.14"：

> 6.5.14 制动间隙自动调整装置
> 注册登记安全检验时，2018 年 1 月 1 日起出厂的以下车辆的所有行车制动器均应装备制动间隙自动调整装置：
> a）客车；
> b）总质量大于 3500kg 的货车和专项作业车（具有全轮驱动功能的货车和专项作业车除外）；
> c）总质量大于 3500kg 的半挂车；
> d）危险货物运输车辆。

2. 检验员工作方法

检验员采用目视检查的工作方法，查看是否配备了盘式制动器、制动间隙自动调整装置。

盘式制动器和制动间隙自动调整装置两个检查项目为注册登记检验项目。检验员在检查时注意车辆的出厂时间，以及与车辆产品说明书的一致性。

3. 影像资料拍摄要求

拍摄照片应能清晰反应盘式制动器和制动间隙自动调整装置的状况，如图 7-12 所示。

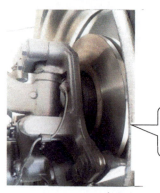

a）盘式制动器　　　　　　　　　　b）制动间隙自动调整装置

图 7-12　影像资料拍摄要求

十一、紧急切断装置

1. 检验要求

GB 38900—2020 标准条文"6.5.15"：

> 6.5.15 紧急切断装置
>
> 6.5.15.1 注册登记安全检验和在用机动车安全检验时，用于运输液体危险货物的罐式危险货物运输车辆应按 GB 18564.1、GB 18564.2 等规定安装紧急切断装置。
>
> 6.5.15.2 注册登记安全检验时，2019 年 1 月 1 日起出厂的车辆的紧急切断装置自动关闭或提示报警功能应符合 GB 7258 的要求。

2. 检验员工作方法

检验员采用目视检查的工作方法。紧急切断装置（俗称底阀或海底阀）为注册登记检验项目。

1）所有用于运输液体危险货物的罐式危险货物运输车必须安装紧急切断装置。

2）紧急切断阀应能自动关闭或应能提示驾驶人关闭紧急切断阀。

自 2019 年 1 月 1 日开始对新生产的装有紧急切断装置的罐式危险货物运输车辆实施此项规定。

3）检查紧急切断阀是否有腐蚀、生锈、裂纹等缺陷，有无松脱、渗漏等现象。

4）液体危险货物罐车紧急切断装置，由紧急切断阀、远程控制机构以及易熔塞自动切断装置等组成，多安装于罐车储罐底部，阀门密封置于罐内。当受到强烈碰撞时，阀体将在法兰处（切断槽处）断裂，使储罐和车底管路分离，成为独立密闭的罐体，从而防止液体外漏，提高运输的安全性。

远程控制机构通过气动、液压或机械方式控制紧急切断阀的开闭。紧急切断阀非装卸状态时应处于关闭状态;装卸时管道意外碰撞,罐内液体不会泄漏。进行装卸作业时,紧急切断阀处于开启状态,遇紧急情况时,可以人工关闭,防止罐内液体泄漏。当环境温度由于火灾等原因升高至设定温度时(一般为75℃±5℃),阀内易熔塞融化,紧急切断阀自动关闭,防止罐内液体泄漏。

如果液体危险货物罐体包含多个货仓,则应在每个货仓对应设置一个紧急切断阀。

3. 影像资料拍摄要求要求

影像资料拍摄要求应能清晰显示紧急切断装置、远程控制开关(又称紧急切断开关)的位置及标识。

紧急切断装置组成及远程控制开关影像资料照片如图7-13所示。

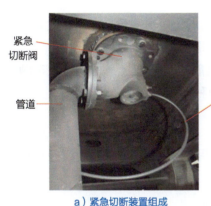
a)紧急切断装置组成

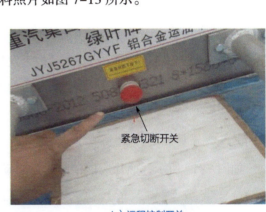
b)远程控制开关

图7-13 紧急切断装置组成及远程控制开关影像资料照片

十二、发动机舱自动灭火装置和手动机械断电开关

1. 检验要求

(1)发动机舱自动灭火装置

GB 38900—2020 标准条文 "6.5.16":

> 6.5.16 发动机舱自动灭火装置
>
> 注册登记安全检验和在用机动车安全检验时,以下车辆应装备发动机舱自动灭火装置:
> a)2013年3月1日起出厂的发动机后置的客车(专用校车除外);
> b)2013年5月1日起出厂的专用校车;
> c)2019年1月1日起出厂的发动机前置且位于前风窗玻璃之后的可载乘员数(不包括驾驶人)不多于22人且不允许乘客站立的客车;
> d)2018年1月1日起出厂的除了a)、b)、c)规定客车外的其他客车。

（2）手动机械断电开关

GB 38900—2020 标准条文 "6.5.17"：

> 6.5.17 手动机械断电开关
>
> 注册登记安全检验和在用机动车安全检验时，2013年3月1日起出厂的车长大于或等于6m的客车，应设置能切断蓄电池和所有电路连接的手动机械断电开关。

2. 检验员工作方法

检验员采用目视检查的工作方法。检验员需要操作开关来观察手动机械断电开关是否断电。

1）发动机舱自动灭火装置和手动机械断电开关为注册登记检验项目，如图7-14所示。

2）发动机舱自动灭火装置注册登记检验时与产品说明书比对应一致。在用车主要查看发动机舱自动灭火装置固定安装位置是否发生变化及固定是否牢固。

3）发动机舱自动灭火装置是安装于各类车辆发动机舱的消防装置，用于扑救车辆起火。常用的有气溶胶自动灭火装置与干粉自动灭火装置两种形式。

3. 影像资料拍摄要求

如图7-14所示，照片应能清晰显示自动灭火装置、手动机械断电开关的位置及标识。

a）发动机舱自动灭火装置　　b）手动机械断电开关

图7-14　发动机舱自动灭火装置和手动机械断电开关

十三、副制动踏板

1. 检验要求

GB 38900—2020 标准条文 "6.5.18"：

> 6.5.18 副制动踏板
>
> 注册登记安全检验和在用机动车安全检验时，副制动踏板应满足以下要求：
>
> a）教练车（三轮汽车除外）和自学用车装备的副制动踏板应牢固、动作可靠有效，

安装和布置不得影响主制动踏板、加速踏板的正常操作,其组件不应与车辆其他部件发生干涉、摩擦;

b)自学用车装备的副制动踏板应通过连杆或拉索等机械结构与主制动踏板连接、确保联动,副制动踏板的脚踏面积不应小于主制动踏板的脚踏面积。

2. 检验员工作方法

检验员采用目视检查的工作方法,分别踩下主、副制动踏板,判断主、副制动踏板工作是否正常。

1)注册登记安全检验和在用机动车安全检验时,检查副制动踏板的安装是否符合要求,固定是否牢固,是否与相邻其他部件发生干涉、摩擦。

副制动踏板操纵时应可靠有效。发现异常,检验员可分别踏下主副踏板,观察车辆制动状况。

2)副制动踏板操纵分为纯机械式或液压辅助式,若制动踏板为电子式,则确保电路连接固定完好。副制动踏板的脚踏面积不应小于主制动踏板的脚踏面积,如图7-15所示。

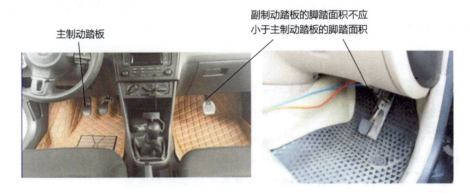

图 7-15 副制动踏板的安装

3. 影像资料拍摄要求

照片应能清晰显示副制动踏板的位置及周围状况。

十四、校车标志灯和校车停车指示标志牌

1. 检验要求

GB 38900—2020 标准条文 " 6.5.19 ":

6.5.19 校车标志灯和校车停车指示标志牌

注册登记安全检验和在用机动车安全检验时,校车配备的校车标志灯和校车停车指示标志牌应齐全、有效。

2. 检验员工作方法

检验员采用目视检查的工作方法。

1）此项为注册登记检验项目，在讲解 GB 38900—2020 条文"6.4.2 外观标识、标注和标牌"时已强调了检验的要求及 PDA 的要求。

2）检验员参看关于校车的相关国标，如 GB 24407—2012《专用校车安全技术条件》、GA/T 1004—2012《校车标志灯》等。

3）所有校车都要配备校车标志灯和校车停车指示标志牌。

3. 影像资料拍摄要求

如图 7-16 所示，照片应能清晰显示校车标志灯和校车停车指示标志牌的位置及周围状况。

图 7-16 校车标志灯和校车停车指示标志牌

十五、危险货物运输车辆标志

1. 检验要求

GB 38900—2020 标准条文"6.5.20"：

> 6.5.20 危险货物运输车辆标志
>
> 注册登记安全检验和在用机动车安全检验时，危险货物运输车辆标志应满足以下要求：
>
> a）危险货物运输车辆应装置符合 GB 13392 规定的标志灯和标志牌，标志灯正面为等腰三角形状，标志牌的形状为菱形；
>
> b）道路运输爆炸品和剧毒化学品车辆应粘贴符合 GB 20300 规定的橙色反光带并设置安全标示牌，安全标示牌的内容应与车辆类型相适应。

2. 检验员工作方法

检验员采用目视检查的工作方法。

危险货物运输车辆标志灯和标志牌应符合 GB 13392 的规定，如图 7-17 所示。

图 7-17 危险货物运输车辆标志灯和标志牌照片

3. 影像资料拍摄要求

如图 7-17 所示,照片应能清晰显示危险货物运输车的标志灯和标志牌位置及周围状况。

十六、驾驶区隔离设施

1. 检验要求

GB 38900—2020 标准条文"6.5.21":

> 6.5.21 驾驶区隔离设施
> 6.5.21.1 注册登记安全检验和在用机动车安全检验时,以下客车应有防止他人侵入驾驶区的隔离设施:
> a) 2019 年 11 月 1 日起出厂的车长大于或等于 6m 的设有乘客站立区的客车和未设置乘客站立区的公共汽车;
> b) 2020 年 8 月 1 日起出厂的车长大于 9m 的公路客车和旅游客车。
> 6.5.21.2 注册登记安全检验和在用机动车安全检验时,封闭式货车在最后排座位的后方应安装隔离装置;对 2018 年 1 月 1 日起出厂的封闭式货车,应采用板式隔离装置。

2. 检验员工作方法

检验员采用目视检查的工作方法。

根据 GB 7258—2017/XG 1—2019《机动车运行安全技术条件》国家标准第 1 号修改单增加的内容,驾驶区隔离设施为注册登记检验项目。检验时对要求设置驾驶区隔离设施的车型,与公安交管部门信息网联网查询比对是否一致。

3. 影像资料拍摄要求

如图 7-18 所示,照片应能清晰显示驾驶区隔离设施设置形式及状态。

图 7-18 驾驶区隔离设施照片

十七、肢体残疾人操纵辅助装置

1. 检验要求

GB 38900—2020 标准条文"6.5.22":

> 6.5.22 肢体残疾人操纵辅助装置
> 在用机动车安全检验时,加装肢体残疾人操纵辅助装置的汽车,操纵辅助装置铭牌标明的产品型号和产品编号应与机动车行驶证或操纵辅助装置加装合格证明记载的产品型号和产品编号一致。

2. 检验员工作方法

检验员采用目视检查的工作方法。

1)肢体残疾人操纵辅助装置是在采用自动变速器的乘用车上加装符合残疾人类型及相关规定的驾驶辅助装置,如图 7-19 所示。

2)加装的驾驶辅助装置安装应牢固可靠,位置应适宜操纵,且不应与车辆的其他操纵指示系统冲突或妨碍车辆其他操纵指示系统的操作。

3)驾驶辅助装置加装后,不应改变原车结构的完整性和安全性,不能影响原车操纵件的电器功能、机械性能。操纵辅助装置铭牌标明的产品型号和产品编号应与机动车行驶证等证件的产品型号和产品编号一致。

图 7-19 肢体残疾人操纵辅助装置

3. 影像资料拍摄要求

操纵辅助装置照片应能清晰显示残疾人操纵辅助装置在车辆上的安装固定情况,以及能确认操纵辅助装置的产品型号和出厂编号。

第三节 安全装置检查结果填写示例

一、大、中型客车安全装置检查结果填写示例

如图 7-20 所示，注册登记检验以一辆核载人数为 45 人的客车为填写示例；在用车检验以注册登记检验后已 3 年的核载人数为 45 人的客车为填写示例。

三、检验结果

序号		检验项目	判定	序号		检验项目	判定
5	安全装置检查	㉑汽车安全带	○	5	安全装置检查	㉜辅助制动装置	○
		㉒应急停车安全附件	○			㉝盘式制动器	○
		㉓灭火器	○			㉞制动间隙自动调整装置	○
		㉔行驶记录装置	○			㉟紧急切断装置	—
		㉕车身反光标识	—			㊱发动机舱自动灭火装置	○
		㉖车辆尾部标志板	—			㊲手动机械断电开关	○
		㉗侧、后、前下部防护	—			㊳副制动踏板	—
		㉘应急锤	○			㊴校车标志灯和停车指示标志牌	—
		㉙急救箱	—			㊵危险货物运输车辆标志	—
		㉚车速限制/报警功能或装置	○			㊶驾驶区隔离设施	○
		㉛防抱制动装置	○			㊷肢体残疾人操纵辅助装置	—

a）注册登记检验

三、检验结果

序号		检验项目	判定	序号		检验项目	判定
5	安全装置检查	㉑汽车安全带	○	5	安全装置检查	㉜辅助制动装置	○
		㉒应急停车安全附件	○			㉝盘式制动器	○
		㉓灭火器	○			㉞制动间隙自动调整装置	—
		㉔行驶记录装置	○			㉟紧急切断装置	—
		㉕车身反光标识	—			㊱发动机舱自动灭火装置	○
		㉖车辆尾部标志板	—			㊲手动机械断电开关	○
		㉗侧、后、前下部防护	—			㊳副制动踏板	—
		㉘应急锤	○			㊴校车标志灯和停车指示标志牌	—
		㉙急救箱	—			㊵危险货物运输车辆标志	—
		㉚车速限制/报警功能或装置	—			㊶驾驶区隔离设施	—
		㉛防抱制动装置	—			㊷肢体残疾人操纵辅助装置	—

b）在用车检验

图 7-20　大、中型客车安全装置检查结果填写示例

二、重型货车安全装置检查结果填写示例

图 7-21 所示为在用重型仓栏式三轴货车（注册登记检验后已经 5 年）安全装置检查结果填写示例。

三、检验结果			
序号		检验项目	判定
5	安全装置检查	㉑汽车安全带	○
		㉒应急停车安全附件	○
		㉓灭火器	○
		㉔行驶记录装置	○
		㉕车身反光标识	○
		㉖车辆尾部标志板	○
		㉗侧、后、前下部防护	○
		㉘应急锤	—
		㉙急救箱	—
		㉚车速限制/报警功能或装置	
		㉛防抱制动装置	
		㉜辅助制动装置	○
		㉝盘式制动器	
		㉞制动间隙自动调整装置	
		㉟紧急切断装置	○
		㊱发动机舱自动灭火装置	—
		㊲手动机械断电开关	—
		㊳副制动踏板	—
		㊴校车标志灯和停车指示标志牌	—
		㊵危险货物运输车辆标志	—
		㊶驾驶区隔离设施	—
		㊷肢体残疾人操纵辅助装置	—

图 7-21　在用重型仓栏式三轴货车安全装置检查结果填写示例

三、重型危险货物运输车安全装置检查结构填写示例

重型危险货物运输车安全装置检查注册登记检验结果填写示例如图 7-22 所示。

三、检验结果			
序号		检验项目	判定
5	安全装置检查	㉑汽车安全带	○
		㉒应急停车安全附件	○
		㉓灭火器	○
		㉔行驶记录装置	○
		㉕车身反光标识	○
		㉖车辆尾部标志板	○
		㉗侧、后、前下部防护	○
		㉘应急锤	—
		㉙急救箱	—
		㉚车速限制／报警功能或装置	○
		㉛防抱制动装置	○
		㉜辅助制动装置	○
		㉝盘式制动器	○
		㉞制动间隙自动调整装置	○
		㉟紧急切断装置	○
		㊱发动机舱自动灭火装置	—
		㊲手动机械断电开关	—
		㊳副制动踏板	—
		㊴校车标志灯和停车指示标志牌	—
		㊵危险货物运输车辆标志	○
		㊶驾驶区隔离设施	—
		㊷肢体残疾人操纵辅助装置	—

图 7-22 重型危险货物运输车安全装置检查注册登记检验结果填写示例

第8章　底盘动态检验和车辆底盘部件检验

第一节　相关标准条文要求

一、检验项目

GB 38900—2020 标准条文"表1"和"表2":

表1　机动车安全技术检验项目表（注册登记安全检验）

序号	检验项目		适用车辆类型					
			载客汽车		货车（三轮汽车除外）、专项作业车	挂车	三轮汽车	摩托车
			非营运小型、微型载客汽车	其他类型载客汽车				
6	底盘动态检验	转向	○	●	●		●	●
		传动	○	●	●		●	●
		制动	○	●	●		●	●
		仪表和指示器	○	●	●		●	●
7	车辆底盘部件检查	转向系部件	○	●	●		●	●
		传动系部件	○	●	●		●	
		行驶系部件	○	●	●	●	●	
		制动系部件	○	●	●		●	●
		其他部件	○	●	●	●	●	●

表2 机动车安全技术检验项目表(在用机动车安全检验)

序号	检验项目		适用车辆类型					
			载客汽车		货车(三轮汽车除外)、专项作业车	挂车	三轮汽车	摩托车
			非营运小型、微型载客汽车	其他类型载客汽车				
6	底盘动态检验	转向	□	■	■		■	■
		传动	□	■	■		■	■
		制动	□	■	■		■	■
		仪表和指示器	□	■	■			
7	车辆底盘部件检查	转向系部件	□	■	■		■	
		传动系部件	□	■	■		■	
		行驶系部件	□	■	■	■	■	
		制动系部件	□	■	■		■	
		其他部件	□	■	■	■	■	

二、检验项目对应检验方法

GB 38900—2020 标准条文"表 4":

表4 机动车安全技术检验项目对应方法

序号	检验项目		检验方法
6	底盘动态检验	制动	以不低于 20km/h 的速度正直行驶,双手轻扶方向盘,急踩制动踏板后迅速放松
		转向	检验员操作车辆,起步并行驶 20m 以上,利用目视、耳听、操作感知等方式检查。对大型客车、重中型货车、重中型载货专项作业车、危险货物运输车使用转向角测量仪测量方向盘最大自由转动量
		传动	
		仪表和指示器	检验过程中,观察仪表和指示器
7	车辆底盘部件检查	转向系部件	车辆停放在地沟上方的指定位置,使用专用手锤等工具检查,并由操作人员配合;检查大型客车、重中型货车、重中型专项作业车的转向机构时应使用底盘间隙仪
		传动系部件	
		行驶系部件	
		制动系部件	
		其他部件	

三、检验结果填写

GB 38900—2020 标准条文"表 H.1":

表 H.1　机动车安全技术检验表（人工检验部分）

序号	检验项目		判定	序号	检验项目		判定
6	底盘动态检验	㊸转向		7	车辆底盘部件检查	㊼转向系部件	
		㊹传动				㊽传动系部件	
		㊺制动				㊾行驶系部件	
		㊻仪表和指示器				㊿制动系部件	
						51其他部件	

第二节　车辆底盘动态检验

车辆底盘动态检验是在行驶状态下，采取蛇行前进及点制动的方式，判断送检机动车的转向系、传动系、制动系、仪表和指示器是否符合运行安全要求。

一、转向

1. 检验要求

GB 38900—2020 标准条文"6.6.1"：

> 6.6.1 转向
> 车辆的方向盘应转动灵活，操纵方便，无卡滞现象，最大自由转动量应符合 GB 7258 的相关规定；对于使用方向把的三轮汽车、摩托车，转向轮转动应灵活。

2. 检验员工作方法

1）转向系底盘动态检验采取静态、动态两种方式。

2）静态检验时，测量最大自由转动量应符合 GB 7258—2017 的相关规定。

引车员将车辆摆正，并按照图 8-1a 所示将转向力－转向角检验仪安装到被测车辆的方向盘上，安装时保证三个固定脚长度一致，并将螺栓扭紧，保证检测仪与车辆方向盘结合牢固。

测量过程：打开电源开关，仪器进入测试界面，将操作仪器清零，或调整角度传感器旋钮，使仪器的角度指示值为 0，固定传感器旋钮，进入仪器测量过程。逆时针旋转仪器，当力值显示为 5~40N（对于不同车型，力值会有差异）之间时，并且达到左限度时（车轮不动），按"保存"键，然后顺时针旋转仪器，当力值显示为 5~40N（对于不同车型，力值会有差异）之间时，并且达到右限度时（车轮不动），再次按"保存"键，完成方向盘最大自由转动量的测量。

检验员将测量结果填写到"表 H.1"的方向盘最大自由转动量位置,如图 8-1 所示。

a)转向力-转向角检验仪安装

轮胎花纹深度（mm）	单车 转向轮：_____ 其他轮：_____ 挂车 _____	车身对称部位高度差（mm）	单车 前：左____右____高度差____ 后：左____右____高度差____ 挂车 　　左____右____高度差____
车厢栏板高度（mm）	单车_____ 挂车_____	方向盘最大自由转动量（°）	_____

b)填写位置

图 8-1　方向盘最大自由转动量测量及填写位置

3)进行底盘动态检验的车辆,在动态检验时要蛇行前进。

检验员将车辆起步,车速高于 20km/h,轻抚方向盘,检验员判定车辆是否保持直行并且方向盘工作无异常,随即蛇行前进,此过程中检验员判断：转向是否灵活；车辆是否能自动回正；转向过程中是否感觉到卡滞、异响；有转向助力的车辆是否会出现助力时有时无的现象。

二、传动

1. 检验要求

GB 38900—2020 标准条文"6.6.2"：

> 6.6.2 传动
> 传动系应满足以下要求：
> a)车辆换档应正常,变速器倒档应能锁止；
> b)离合器接合应平稳,无打滑、分离不彻底等现象。

2. 检验员工作方法

传动系动态检验在进行转向系、制动系检验的过程中一并检验。

1）引车员在车辆起步、换档、停车过程中检验离合器及变速器的工作情况：离合器接合应平稳，无打滑、分离不彻底等现象；变速器档位锁止正常，不能出现跳档和乱档现象；倒档锁工作正常。自动变速器各档位工作正常，并且仪表盘显示与变速器档位同步。

2）自 2019 年 1 月 1 日起，对新生产的汽车开始实施变速器出现功能限制使用情形时对驾驶人应有警示信息提示的要求。

3）底盘动态检验的全过程中，检验员要注意观察传动系工作有无异响、卡滞；传动轴及驱动桥不能出现异响，应保证工作平顺。

4）为了防止汽车在行驶过程中误挂入倒档，减少汽车损失，避免事故发生，汽车通常设计有变速器倒档锁止机构。一般情况下，必须在车辆完全停稳后才能挂上倒档。

三、制动

1. 检验要求

GB 38900—2020 标准条文"6.6.3"：

> 6.6.3 制动
> 车辆正常行驶时不应有车轮卡滞、抱死现象；制动时制动踏板动作应正常，响应迅速，无方向盘抖动、跑偏现象。

2. 检验员工作方法

1）车辆起步，加速至 20km/h 并保持，在加速过程中，检验员注意车辆是否有自行制动现象；然后轻抚方向盘，急踩制动踏板，并迅速松开，检验员在点制动过程中感觉制动协调是否良好，有无制动跑偏，制动踏板是否灵活，方向盘是否抖动。

检验人员若判断踏板沉重，必要时采用踏板力计检测踏板力，测量前将传感器可靠地安装在被测车辆的制动踏板上或驻车制动上，连接传感器与测试主机的连接线按下测试按钮即可显示。

2）有防抱死制动装置的被检机动车，引车员踏下制动踏板时，仪表盘黄色 ABS 灯亮，松开制动踏板，ABS 灯熄灭，说明防抱死装置工作正常。

四、仪表和指示器

1. 检验要求

GB 38900—2020 标准条文"6.6.4"：

> 6.6.4 仪表和指示器
> 车辆配备的车速表等各种仪表和指示器不应有异常情形。

2. 检验员工作方法

仪表和指示器检验是在进行转向系、制动系检验的过程中一并检验的。在车辆工作过程中，检验员注意观察仪表盘上仪器仪表工作是否存在异常。

五、影像资料拍摄要求

底盘动态检验需要上传过程照片及视频，如图 8-2 所示。

a）视频截屏

b）检验开始照片

c）检验结束照片

图 8-2　车辆底盘动态检验

检验过程中，视频应能清晰地看到开始检验时被检车辆前号牌号码及结束时的后号牌号码，检验过程能清晰地观察到车辆底盘动态检验的蛇行行驶过程及车辆制动过程。

第三节　车辆底盘部件检验

车辆底盘部件检查由引车员与车辆底盘部件检验员在地沟工位（也可以采用举升机等设备）共同完成。

一、地沟及检验工具要求

根据承检车型检验项目要求，需要在地沟出口的合适位置应配备底盘间隙检验仪。进行三轮汽车底盘部件检查时，地沟上方需要有滑板小车，如图 8-3 所示。

在地沟中的检验人员要配备安全帽、护目镜、手电、检验手锤等工具及防护用品。地沟内的检验员与引车员要有通信装置，引车员按照车辆底盘部件检验员指令配合工作。

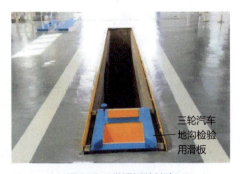
图 8-3　带滑板的地沟

二、转向系部件

1. 检验方法

GB 38900—2020 标准条文"6.7.1":

> 6.7.1 转向系部件
> 转向系部件应满足以下要求:
> a)各部件不应松动、变形、开裂;
> b)横、直拉杆和球销总成不应有拼焊、损伤、松旷、严重磨损等情形;
> c)转向节臂、转向球销总成等连接部位不应松旷;
> d)转向过程中不应有干涉或摩擦现象;
> e)转向器、转向油泵、转向油管等不应有漏油现象。

2. 检验员工作方法

转向系检查时重点检查转向机及固定支架、轴、万向节、转向机及横直拉杆、球鞋头、开口销、转身摇臂、轴、螺帽、转向主销、套、轴承、转向角限位各部件。

1)引车员将被检车辆停在地沟上方指定位置,然后熄火挂空档。引车员按照地沟内检验员通知信号转动方向盘配合。被检车辆是大型客车、重中型货车、重中型专项作业车时,需要将转向桥停放到底盘间隙检验仪工作台面中央位置,如图 8-4 所示。

图 8-4 被检车辆停放位置

检验员在灯光的辅助下观察转向助力装置部件是否有渗漏;转向节球形支承部件紧固、锁止、限位情况;横、直拉杆应无拼焊情况;在转动方向盘的情况下,转向过程中应无干涉或摩擦痕迹/现象。

2)使用底盘间隙检验仪检验方法。底盘间隙检验仪及控制手柄操作面板示意图如图 8-5 所示,检测台由控制手柄、泵站系统及左、右滑板机构组成。

控制手柄由电机开关、"↓""↑""←""→"按钮组成。其中,STOP 控制泵站电机停止;START 控制泵站电机启动;"↑"按键控制左、右滑板机构前后运动,按键控制型式为点动模式;"↓"按键控制左、右滑板机构执行完前后运动后,按此键实现一键复位;"←"按键控制左滑板机构向外运动,按键控制型式为点动模式;"→"按键控制右滑板机构完成向外运动,按此键实现一键复位。

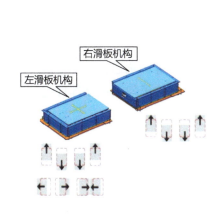 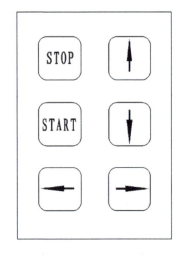

a）底盘间隙检验仪组成运动方位示意图　　b）控制手柄操作面板示意图

图 8-5　底盘间隙检验仪及控制手柄操作面板示意图

泵站系统包括液压泵站和电气控制箱，用于控制油泵电机的运转和控制滑板的工作台面移动。

左、右滑板机构均由工作台面、导向机构、滑动座等组成。左滑板机构可沿前、后、左、右四个方向移动；右滑板机构可沿前、后两个方向移动。

①检查纵向间隙：引车员踩踏汽车制动踏板使前轮制动，检验员点动或长按移动按钮"↑"，3~5s 松开，然后按移动按钮"↓"，工作台面纵向移动并回位。

主要检查内容：转向节主销与转向节、前桥主销支承孔是否松旷；转向器直、横拉杆球头销是否松旷；转向器支架连接是否松动；钢板弹簧 U 形螺栓是否松动；独立悬架下摆臂铰接处是否松动和传力斜拉杆胶垫是否磨损松旷等。

②检查横向间隙：引车员松开汽车制动踏板，检验员按下移动按钮"←→"，3~5s 松开，然后按下按钮"→←"，3~5s 再松开，工作台面横向移动并回位。

主要检查内容：左右轮毂轴承和主销铰接是否松旷；左右钢板弹簧及销是否松旷；左右悬挂其他连接是否松动；前部车架有无裂纹和悬架系统各零件有无裂纹等。

三、传动系部件

1. 检验要求

GB 38900—2020 标准条文"6.7.2"：

> 6.7.2 传动系部件
> 传动系部件应满足以下要求：
> a）变速器等部件应连接可靠，不应有漏油现象；
> b）传动轴、万向节及中间轴承和支架不应有可视的裂损和松旷现象。

2. 检验员工作方法

检验员检查传动系时，检查内容包括：变速器及分动器支架连接是否可靠，是否有松动现象；变速器、差速器应无严重漏油现象；传动轴、万向节、中间轴承凸缘连接应无松脱，驱动桥外壳、中间轴承及支架应无裂纹及松旷等影响运行安全的情形。

以上目视检查有异常时，采用专用手锤轻敲或钩子勾动连接部件进行检查。

四、行驶系部件

1. 检验要求

GB 38900—2020 标准条文"6.7.3"：

> 6.7.3 行驶系部件
> 行驶系部件应满足以下要求：
> a）车桥不应有可视的裂纹、损伤及变形；
> b）车架纵梁、横梁不应有明显变形、损伤，铆钉、螺栓不应缺少或松动；
> c）钢板吊耳及销不应松旷，中心螺栓、U 形螺栓螺母应齐全紧固、不松旷；
> d）车桥与悬架之间的拉杆和导杆不应松旷和移位，减振器不应漏油，杆衬套不应出现开裂、与销轴分离等现象；
> e）空气悬架的控制管路和空气弹簧不应漏气，空气弹簧不应有可视的裂损。

2. 检验员工作方法

1）车桥与悬架之间的各拉杆和导杆应无松旷和移位，螺栓和铆钉应无松动。

2）车架的纵梁和横梁应无裂纹和影响车辆正常行驶的变形。检查紧固车架、车厢及附件支架各部的螺栓、拖钩、挂钩是否紧固。

3）减振器应无漏油，螺栓、铆钉应齐全。

4）货车和挂车钢板应无裂纹和断片不存在增加钢板弹簧片数或改变钢板弹簧形式的情形。可以用专用手锤敲击、勾动钢板吊耳及销，中心螺栓、U 形螺栓应无松旷、松动等现象。

5）空气悬架的控制管路和空气弹簧不应漏气，空气弹簧不应有可视的裂损；

五、制动系部件

1. 检验要求

GB 38900—2020 标准条文"6.7.4"：

> 6.7.4 制动系部件
> 制动系部件应满足以下要求：

a）制动系应无擅自改动，不应从制动系统获取气源作为加装装置的动力源；
b）制动主缸、轮缸、管路等不应漏气、漏油，制动软管不应有明显老化、开裂、被压扁、鼓包等现象；
c）制动系管路与其他部件无摩擦和固定松动现象。

2. 检验员工作方法

检验员重点要检查制动系部件有无擅自改动的情况；气压制动的车辆是否有用制动气源做其他用途（例如做车轮喷淋装置）的现象；检查制动软管是否有老化、开裂、磨损等现象。

引车员踩下制动踏板，检验员检查制动系管路与其他部件有无摩擦和固定松动现象；检制动主缸、轮缸、制动管路等有无漏气、漏油的现象。

六、其他部件

1. 检验要求

GB 38900—2020 标准条文"6.7.5"：

6.7.5 其他部件
其他部件应满足以下要求：
a）发动机的固定应可靠；
b）排气管、消声器应安装牢固、不应有漏气现象，排气管口不应指向车身右侧（如受结构限制排气管口必须偏向右侧时，排气管口中心线与机动车纵向中心线的夹角应小于或等于15°）和正下方（对于2020年1月1日起生产的汽车若排气管口朝下则其气流方向与水平面的夹角应小于或等于45°）；客车的排气尾管如为直式的，排气管口应伸出车身外蒙皮；专门用于运送易燃和易爆物品的危险货物运输车辆，排气管应装在罐体/箱体前端面之前、不高于车辆纵梁上平面的区域，并应安装机动车排气火花熄灭器；专门用于运送易燃和易爆物品的危险货物运输车辆以及加气量大于或等于375L的气体燃料汽车，机动车尾部应安装接地端导体截面积大于或等于100mm^2的导静电橡胶拖地带，且拖地带接地端应接地；
c）电器导线应布置整齐、捆扎成束、固定卡紧，并无破损现象；
d）燃料箱应固定可靠、不漏油；燃料管路不应有明显老化，与其他部件不应有碰擦；
e）承载式车身底部应完整，不应有影响车身强度的变形和破损；
f）轮胎内侧不应有不规则磨损、割伤、腐蚀。

2. 检验员工作方法

1）发动机与车身固定连接件紧固、无严重锈蚀、减振垫完好。
2）检查电器导线是否布置整齐、捆扎成束、固定卡紧以及线路有无破损现象；检查接头是否牢固并有绝缘套，在导线穿越洞时是否装设绝缘套管，要注意改动或加装的线路套管、固定是否合适。

3）排气管、消声器部件应齐全、外表完好、固定可靠，排气管口不应指向车身右侧。对于安检环检一体的机构，检验员在地沟检验时，应对排气系统进行详细检查，核对后处理装置。

4）燃料箱及管路固定可靠，不得有改动、加装燃料箱的现象。

5）载客汽车、校车等承载式车身的车辆，车身底部不能有较大的变形和破损。

6）外观检验时，检查轮胎外侧及胎冠部位；地沟检验则检查轮胎内侧不应有变形、割伤或裂伤不得露出子午线或大于25mm。

七、影像资料拍摄要求

车辆底盘部件检查要求上传全程监控视频。对于车间视频，被检车辆驶入工位时能清晰地看到前方车牌，驶出时能看到后方车牌；对于地沟中的视频，应能看到车辆底盘及检验员的工作过程。

车辆底盘部件检查地沟影像资料如图8-6所示。

图8-6　车辆底盘部件检查地沟影像资料

第四节　底盘动态检验和车辆底盘部件检验结果填写示例

一、大、中型客车底盘动态检验和车辆底盘部件检验结果填写示例

注册登记检验和在用车检验结果填写示例相同，如图8-7所示。

三、检验结果			
序号	检验项目		判定
6	底盘动态检验	㊸转向	○
		㊹传动	○
		㊺制动	○
		㊻仪表和指示器	○
7	车辆底盘部件检查	㊼转向系部件	○
		㊽传动系部件	○
		㊾行驶系部件	○
		㊿制动系部件	○
		51其他部件	○

图8-7　大、中型客车底盘动态检验和车辆底盘部件检验结果填写示例

二、挂车底盘动态检验和车辆底盘部件检验结果填写示例

注册登记检验和在用车检验结果填写示例相同，如图 8-8 所示。

三、检验结果			
序号	检验项目		判定
6	底盘动态检验	㊸转向	—
		㊹传动	—
		㊺制动	—
		㊻仪表和指示器	—
7	车辆底盘部件检查	㊼转向系部件	○
		㊽传动系部件	○
		㊾行驶系部件	○
		㊿制动系部件	○
		(51)其他部件	○

图 8-8　挂车底盘动态检验和车辆底盘部件检验结果填写示例

三、摩托车底盘动态检验和车辆底盘部件检验结果填写示例

注册登记检验和在用车检验结果填写示例相同，如图 8-9 所示。

三、检验结果			
序号	检验项目		判定
6	底盘动态检验	㊸转向	○
		㊹传动	○
		㊺制动	○
		㊻仪表和指示器	○
7	车辆底盘部件检查	㊼转向系部件	—
		㊽传动系部件	—
		㊾行驶系部件	—
		㊿制动系部件	—
		(51)其他部件	—

图 8-9　摩托车底盘动态检验和车辆底盘部件检验结果填写示例

第三篇

机动车安全技术检验仪器设备检验项目

机动车的仪器设备检验项目包括整备质量/空车质量检验、外廓尺寸测量、行车制动和驻车制动检验、前照灯远光发光强度检验和转向轮横向侧滑量检验。外廓尺寸仪器设备测量方法在人工检验项目中已经讲解。

仪器设备项目检验需要在固定的检验车间进行，采用全自动化检验，部分摩托车检验可以采用人工检验。检验登录员将车辆信息正确填写完整后，引车员将被检车辆驶入检验工位进行仪器设备项目检验。

第9章 仪器设备检验概述

第一节 相关标准条文

一、检验项目

GB 38900—2020 标准条文 "表1" 和 "表2"：

表1 机动车安全技术检验项目表（注册登记安全检验）

序号	检验项目		适用车辆类型					
			载客汽车		货车（三轮汽车除外）、专项作业车	挂车	三轮汽车	摩托车
			非营运[a]小型、微型载客汽车	其他类型载客汽车				
8	仪器设备检验	整备质量			●	●	●	○
		行车制动[b] 空载制动率	●	●	●	●	●	●
		空载制动不平衡率	●	●	●	●		
		加载轴制动率			○	○		
		加载轴制动不平衡率			○	○		
		驻车制动[c]	○	○	●		○	
		前照灯远光发光强度	●	●	●		●	●
		转向轮横向侧滑量	●					

注1："●"表示该检验项目适用于该类车注册登记安全检验的全部车型，"○"表示该检验项目适用于该类车注册登记安全检验的部分车型。

注2：对于适用车辆类型为"非营运小型、微型载客汽车"的，"○"对应的检验项目适用于面包车（即发动机中置且宽高比小于或等于0.9的乘用车）、7座及7座以上车辆。

注3：对于适用车辆类型为"摩托车"的，"○"对应的该检验项目适用于带驾驶室的正三轮摩托车以及不带驾驶室、不具有载运货物结构或功能且设计和制造上最多乘坐2人（包括驾驶人）的正三轮摩托车。

注4：适用车辆类型为其他情形的，"○"对应检验项目所适用的具体车型描述在第6章。

注5：对于因质量问题更换整车申请变更登记的机动车检验时，参照注册登记安全检验项目。

a—非营运的机动车是指个人或者单位不以获取利润为目的而使用的机动车。

b—三轴及三轴以上的货车、总质量大于3500kg的并装双轴或并装三轴挂车，对部分轴（最后一轴及货车第一轴除外）还应测试加载轴制动率和加载轴制动不平衡率。采用空气悬架的车辆，总质量为整备质量1.2倍以下的车辆不测试加载轴制动率和加载轴制动不平衡率。

c—驻车制动使用电子控制装置的汽车，不检验驻车制动。

表2 机动车安全技术检验项目表（在用机动车安全检验）

序号	检验项目			载客汽车		货车(三轮汽车除外)、专项作业车	挂车	三轮汽车	摩托车
				非营运[a]小型、微型载客汽车	其他类型载客汽车				
8	仪器设备检验	空车质量				□	□		
		行车制动[b]	空载制动率	■	■	■	■	■	■
			空载制动不平衡率	■	■	■	■		
			加载轴制动率			□	□		
			加载轴制动不平衡率			□	□		
		驻车制动[c]		□	□	□	□	□	
		前照灯远光发光强度		■	■	■		■	■
		转向轮横向侧滑量		□	□				

注1："■"表示该检验项目适用于该类车在用机动车安全检验的全部车型，"□"表示该检验项目适用于该类车在用机动车安全检验的部分车型。

注2：对于适用车辆类型为"非营运小型、微型载客汽车"的，"□"对应的检验项目适用于面包车、7座及7座以上车辆，以及使用年限超过10年的车辆。

注3：对于适用车辆类型为"摩托车"的，"□"对应的该检验项目适用于带驾驶室的正三轮摩托车以及不带驾驶室、不具有载运货物结构或功能且设计和制造上最多乘坐2人（包括驾驶人）的正三轮摩托车。

注4：适用车辆类型为其他情形的，"□"对应的检验项目所适用的具体车型描述在第6章。

注5：对于因更换发动机、车身或者车架申请变更登记的机动车检验时，参照在用机动车安全检验项目。

a—非营运的机动车是指个人或单位不以获取利润为目的而使用的机动车。

b—三轴及三轴以上的货车、总质量大于3500kg的并装双轴或并装三轴挂车，对部分轴（最后一轴及货车第一轴除外）还应测试加载轴制动率和加载轴制动不平衡率。采用空气悬架的车辆，总质量为整备质量1.2倍以下的车辆不测试加载轴制动率和加载轴制动不平衡率。

c—驻车制动使用电子控制装置的汽车，不检验驻车制动。

二、检验项目对应检验方法

GB 38900—2020标准条文"表4"：

表4 机动车安全技术检验项目对应方法

序号	检验项目		检验方法
8	仪器设备检验	整备质量/空车质量	用地磅或轴（轮）重仪等装置测量，见附录C
		行车制动 — 空载制动率	采用制动检验台检验；不适用于制动检验台检验的车辆，采用便携式制动性能测试仪等设备路试检验；见附录D
		行车制动 — 空载制动不平衡率	
		行车制动 — 加载轴制动率	
		行车制动 — 加载轴制动不平衡率	
		驻车制动	
		前照灯远光发光强度	采用前照灯检测仪检验，见附录E
		转向轮横向侧滑量	采用侧滑检验台检验，见附录F

三、仪器设备检验注意事项

加载制动要求，对于三轴及三轴以上车型，GB 38900—2020 要求登录员要正确判断被检车辆登录录入信息，否则会造成检验项目错误。

1）总质量小于或等于 3500kg 并装双轴、并装三轴的挂车，不需要做加载制动检验。

2）采用空气悬架的车辆，不需要做加载制动检验。

3）如图 9-1 所示，检验员查看车辆唯一性证书或铭牌，总质量为整备质量 1.2 倍以下的车辆，不需要做加载制动检验；若总质量与整备质量之比大于 1.2，则需要对除第一轴和最后一轴外的其他轴进行加载制动。

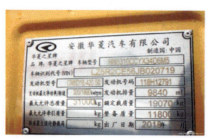

$$\frac{总质量}{整备质量} = \frac{31000}{11800} \approx 2.63 \geq 1.2$$

a）总质量为整备质量 1.2 倍以上

$$\frac{总质量}{整备质量} = \frac{41000}{40805} \approx 1.00 \leq 1.2$$

b）总质量为整备质量 1.2 倍以下

图 9-1　总质量为整备质量倍数判定

第二节　仪器设备检验表及信息填写

一、仪器设备检验表

GB 38900—2020 仪器设备检验表相关条文见该标准的"附录 I"。

1. 两轴车辆

标准条文"表 I.1"：

表 I.1 机动车（适用于两轴汽车）安全技术检验表（仪器设备检验部分）

一、基本信息					
检验流水号		检验类别		检验项目	
检验日期		出厂日期		初次登记日期	
号牌（自编）号		号牌种类		车辆类型	
道路运输证号		品牌/型号		燃料类别	
整备质量（kg）		总质量（kg）		驱动型式	
驻车轴		引车员		登录员	
机动车所有人					
车辆识别代号（或整车出厂编号）					
发动机号码/驱动电机号码				前照灯制	
驻车制动是否使用电子控制装置				转向轴悬架形式	

二、检验结果

台试检测项目		静态轮荷（kg）		最大行车制动力（10N）		过程差最大差值点（10N）		空载制动				项目判定	单项次数
								行车制动率（%）	不平衡率（%）	驻车制动力（10N）	驻车制动率（%）		
		左	右	左	右	左	右						
制动B	一轴												
	二轴												
	整车												
	驻车												
动态轮荷（左/右）（kg）/1轴					/			2轴			/		

前照灯H	项目	远光发光强度（cd）	项目判定	单项次数
	左外灯			
	左内灯			
	右内灯			
	右外灯			

侧滑A		m/km
路试制动性能R		路试检验员
车辆外廓尺寸M（mm×mm×mm）：		
整备质量/空车质量Z：	kg/	kg/	%
总检次数		备注	

注：判定栏中填 "○" 为该行项目合格，"×" 为该行有不合格项目，"—" 表示不适用于送检车，"*" 表示子项不合格。

2. 三轴车辆

标准条文 "表 I.2"：

表 I.2 机动车（适用于三轴及以上汽车）安全技术检验表（仪器设备检验部分）

一、基本信息							
检验流水号		检验类别			检验项目		
检验日期		出厂日期			初次登记日期		
号牌（自编）号		号牌种类			车辆类型		
道路运输证号		品牌/型号			燃料类别		
整备质量（kg）		总质量（kg）			驱动型式		
驻车轴		引车员			登录员		
机动车所有人							
车辆识别代号（或整车出厂编号）							
发动机号码/驱动电机号码					前照灯制		
驻车制动是否使用电子控制装置					转向轴悬架形式		
前轴数量		转向轴			空气悬架轴		

二、检验结果

台试检测项目		空载/加载轴荷(kg)	空载/加载最大行车制动力（10N）		空载/加载过程差最大差值点(10N)		空载/加载行车制动率(％)	空载/加载不平衡率（％）	空载驻车制动力（10N）	空载驻车制动率(％)	项目判定	单项次数
			左	右	左	右						
制动 B	空载制动	一轴										
		二轴										
		三轴										
		四轴										
		五轴										
	加载制动	二轴										
		三轴										
		四轴										
	整车											
	驻车											
静态轮荷(左/右)（kg）			1轴　　/		2轴　　/		3轴　　/		4轴　　/		5轴　　/	

前照灯 H	项目	远光发光强度（cd）	项目判定	单项次数
	左外灯			
	左内灯			
	右内灯			
	右外灯			

侧滑 A	一轴	m/km
	二轴	m/km

路试制动性能 R		路试检验员	
车辆外廓尺寸 M（mm×mm×mm）：			
整备质量/空车质量 Z：	kg/	kg/	％
总检次数		备注	

注：判定栏中填"○"为该行项目合格，"×"为该行有不合格项目，"—"表示不适用于送检车，"*"表示子项不合格。

3. 挂车

标准条文"表 I.3":

表 I.3 机动车（适用于挂车）安全技术检验表（仪器设备检验部分）

一、基本信息						
检验流水号		检验类别		检验项目		
检验日期		出厂日期		初次登记日期		
号牌（自编）号		号牌种类		车辆类型		
道路运输证号		品牌/型号		整备质量（kg）		
总质量（kg）		引车员		登录员		
机动车所有人						
车辆识别代号（或整车出厂编号）				空气悬架轴		

二、检验结果									
台试检测项目			空载/加载轴荷（kg）	空载/加载最大行车制动力（10N）		空载/加载过程差最大差值点（10N）		空载/加载行车制动率（%）	空载/加载不平衡率（%）	项目判定	单项次数
				左	右	左	右				
制动 B	空载制动	一轴									
		二轴									
		三轴									
	加载制动	一轴									
		二轴									
	整车										
静态轮荷（左/右）(kg)			1轴 /			2轴 /			3轴 /	
路试制动性能 R						路试检验员				
车辆外廓尺寸 M（mm×mm×mm）：										
整备质量/空车质量 Z：			kg/		kg/			%		
主车号牌号码						主车准牵引质量（kg）				
主车制动检验结果								总检次数		
备注										

注：判定栏中填"○"为该行项目合格，"×"为该行有不合格项目，"—"表示不适用于送检车，"*"表示子项目不合格

4. 三轮汽车、摩托车

标准条文"表 I.4":

表 I.4 机动车（适用于三轮汽车、摩托车）安全技术检验表（仪器设备检验部分）

一、基本信息					
检验流水号		检验类别		检验项目	
检验日期		出厂日期		初次登记日期	
号牌（自编）号		号牌种类		车辆类型	
燃料类别		品牌/型号		前照灯制	
引车员			登录员		
机动车所有人					
整备质量（kg）			总质量（kg）		
车辆识别代号（或整车出厂编号）					
发动机号码/驱动电机号码					

二、检验结果								
台试检测项目		轮荷（kg）		制动力（10N）		制动率（%）	项目判定	单项次数
		左	右	左	右			
制动 B	前轮							
	后轮(轴)							
	驻车							
前照灯 H	项目	远光发光强度（cd）					项目判定	单项次数
	左（单）灯							
	右灯							
路试制动性能 R					路试检验员			
车辆外廓尺寸 M（mm×mm×mm）：								
整备质量 Z：	kg/			kg/		%		
备注					总检次数			

注：判定栏中填"○"为合格，"×"为不合格，"—"表示不适用于送检车。

二、仪器设备表基本信息填写

其仪器设备表中的"一、基本信息"由登录员填写，不适用时填写"—"。适用项填写信息来源与要求及填写示例如图 9-2 所示。

a）适用项填写信息来源与要求

一、基本信息					
检验流水号	00821061600095-1	检验类别	注册登记检验	检验项目	ABNQCFHUCDC
检验日期	2021 年 06 月 14 日	出厂日期	2020 年 11 月 17 日	初次登记日期	—
号牌（自编）号	豫XXXXX	号牌种类	大型汽车	车辆类型	大型普通客车
道路运输证号	—	品牌/型号	宇通牌/ZK6128HDA5Y	燃料类别	柴油
整备质量（kg）	13480	总质量（kg）	18000	驱动型式	4×2
驻车轴	2	引车员	王五	登录员	孙俪
机动车所有人	XXXXX				
车辆识别代号（或整车出厂编号）	LZYTATE68M1005721				
发动机号码/驱动电机号码	WP10.336E53/1621C019683		前照灯制		二
驻车制动是否使用电子控制装置	否		转向轴悬架形式		非独立

b）机动车（适用于两轴汽车）安全技术检验表（仪器设备检验部分）信息填写示例

图 9-2 适用项填写信息来源与要求及填写示例

一、基本信息					
检验流水号	00821061600095-3	检验类别	注册登记检验	检验项目	ABNQCFHMUCDC
检验日期	2021年07月06日	出厂日期	2021年06月02日	初次登记日期	—
号牌（自编）号	豫XXXXX	号牌种类	大型汽车	车辆类型	重型非载货专项作业车
道路运输证号	—	品牌/型号	徐工牌/XZJ5441JQZ50K	燃料类别	柴油
整备质量（kg）	43405	总质量（kg）	43600	驱动型式	8×4
驻车轴	2	引车员	王五	登录员	孙俪
机动车所有人	XXXXX				
车辆识别代号（或整车出厂编号）	LXJCPA449MA017877				
发动机号码/驱动电机号码	MC11.36-60/210517227707		前照灯制		二
驻车制动是否使用电子控制装置	否		转向轴悬架形式		非独立
前轴数量	2	转向轴	1,2	空气悬架	—

c）机动车（适用于三轴及以上汽车）安全技术检验表（仪器设备检验部分）信息填写示例

图9-2　适用项填写信息来源与要求及填写示例（续）

第10章 整备质量/空车质量

第一节 概述

一、检验要求

GB 38900—2020 标准条文"6.8.1":

> 6.8.1 整备质量/空车质量
> 6.8.1.1 注册登记安全检验时,机动车的整备质量应与机动车产品公告、机动车出厂合格证相符,且误差满足:重中型货车、重中型专项作业车、重中型挂车不超过 ±3% 或 ±500kg,轻微型货车、轻微型挂车、轻微型专项作业车不超过 ±3% 或 ±100 kg,三轮汽车不超过 ±5% 或 ±100kg,摩托车不超过 ±10kg。
> 6.8.1.2 在用机动车安全检验时,2015 年 3 月 1 日起注册登记的货车、重中型挂车的空车质量与机动车注册登记时记载的整备质量技术参数相比,误差应满足:重中型货车、重中型挂车不超过 ±10% 或 ±500kg,轻微型货车不超过 ±10% 或 ±200kg,且轻型货车的空车质量应小于 4500kg。

二、检验注意事项

空车质量检验开始日期为 2021 年 9 月 1 日,注册登记检验整备质量检验按照国标要求正常进行。

三、影像资料拍摄要求

货车、载货专项作业车、挂车视频应能清晰显示被检车辆所有轴在地磅或轴(轮)重仪上测量时的全过程及前后号牌号码,并且需要拍摄车辆的前、后照片上传,如图 10-1 所示。

图 10-1　整备质量/空车质量视频截图及照片

第二节　整备质量/空车质量检验设备

一、设备要求

GB 38900—2020 标准条文"附录 C 的 C.1":

> C.1 设备要求
>
> 整备质量/空车质量可选择地磅或轴(轮)重仪(包括带称重功能的平板试验台)等方式进行测量。三轴及三轴以上车辆如采用轴(轮)重仪测量时,应保证轴(轮)重仪有足够的有效测量长度,确保并装双轴、并装三轴的同侧轮同时停在一块称重板上。安装时所有称重板上表面应水平,高度差均不应超过 ±5mm。

二、地磅的分类及结构组成

1. 地磅的分类

用于机动车检验整备质量/空车质量的地磅又称为电子汽车衡。按照最大承载质量不同,可分为 20 t、50 t、100 t 等型号规格。

被检车辆的全部车轮不能够在同一称重板上的地磅,安装时称重板要与地面水平,高度差不超出 ±5mm。

在地磅的前方或后方中央增加一块板,可进行正三轮汽车的检验。

地磅的示意图如图 10-2 所示。

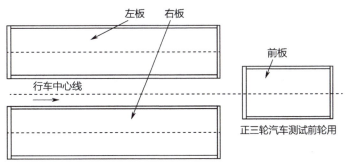

a）被检车辆的全部车轮在同一称重板上的地磅　　　　b）具有正三轮汽车检验功能的地磅

图 10-2　地磅的示意图

2. 地磅的结构组成

地磅由检验流程控制及信息采集系统、称重部分（硬件部分）、接线盒等零部件、打印机、显示大屏幕（检验助手）、计算机及称重管理软件和稳压电源等外部设备组成，如图 10-3 所示。

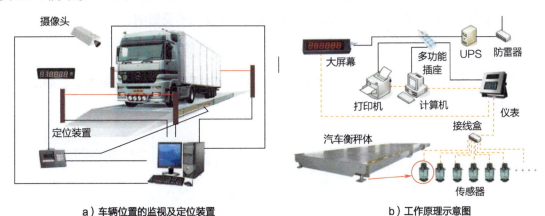

a）车辆位置的监视及定位装置　　　　b）工作原理示意图

图 10-3　地磅的结构组成及工作原理示意图

检验流程控制及信息采集系统由检测车辆位置的监视及定位装置、探测装置、系统大屏幕显示器（检验助手）、检验及信息采集装置等组成，依靠系统软件、摄像及照片装置等将被检车辆的整个检验过程及检验数据收集上传、打印。

称重部分（硬件部分）主要由承载器、称重显示仪表（以下简称仪表）、称重传感器（以下简称传感器）、连接件、限位装置及接线盒等零部件组成。

称重传感器装在承重台下方，利用电阻应变式原理称重，即称重传感器的弹性体上粘贴有应变计，组成惠斯通电桥。当弹性体承受载荷发生形变时，各应变计随之产生与载荷成比例的应变，由输出电压即可测出外加载荷的大小，电子称重仪表显示称重结果，同时软件系统将检验结果及检验视频、照片上传至车辆检验系统，在检验报告中打印出检验结果。

三、轴（轮）重仪（或带称重功能的平板试验台）

1. 轴（轮）重仪作用及分类

轴（轮）重仪（或带称重功能的平板试验台）用于分别测定机动车各轮（轴）的垂直载荷，提供车辆的轮（轴）荷数据、用于整备质量/空车质量检验数据、机动车制动检测计算时所需的轮（轴）荷数据。

轴（轮）重仪可分为轴重仪和轮重仪。轴重仪为一块承载板（台面），直接测量出轴荷。轮重仪分左、右两块相互独立的承载板（台面），通过测取左、右轮轮荷计算轴荷，也可以加装前板，用于检测正三轮汽车。

2. 轴（轮）重仪的结构组成

轴（轮）重仪主要由机械部分和检验流程控制及信息采集系统组成，以轮重仪为例，其结构组成如图 10-4a 所示。

轮重仪机械部分为整体框架结构，框架内有两个完全相同的称重台，每个称重台包括承载台面、四个相同的压力传感器及缓冲块等组成。压力传感器分布在承重板四个角上，这样车轮作用力不论落在平台哪个部位，测试值的准确度均不受影响。

3. 安装要求

轴（轮）重仪（或带称重功能的平板试验台）安装时称重板要与地面水平，高度差不超出 ±5mm，如图 10-4b 所示。

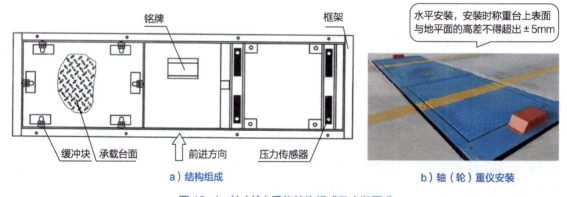

a）结构组成　　　　　　　　b）轴（轮）重仪安装

图 10-4　轴（轮）重仪结构组成及安装要求

4. 轴（轮）重仪的工作方法

被检车辆正直居中行驶，依次逐轴停放在轴（轮）重仪上，并按规定时间（不少于 3s）停放，测出静态轴（轮）荷。

压力传感器承受车轮载荷发生形变时，各应变计随之产生与载荷成比例的应变，由输出电压即可测出外加载荷的大小，检验助手显示称重结果，同时检验及信息采集装置将检验结果及检验视频、照片上传至车辆检验系统，在检验报告中打印出检验结果。

带称重功能的平板试验台机构原理及安装与轴（轮）重仪基本相同。

第三节　整备质量/空车质量检验方法

一、送检车辆要求

1. 相关国标条文要求

GB 38900—2020 标准条文"附录 C 的 C.2":

> C.2 送检车辆要求
> C.2.1 测量整备质量时,应符合 GB/T 3730.2 规定关于车辆质量的要求。
> C.2.2 测量空车质量时,引车员乘坐在车上,按送检状态测试(对于汽车列车可在列车状态下测量),不应装载货物/其他乘坐人员。

2. 检验员注意事项

被检车辆允许加装的部件(如备胎架、防风罩、工具箱等装置),不计入整备质量/空车质量。

专项作业车中加装的不能拆卸的设施,如安装有车用起重尾板的车型,检验时用测出的总质量减去登记的尾板质量,为该车的整备质量/空车质量。在用车检验员需要核验变更登记手续,若没有,则要进行加装检验申请变更加装尾板质量。

二、检验方法相关国标条文要求

GB 38900—2020 标准条文"附录 C 的 C.3 和 C.4":

> C.3 应用地磅的测量方法
> C.3.1 将车辆平稳缓慢行驶至地磅上,等平稳静止后,测得整备质量/空车质量。
> C.3.2 挂车的整备质量可先测得汽车列车的整备质量、牵引车的整备质量,然后计算得出汽车列车的整备质量与牵引车的整备质量的差值,作为挂车的整备质量。
> C.3.3 挂车的空车质量可先测得汽车列车的空车质量,然后减去引车员质量(按75kg计)和牵引车登记的整备质量,差值作为挂车的空车质量。
> C.4 应用轴(轮)重仪的测量方法
> C.4.1 轴(轮)重仪测量时,将车辆依次逐轴(对并装双轴和并装三轴视为一轴)平稳缓慢行驶至称重板上,等平稳静止后,测得该轴轴荷;计算所有轴荷之和,计为该车的整备质量/空车质量。
> C.4.2 对于挂车的整备质量/空车质量测量,按 C.3.2、C.3.3 的测量方法进行测量。

1. 应用地磅的检验方法

引车员以低于 5 km/h 的车速驾驶被检车辆直线行驶,并尽可能停在秤台中心位置,待车辆停稳定后开始称量。被检车辆的重量之和不得大于地磅的最大秤重量，以免损坏部件。称量后车辆驶下秤台，检验空秤，确认称重显示仪表回零后，才能认定称量结果有效。

2. 轴（轮）重仪（或带称重功能的平板试验台）检验方法

引车员以低于 5km/h 的车速驾驶被检车辆直线驶上轴（轮）重仪（或带称重功能的平板试验台）的承载台面中间位置上，车辆停稳 3s 以上开始称量。称重传感器受力后所发出的电信号经过处理就可以准确地计算出左、右轮荷值，进而计算出轴荷值。

> **需要注意的是**
>
> 在使用轴（轮）重仪进行检测时，需确保被检车辆并装轴同侧轮同时停在同一块称重板上测量，否则不能使用轴（轮）重仪检测；在所有轴测量完成后，将所有轴的重量相加即可得到车辆的整备质量。

3. 挂车整备质量/空车质量测量方法

测量挂车的整备质量/空车质量时，可以在列车拆解状态下单独测量，也可以组成汽车列车进行测量。

（1）挂车整备质量测量方法

测量挂车整备质量时，可以按照 GB 38900—2020 C.3.1 的要求直接测量，也可以按照 GB 38900—2020 C.3.2 的要求先测得汽车列车的整备质量、牵引车的整备质量，然后计算汽车列车的整备质量与牵引车的整备质量的差值，作为挂车的整备质量，即

$$挂车整备质量 = 列车整备质量 - 牵引车整备质量$$

（2）挂车空车质量测量方法

测量挂车空车质量时，可以按照 GB 38900—2020 C.3.1 的要求直接测量，也可先与牵引车组成汽车列车一起检验得到汽车列车空车质量，然后无须再解开挂车测量牵引车的质量，直接计算得到挂车空车质量，即

$$挂车空车质量 = 列车空车质量 - 牵引车整备质量 - 引车员体重（75kg）$$

4. 注意事项

1）根据 2020 年 1 月交通运输部办公厅、工业和信息化部办公厅、公安部办公厅、市场监管总局办公厅《关于做好〈车用起重尾板安装与使用技术要求〉贯彻实施工作的通知》（交办运函〔2020〕38 号）的要求，允许货车、挂车安装车用起重尾板。测量整备质量（空车质量）时，应在实际测得的质量结果（测量时有车用起重尾板）上减去尾板的质量，获得整备质量（空车质量）。

2）测量整备质量（空车质量）时，引车员驾驶被检车辆缓慢起动，车辆停止时缓慢制动，保证车辆在运行过程中不产生剧烈晃动，避免影响检测数据的准确性。

第11章 制动检验

制动性能检验分为行车制动空载检验、行车制动加载检验和驻车制动检验三类。

制动性能检验仪器设备采用滚筒反力式制动检验台和平板式制动检验台。线轴结构半挂车、静态轴荷大于或等于11500kg等不适用于仪器设备检验的车辆,采用路试制动检验。

第一节 制动检验要求及检验前准备

一、检验要求

1. 检验要求

(1)行车制动

GB 38900—2020 标准条文"6.8.2":

> 6.8.2 行车制动
> 6.8.2.1 台试空载检验行车制动性能时,应符合 GB 7258—2017 中 7.11.1 的相关要求。
> 6.8.2.2 对于总质量大于 750kg 的挂车台试空载制动性能检验时,应同时满足以下要求:
> a) 组合成的汽车列车检验结果符合 GB 7258—2017 中 7.11.1 的相关要求;
> b) 挂车的各轴制动率符合 GB 7258—2017 中 7.11.1.1 的相关要求;
> c) 挂车的各轴制动不平衡率符合 GB 7258—2017 中 7.11.1.2 的要求。
> 6.8.2.3 对于三轴及三轴以上的多轴货车,按照 D.3 方法加载后,加载轴的轴制动率应大于或等于 50%,加载轴制动不平衡率应符合 GB 7258—2017 中 7.11.1.2 的要求。

> 6.8.2.4 对于总质量大于3500kg的并装双轴、并装三轴挂车，组成汽车列车按照D.3方法加载后，加载轴的轴制动率应大于或等于45%，加载轴制动不平衡率应符合GB 7258—2017 中 7.11.1.2 的要求。
>
> 6.8.2.5 路试检验行车制动性能时，应符合 GB 7258—2017 中 7.10.2 的相关要求。

（2）驻车制动

GB 38900—2020 标准条文"6.8.3"：

> 6.8.3 驻车制动
>
> 6.8.3.1 台试检验汽车驻车制动性能时（驻车制动使用电子控制装置的除外），半挂牵引车单车测试时驻车制动率应大于或等于15%，其他汽车应符合 GB 7258—2017 中 7.11.2 的相关要求。
>
> 6.8.3.2 路试检验驻车制动性能时，应符合 GB 7258—2017 中 7.10.3 的相关要求。

2. 检验注意事项

1）对于挂车，在新车注册登记检验、在用车检验制动项目时，要核对车辆唯一性证书或行驶证和铭牌，确定挂车总质量，如果小于或等于750kg，则不进行制动性能项目检验。

2）需要注意以下车型对检验限值的要求：

①对于三轴及三轴以上的多轴货车，加载轴的轴制动率应大于或等于50%。

②并装双轴、并装三轴挂车，加载轴的轴制动率应大于或等于45%。

③半挂牵引车单车测试、台式驻车制动检验时，驻车制动率应大于或等于15%。

3）滚筒反力试验台制动性能检验依据 GB 7258—2017 条文"7.11 台试检验制动性能"进行判定。

二、检验前准备

1. 相关国标条文要求

GB 38900—2020 标准条文"附录 D 的 D.1.2"：

> D.1.2 检验前准备
>
> 检验前应准备工作如下：
>
> a）制动检验台滚筒（或平板）表面应清洁，没有异物及油污；
>
> b）检验辅助器具应齐全；
>
> c）气压制动的车辆，贮气筒压力应符合规定值；
>
> d）液压制动的车辆，根据需要将踏板力计装在制动踏板上；
>
> e）使用乘用车牵引旅居挂车、中置轴挂车开展检验时，乘用车应符合 GB 7258—2017 中 4.16.1 的要求。

2. 检验前准备注意事项

检验辅助器具主要包括制动踏板力计、三角垫块等。其中，制动踏板力计主要用于引车员感觉制动踏板沉重的液压制动车辆，将制动踏板力计安装到制动踏板上，空载测试时的踏板力应满足：乘用车 ≤ 400N，其他机动车 ≤ 450N。制动检验过程中踩下制动踏板后，有些轻型车辆会移下制动检验台滚筒，将三角垫块挡在非检验车轮下可以避免此现象。

气压制动的车辆，引车员观察仪表盘气压表压力应符合以下要求：空载检验时，气压制动系的气压表指示气压 ≤ 750kPa

2020 年 1 月 1 日起，车长大于 9m 的客车、总质量大于或等于 12000kg 的货车和货车底盘改装的专项作业车，采用气压制动时，储气筒的额定工作气压应大于或等于 850kPa；装备有空气悬架或盘式制动器时应大于或等于 1000kPa。

三、检验前注意事项

1. 预热要求

检验前，制动台架旋转部件、减速器以及电气系统应预热，以减小台架旋转阻力和传动阻力，尤其在冬季或寒冷气候条件下，更需要充分预热。

被检车辆上线检验前也必须进行充分预热，以达到正常工作温度。

2. 被检车辆要求

1）被检车辆进入检验台时，轮胎应干燥，轮胎中不得夹有泥、砂等杂物；被检车辆不得有明显的漏水、漏油。

2）被检车辆轴重不得大于检验台允许重量。

第二节 滚筒反力式制动检验台结构组成

一、台式制动检验设备要求

1. 相关国标条文要求

GB 38900—2020 标准条文"附录 D 的 D.1.1"：

> D.1.1 检验设备相关要求
> 检验设备相关要求如下：
> a）机动车制动检验应采用滚筒反力式制动检验台或平板制动检验台，并应根据所检验车辆的轴荷选择相应承载能力的制动检验台。
> b）轴（轮）重仪应水平安装，安装时所有称重板上表面与地平面的高度差均不应超

过 ±5mm。

c）滚筒反力式制动台前后地面的附着系数应不小于 0.7。

d）用于检验多轴及并装轴车辆的滚筒反力式制动检验台，应具有台体举升功能，且空载检测高度应满足：滚筒中心距为 460mm、主副滚筒高度差为 30mm 时，副滚筒上母线与地面水平面的高度差为 40^{+5}_{0} mm。当滚筒中心距增大或减小 10mm，副滚筒上母线与地面水平面的高度差相应增大或减小 2mm；当主副滚筒高度差减小 10mm，副滚筒上母线与地面水平面的高度差相应增大 4mm。

e）停机滑移率符合标准的有关要求，对带有第三滚筒的制动台，驱动电机自动停机时的滑移率应在 25%~35% 范围内。

f）用于检验多轴及并装轴车辆的滚筒反力式制动检验台，可用于两轴汽车制动检验。

2. 仪器设备注意事项

1）滚筒反力式制动检验台的附属设备轴（轮）重仪的结构原理，已经在整备质量/空车质量检验中讲解，此处不再赘述。

2）检验时根据所检验车辆的轴荷选择相应承载能力的滚筒反力式制动检验台或平板制动检验台。

3）具有举升功能的滚筒反力式制动检验台，可用于两轴车辆的空载制动检验。

4）一般情况下，10t、13t 滚筒反力式制动台的前后 6m、3t 滚筒反力式制动台的前后 3m，需要有附着系数较大的摩擦带。

二、滚筒反力式制动检验台分类

滚筒反力式制动检验台的形式如图 11-1 所示。

a）独立结构式　　　　b）具有加载功能的复合结构式

图 11-1　滚筒反力式制动检验台的形式

根据检验类型的不同，滚筒反力式制动检验台可分为独立结构式和具有加载功能的复合结构式两种形式。

根据单轴承载轴荷的不同，滚筒反力式制动检验台可分为 3t、10t、13t 等型号规格。

三、不具有加载功能的滚筒反力式制动检验台结构组成及工作原理

1. 结构组成

如图 11-2 所示，不具有加载功能的滚筒反力式制动检验台由结构完全相同的左右两套车轮制动力测试单元和一套指示与控制装置组成，车轮制动力测试单元由驱动装置、滚筒组、举升装置、制动力测试装置等构成。

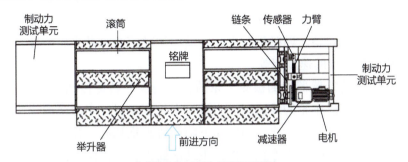

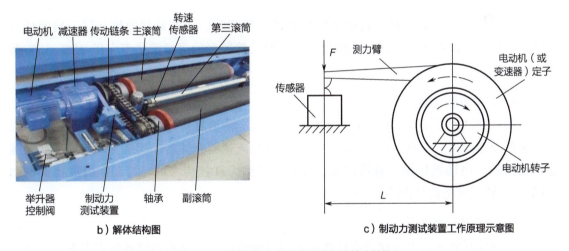

图 11-2 滚筒反力式制动检验台的基本结构

（1）举升装置

举升装置设置在主副滚筒间，便于车辆出入制动试验台。

（2）驱动装置

驱动装置由电动机、减速器和链传动组成，电动机通过减速器驱动主滚筒，又通过传动链条驱动从动滚筒。

电动机功率不够，在车轮反向制动力的作用下，会产生短时的"丢转"，滑移率控制出现偏小误差。

（3）滚筒组

制动力测试单元独立设置一对主、从动滚筒及第三滚筒，滚筒表面当量附着系数不应

小于 0.75。

1）滚筒组相当于一个活动路面，被测车轮置于两滚筒之间，用来支承被检测车轮并在制动时承受制动力。

2）第三滚筒安装在弹簧支承的浮动臂上，平时保持在最高位。在第三滚筒上安装有转速传感器。

检测时，被检车辆的车轮置于主、从动滚筒之间，同时压下第三滚筒并保持可靠接触。当两个车轮制动测试单元的第三滚筒同时被压下时，通过开关和延时继电器的作用，两主动滚筒的驱动电机相继起动，同时带动主筒转动。主滚筒带动车轮旋转，车轮又带动第三滚筒旋转，相应接触点的速度相等。

第三滚筒上的转速传感器检测被测车轮的转动情况。转速传感器产生一个脉冲信号，送到控制系统，再换算成车轮的线速度。当被检车轮制动时，主滚筒的线速度与第三滚筒的线速度随车轮的线速度发生变化。当转速下降至接近抱死时，控制装置转速传感器送出的相应的脉冲信号使驱动电动机停止工作，主动滚筒停止，以防止滚筒剥伤轮胎并保护驱动电机。

第三滚筒滑移率是指制动台驱动电机自动停机瞬间，主滚筒线速度与第三滚筒的线速度之差与主滚筒线速度的比值。滚筒反力式制动检验台的停机滑移率应在 25%~35% 范围内。

（4）制动力测试装置

制动力测试装置主要由测力杠杆和传感器组成。测力杠杆一端与传感器连接，另一端与减速器壳体连接。被测车轮制动时，测力杠杆与减速器壳体将一起绕主动滚筒（或绕减速器输出轴、电动机枢轴）轴线摆动。传感器将测力杠杆传来的、与制动力成比例的力（或位移）转变成电信号输送到指示与控制装置。

（5）指示与控制装置

指示与控制装置由指示仪表或计算机控制系统组成，计算机控制系统将引车员工作指令发送到指示仪表显示器上，引车员按照指令操作被检车辆。计算机控制系统将检验数据分析计算，将结论上传。

2. 工作原理

制动检测时，被检车辆轮胎停于主副滚筒之间后触发光电开关，控制仪表或计算机系统采集到车轮到位信号后起动电机，经变速器、链条和主、副滚筒带动车轮匀速旋转，控制仪器提示驾驶人踩下制动踏板，在车轮制动器的作用下车轮开始减速。此时，轮胎对滚筒表面产生一个与电机旋转力矩方向相反的等值反作用力，在反作用力的作用下，与减速器外壳相连的测力杠杆向滚筒转动的反方向摆动，测力杠杆一端的传感器受力，输出与制动器作用力大小成比例的电信号，经放大滤波后送往仪表或 A/D 变换器变换成数字信号，经计算机或仪表计算处理后，显示结果、打印输出。另外在实际使用时，第三滚筒的转速信号被输入控制仪表或计算机系统,测试中当车轮与滚筒之间的滑移率达到 25%(出厂默认值)时(滑移率指踩制动踏板后车轮转速下降的值与未踩制动时车轮的转速值之比),控制仪表或计算机就会发出停止电机指令,测试完毕。

四、具有加载功能的滚筒反力式制动检验台结构组成及工作原理

具有加载功能的滚筒反力试验台是在不具有加载功能的滚筒反力试验台的基础上,将台体分为上、下两部分,在底部的安装举升机构将上台体举升,其结构组成如图 11-3a 所示。

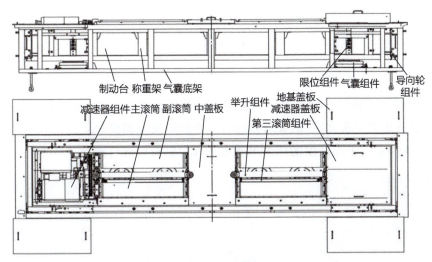

a)结构组成示意图

b)加载状态举升起来的台体

图 11-3 具有加载功能的滚筒反力式制动检验台结构组成及举升状态示意图

具有加载功能的滚筒反力式制动检验台进行空载检验时的工作原理与不具有加载功能的滚筒反力式制动检验台一致,因此,具有加载功能的滚筒反力试验台可以进行两轴车辆的制动检验。

具有加载功能的滚筒反力式制动检验台对多轴车辆的中间轴进行制动检测时，根据指示与控制装置发出的指令，气囊在外部气源的作用下开始举升制动台，到位开关和称重传感器对举升状态进行监控，当满足副滚筒上母线离地 100_{0}^{+5} mm（或轴荷达到 11500kg）时停止举升，设备开始检测，如图 11-3b 所示。检测完毕后，制动台下降至初始状态，被检轴驶离设备。

具有加载功能的滚筒反力式制动检验台还具有称重功能。当汽车轮胎停于主副滚筒之间时，称重传感器会因车轮的压迫而产生向下的形变，此时传感器内部的电路就会产生一定的电压输出且与承受的重力成正比。从传感器输出的电信号经放大滤波后，送往仪表或 A/D 变换器变换成数字信号，经计算机或仪表计算处理后，显示结果、打印输出。

五、滚筒反力式制动检验台安装及滚筒附着系数要求

1. 滚筒反力式制动检验台的安装

安装滚筒反力式制动检验台时，副滚筒离地初始高度应与 GB 38900—2020 标准条文"D.1.1 检验设备相关要求 d)"的要求要相符，否则应及时调整。

如图 11-4 所示，采用高度游标卡尺或水平尺及钢板尺进行测量。

a) 采用高度游标卡尺测量　　　　b) 采用水平尺及钢板尺测量

图 11-4　采用高度游标卡尺或水平尺及钢板尺测量

采用高度游标卡尺测量时，将高度游标卡尺的底座放在地面上保持水平，将测臂延长到副滚筒上母线位置，调整紧度，待游标卡尺稳定后读出数据，即为副滚筒离地高度差，判断是否符合要求。

不具备游标卡尺时，可以采用水平尺和钢板尺测量。将水平尺的一端置于副滚筒上母线位置，一端在地面位置，将水平尺调整水平后，用钢板尺测出水平尺离地高度，即为副滚筒离地高度差，判断是否符合要求。

2. 滚筒组附着系数要求

轮胎与滚筒间的附着系数将直接影响制动台所能测得的制动力大小。因此，滚筒表面不能有以下现象：滚筒表面有油、水；滚筒表面粘有熔烧铝矾土沙砾剥落；滚筒表面糊有

轮胎橡胶；使用时间较长后滚筒表面已经光滑等。滚筒剥落部分修复后，滚筒表面应平整，不能出现修补处与原有表面凸凹不平，如图 11-5 所示。

a）滚筒表面剥离

b）滚筒表面已光滑

c）修复后滚筒表面应平整

图 11-5　滚筒组附着系数要求

第三节　滚筒反力式制动检验台检验方法

一、检验步骤

1. 空载制动检验步骤

GB 38900—2020 标准条文"附录 D 的 D.1.3"：

> D.1.3　滚筒反力式制动检验台检验
> 检验步骤如下：
> a）被检车辆正直居中行驶，依次逐轴停放在轴（轮）重仪上，并按规定时间（不少于 3s）停放，测出静态轴（轮）荷；
> b）被检车辆正直居中行驶，将被测试车轮停放在制动台滚筒上，变速器置于空档，松开制动踏板，制动数据清零；对于全时四驱和适时四驱车辆，非测试轮应处于附着系数符合要求的辅助自由滚筒组上，变速器置于空档；采用具有举升功能的滚筒反力式制动检验台时，对于多轴车辆及并装轴车辆，台体在 D.1.1d），规定的空载检测高度、与制动检验状态一致时，测得该轴空载轴荷（或测出左、右轮空载轮荷计算得出该轴空载轴荷）；
> c）起动滚筒电机，稳定 3s 后实施制动，逐渐慢踩制动踏板，踩到底（或踩至规定制动踏板力），测得左、右车轮制动力增长全过程的数值及左、右车轮最大制动力，并依次测试各车轴；对驻车制动轴，操纵驻车制动操纵装置（半挂牵引车测试时可与半挂车组合成铰接汽车列车后同时实施检验），依次测得各驻车轴的驻车制动力数值，并按 D.1.5.1 要求计算轴制动率、不平衡率、驻车制动率、整车制动率；
> d）可采取相关措施防止被检车辆在滚筒反力式制动检验台上后移，以适应制动检验需要。

2. 加载制动检验步骤

GB 38900—2020 标准条文"附录 D 的 D.3":

> D.3 加载制动检验
>
> 加载制动检验应采用具有台体举升功能的滚筒反力式制动检验台进行,具体方法如下:
>
> a)被检车辆正直居中行驶,将被测试车的加载轴停放在制动台滚筒上,变速器置于空档,松开制动踏板;
>
> b)通过举升台体对测试轴加载,举升至副滚筒上母线离地 100_{0}^{+5} mm(或轴荷达到 11500 kg 时),停止举升;测得该轴加载状态下的轴荷,或测出左、右轮轮荷计算得出该轴加载状态下的轴荷;
>
> c)起动滚筒电机,稳定 3s 后实施制动,将制动踏板逐渐慢踩到底或踩至规定制动踏板力,测得左、右车轮制动力增长全过程的数值及左、右车轮最大制动力;并按 D.1.5.1 要求计算加载轴制动率、加载轴制动不平衡率;
>
> d)重复 a)、b)、c)步骤,依次测试各加载轴。

二、检验过程

引车员将车辆正直居中开到制动检验工位,根据系统显示器(俗称助手)提示,驾驶被检车辆将各轴依次通过轴(轮)重仪。称重完成后,驾驶车辆到滚筒反力式制动检验台,依次检验各轴制动,制动检验流程如图 11-6 所示。

a)进入车间工位

b)轮(轴)重检验

图 11-6 制动检验流程

c）空载制动检验

d）加载制动检验

图 11-6　制动检验流程（续）

三、影像资料拍摄要求

行车制动检验照片（图 11-7a）应能清晰显示被检车辆每轴（轮）在制动设备上时的后号牌号码，视频应能清晰显示检测全过程，特别是制动时制动灯的情况。

a）行车制动检验照片

b）驻车制动检验照片

图 11-7　滚筒反力式制动检验台检验照片

驻车制动检验照片（图 11-7b）应能清晰显示被检车辆驻车轴（轮）在制动设备上时的后号牌号码，视频应能清晰观察到检测全过程，特别是驻车制动时制动灯的情况。

四、检验方法

1. 两轴车辆检验方法

（1）第一步：进行轴（轮）重检验

引车员将被检车辆正直居中驶入轮重工位，按照助手提示，依次将被检车辆第一轴、第二轴驶上轴（轮）重仪。当被检车轴驶上轴（轮）重仪平台中心停稳（空档怠速）后，保持不少于3s，此时传感器将测得的数值通过电信号传给控制系统，控制软件将检验过程及数据分析、计算，输出上传到检验软件控制系统。检验完成后，助手提示驶离，引车员将车辆被检轴驶离，进行下一轴轴（轮）重检验。

（2）第二步：进行空载制动检验

引车员将被检车辆正直居中驶上滚筒反力式制动检验台。按照助手提示，依次将被检车辆第一轴、第二轴驶上制动台进行检验。

引车员将被检车轴正直居中驶入制动台滚筒中央位置后，空档急速。此时，制动台举升机降下，车轮与滚筒表面接触紧密，稳定后，具有称重功能的制动台会测出轮重。随后电动机起动，带动滚筒旋转，滚筒带动车轮旋转，稳定后（大约3s），助手提示引车员踩制动踏板（引车员注意观察检验显示器，在"踩制动"提示前，切勿踩制动踏板），引车员缓慢均匀地将制动踏板踩到底（不得急踩或过慢踩下制动踏板）并保持住，直到助手提示松开制动踏板，引车员才能松开制动踏板，然后举升机升起，引车员按照助手提示将被检车轴驶离。

若被检车轴带有驻车制动，在行车制动检验完成后。电动机又带动滚筒旋转，稳定后，助手提示拉驻车制动手柄，引车员将驻车制动手柄拉紧并保持，直到助手提示松开驻车制动手柄。

2. 三轴及三轴以上的车辆检验方法

三轴及三轴以上的车辆的空载制动检验步骤与二轴车辆一致。需要做加载的三轴及三轴以上的车辆，除第一轴和最后一轴外，中间轴均做加载检验。

当被检车轴为中间轴时，空载制动检验做完后，举升装置将上台体举升副滚筒上母线离地 100_0^{+5} mm（或轴荷达到 11500 kg 时），稳定后，引车员按照助手提示操作：第一步，保持，测量出轴重；第二步，电动机带动滚筒旋转，滚筒带动车轮旋转，稳定后，助手提示踩制动踏板，引车员缓慢均匀地将制动踏板踩到底，保持住，直到助手提示松开制动踏板。

若被检车轴带有驻车制动，应在上台体降下后进行驻车制动检验。

检验结束后，引车员按照助手提示将被检车轴驶离制动台。

3. 检验过程需要注意的问题

1）如果车轮抱死而检验台未及时停机或车轮与滚筒打滑，且被测轴后移时，应立即松开制动器，以保护轮胎及设备。

2）制动台左、右滚筒的驱动电机应分别起动，注意观察左右滚筒的同步性及工作是否平稳。

3）为防止轻型车辆踩下制动踏板车轮抱死后车辆后移，可在非被测轴车轮后方加垫三角块。

4）引车员注意观察检验显示器，在"踩制动"提示时缓踩制动踏板。引车员若有急踩制动踏板、提前踩、滞后踩、踩踏板过程中抖动、提前踩死制动踏板等做法，会造成制动检验结果不合格（不是被检车辆制动故障原因造成的不合格）。

5）试验表明，滚筒台检测制动性能与踩下制动踏板动作的快慢具有明显的相关性。"急踩"测得的轮制动力的上升斜率较大于"缓踩"，制动协调时间较短，制动力呈增大趋势，但主要源于车辆悬架的冲击、振动差异对检测结果的影响。"缓踩"制动踏板，不能检测制动协调时间。

6）具有加载功能的滚筒反力制动试验台，注意左右滚筒举升时的同步性及举升高度是否大于 100^{+5}_{0} mm（或轴荷达到 11500kg）。

7）对于装有分时开关的四驱车辆，检验前将车辆可切换至两驱模式或更换检验方法。

8）滚筒反力式制动检验台检验方法是一种静态检验，一辆整车检测需要前后轴制动分别测量，不能反映汽车制动时前后轴动态载荷的变化，不能测量整车制动时的制动协调时间，不能全面地反映出制动性能，以及影响制动的其他因素，如悬架或钢板弹簧的刚度问题等。

五、制动性能参数计算

1. 制动性能参数计算方法

GB 38900—2020 标准条文"附录 D 的 D.1.5.1"：

> D.1.5.1 用滚筒反力式制动检验台检验时
>
> 制动性能参数计算方法如下：
>
> a）按 D.1.3 a）要求检测各轴静态轴（轮）荷；
>
> b）轴制动率为测得的该轴左、右车轮最大制动力之和与该轴静态轴荷之百分比；
>
> c）以同轴左、右轮任一车轮产生抱死滑移或左、右轮两个车轮均达到最大制动力时为取值终点，取制动力增长过程中测得的同时刻左、右轮制动力差最大值为左、右车轮制动力差的最大值，用该值除以左、右车轮最大制动力中的大值（当后轴制动力小于该轴轴荷的 60% 时为该轴轴荷），得到轴制动不平衡率；
>
> d）整车制动率为测得的各轮最大制动力之和与该车各轴静态轴荷之和之百分比；
>
> e）驻车制动率为测得的各驻车轴驻车制动力之和与该车各轴静态轴荷之和之百分比。
>
> 注1：对于三轴及三轴以上的货车，总质量大于 3500kg 的并装双轴及并装三轴的挂车，计算空载轴制动率和轴制动不平衡率时，静态轴荷取滚筒反力式制动检验台检测得到的空载轴荷；计算整车制动率、驻车制动率时，取轴（轮）重仪测得的各轴静态轮（轴）荷之和。
>
> 注2：按照 D.3 加载制动检验，计算加载轴制动率和轴制动不平衡率时，静态轴荷取滚筒反力式制动检验台检测得到的加载轴荷。

2. 制动性能参数计算指标取值说明

如图 11-8 所示，以某轴完整制动过程的制动曲线为例进行说明：

1）t_0 — t_1 阶段：电动机驱动滚筒旋转，滚筒带动车轮旋转稳定时间段。

2）t_1 — t_2 阶段：引车员在 t_1 时刻踩下制动踏板，到 t_2 时刻克服踏板自由行程。

3）t_2 — t_5、t_6 阶段：制动力上升至最大制动力阶段。t_5 为左制动力达到最大的时刻，t_6 为右制动力达到最大的时刻。

4）t_5、t_6 — t_7 阶段：左右制动力上升到最大制动力后，制动力稳定保持阶段。

5）t_7 以后阶段：引车员松开制动器至制动完全释放阶段。

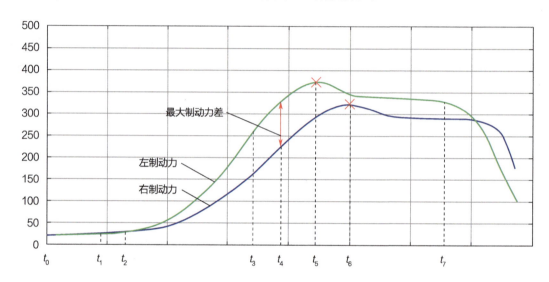

图 11-8　某轴完整制动过程的制动曲线

（1）最大制动力

在附着系数一定的条件下，汽车车轮接近临界抱死，此时检测制动力为最大。从这个角度讲，滚筒反力式制动台的制动力检测过程至少应包括临界抱死点，否则不能检测得到最大制动力（如不能抱死，采样过程不少于 3s）。判断最大制动力一般采用两种方式：第三滚筒滑移率控制和软件控制。

（2）过程差最大差值点

在制动过程中，t_4 为制动过程中左右制动力差达到最大的时刻。

以从踩制动 t_1 时刻开始到同轴左、右轮任一车轮产生抱死滑移达到最大制动力的时刻或两轮均达到最大制动力时为取值区间，测取的制动力增长过程中同时刻左右轮制动力差的最大值。

3. 二轴车辆制动性能参数计算举例

以二轴轻型厢式货车为例，仪器设备检验报告单如图 11-9 所示。

机动车（适用于两轴汽车）安全技术检验表（仪器设备检验部分）

资质证定书编号：　　　　　　　　　　检验线：2
地址：　　　　　　　　　　　　　　　电话：0372-2151077

一、基本信息

检验流水号	00821061800061-3	检验类别	注册登记检验	检验项目	ABNQCFHUCDC
检验日期	2021-06-14 10：28：16	出厂日期	2021-02-19	初次登记日期	2021-06-18
号牌（自编）号	豫	号牌种类	小型汽车	车辆类型	轻型厢式货车
道路运输证号	—	品牌/型号	多士星牌/JHW5040XZWS6	燃料类别	柴油
整备质量（kg）	2495	总质量（kg）	4120	驱动型式	4×2
驻车轴	2	引车员	孙××	登录员	韩×
机动车所有人		安阳市××危险品运输有限公司			
车辆识别代号（或整车出厂编号）		LSFGL2160LDL02849			
发动机号码/驱动电机号码		Q23-95B60/Q2001000720D		前照灯制	二
驻车制动是否使用电子控制装置		否		转向轴悬架形式	非独立

二、检验结果

台试检测项目		静态轮荷（kg）		最大行车制动力（10N）		过程差最大差值点（10N）		空载制动				项目判定	单项次数
								行车制动率（%）	不平衡率（%）	驻车制动力（10N）	驻车制动率（%）		
		左	右	左	右	左	右						
制动B	一轴	651	647	390	424	353	413	64.0	14.2			○	1
	二轴	584	618	366	402	355	400	65.2	11.2	626		○	1
	整车	2500		1582				64.6				○	1
	驻车									626	25.6		1
	动态轮荷（左/右）/kg			1轴　　/				2轴　　/					

前照灯H	项目	远光发光强度（cd）	项目判定	单项次数
	左外灯	78800	○	1
	左内灯	—	—	
	右内灯	—	—	
	右外灯	53300	○	1

侧滑A	-0.1	m/km	○	1
路试制动性能R	未检	路试检验员	—	
车辆外廓尺寸M（mm×mm×mm）：5211×1725×2645			○	1
整备质量/空车质量Z：	2400　kg/　-95　kg/　-3.8　%		○	3
总检次数	3	备注	本报告检验检测数据仅为本次检验检测结果，且有效期为一个月。	

注：判定栏中填"○"为该项目合格，"×"为该行有不合格项目，"—"表示不适用于送检车，"*"表示子项不合格。

图 11-9　二轴轻型厢式货车仪器设备检验报告单

（1）轴制动率（行车制动率）

轴制动率为测得的该轴左、右车轮最大制动力之和与该轴静态轴荷之百分比。以一轴为例，如图 11-10 所示，可以得到轴制动率为

$$轴制动率 = \frac{左轮最大行车制动力 + 右轮最大行车制动力}{静态轴荷} \times 100\%$$

$$= \frac{(390+424) \times 10}{(651+647) \times 9.8} \times 100\% \approx 64\%$$

台试检测项目		静态轮荷（kg）		最大行车制动力（10N）		过程差最大差值点（10N）		空载制动				项目判定	单项次数
								行车制动率（%）	不平衡率（%）	驻车制动力（10N）	驻车制动率（%）		
		左	右	左	右	左	右						
制动 B	一轴	651	647	390	424	353	413	64.0	14.2			○	1
	二轴	584	618	366	402	355	400	65.2	11.2	626		○	1
	整车	2500		1582				64.6				○	1
	驻车	2500								626	25.6	○	1
动态轮荷（左/右）（kg）		1轴		/		2轴		/					

图 11-10 一轴数据

（2）整车制动率

整车制动率为测得的各轮最大制动力之和与该车各轴静态轴荷之和之百分比。以图 11-11 所示的整车数据为例，可得

$$整车制动率 = \frac{各车轮最大行车制动力之和}{各轴（静态）轴荷之和} \times 100\% = \frac{1582 \times 10}{2500 \times 9.8} \times 100\% \approx 64.6\%$$

台试检测项目		静态轮荷（kg）		最大行车制动力（10N）		过程差最大差值点（10N）		空载制动				项目判定	单项次数
								行车制动率（%）	不平衡率（%）	驻车制动力（10N）	驻车制动率（%）		
		左	右	左	右	左	右						
制动 B	一轴	651	647	390	424	353	413	64.0	14.2			○	1
	二轴	584	618	366	402	355	400	65.2	11.2	626		○	1
	整车	2500		1582				64.6				○	1
	驻车	2500								626	25.6	○	1
动态轮荷（左/右）（kg）		1轴		/		2轴		/					

图 11-11 整车数据

（3）驻车制动率

驻车制动率为测得的各驻车轴驻车制动力之和与该车各轴静态轴荷之和之百分比。以

以图 11-12 所示的驻车制动数据为例，可得

$$驻车制动率 = \frac{驻车轴驻车制动力之和}{各轴（静态）轴荷之和} \times 100\% = \frac{626 \times 10}{2500 \times 9.8} \times 100\% \approx 25.6\%$$

二、检验结果

台试检测项目		静态轮荷（kg）		最大行车制动力（10N）		过程差最大差值点（10N）		空载制动				项目判定	单项次数
								行车制动率（%）	不平衡率（%）	驻车制动力（10N）	驻车制动率（%）		
		左	右	左	右	左	右						
制动B	一轴	651	647	390	424	353	413	64.0	14.2			○	1
	二轴	584	618	366	402	355	400	65.2	11.2	626		○	1
	整车	2500		1582				64.6				○	1
	驻车	2500								626	25.6	○	1
动态轮荷（左/右）(kg)				1轴		/		2轴		/			

图 11-12 驻车制动数据

（4）不平衡率

1）当后轴制动力大于该轴轴荷 60% 时：以同轴左、右轮任一车轮产生抱死滑移或左、右轮两个车轮均达到最大制动力时为取值终点，取制动力增长过程中测得的同时刻左、右轮制动力差最大值为左、右车轮制动力差的最大值，用该值除以左、右车轮最大制动力中的大值，得到轴制动不平衡率。

以图 11-13 所示的一轴不平衡制动数据为例，可得

$$不平衡率 = \frac{左、右轮行车制动力差最大值}{左、右车轮最大行车制动力中的大值} \times 100\% = \frac{413-353}{424} \times 100\% \approx 14.2\%$$

二、检验结果

台试检测项目		静态轮荷（kg）		最大行车制动力（10N）		过程差最大差值点（10N）		空载制动				项目判定	单项次数
								行车制动率（%）	不平衡率（%）	驻车制动力（10N）	驻车制动率（%）		
		左	右	左	右	左	右						
制动B	一轴	651	647	390	424	353	413	64.0	14.2			○	1
	二轴	584	618	366	402	355	400	65.2	11.2	626		○	1
	整车	2500		1582				64.6				○	1
	驻车									626	25.6	○	1
动态轮荷（左/右）(kg)				1轴		/		2轴		/			

图 11-13 一轴不平衡制动数据

2）当后轴制动力小于该轴轴荷 60% 时：以同轴左、右轮任一车轮产生抱死滑移或左、右轮两个车轮均达到最大制动力时为取值终点，取制动力增长过程中测得的同时刻左、右

轮制动力差最大值为左、右车轮制动力差的最大值，用该值除以该轴轴荷，得到轴制动不平衡率。

图 11-14 所示的以二轴不平衡制动数据为例，可得

$$不平衡率 = \frac{左、右轮制动力差最大值}{该轴轴荷} \times 100\% = \frac{(69-36) \times 10}{(208+177) \times 9.8} \times 100\% = 8.7\%$$

二、检验结果

台试检测项目		静态轮荷（kg）	最大行车制动力（10N）		过程差最大差值点（10N）		空载制动				项目判定	单项次数
							行车制动率（%）	不平衡率（%）	驻车制动力（10N）	驻车制动率（%）		
			左	右	左	右						
制动B	一轴	306　273	201	230	200	230	76.0	13.0			○	1
	二轴	208　177	43	73	36	69	30.7	8.7	217		○	2
	整车	964	547				57.9				×	2
	驻车	964							217	23.0	○	1
	动态轮荷（左/右）(kg)	1轴　/			2轴　/							

图 11-14　二轴不平衡制动数据

4. 多轴车辆制动性能参数计算举例

以三轴重型半挂牵引车为例，仪器设备检验报告单如图 11-15 所示。

二、检验结果

台试检测项目		空载/加载轴荷（kg）	空载/加载最大行车制动力（10N）		空载/加载过程差最大差值点（10N）		空载/加载行车制动率（%）	空载/加载不平衡率（%）	空载驻车制动力（10N）	空载驻车制动率（%）	项目判定	单项次数
			左	右	左	右						
制动B	空载制动 一轴	5024	1656	1674	1399	1438	67.6	2.3			○	1
	二轴	1958	667	686	393	439	70.5	6.7	1544		○	1
	三轴	1903	636	650	611	650	69.0	6.0	771		○	1
	四轴										—	
	五轴											
	加载制动 二轴	2768	739	779	397	457	56.0	2.2			○	1
	三轴										—	
	四轴										—	
	整车	8697	5969				70.0				○	1
	驻车								2315	27.2	○	1
	静态轮荷（左/右）(kg)	1轴 2435/2308			2轴 1101/929		3轴 1013/911		4轴　/	5轴　/		

图 11-15　三轴重型半挂牵引车仪器设备检验报告单

需要注意的是，计算空载轴制动率和轴制动不平衡率时，静态轴荷取滚筒反力式制动检验台检测得到的空载轴荷；计算整车制动率、驻车制动率时，取轴（轮）重仪测得的各轴静态轮（轴）荷之和。计算加载轴制动率和轴制动不平衡率时，静态轴荷取滚筒反力式制动检验台检测得到的加载轴荷。

以二轴为例：

$$二轴空载轴制动率 = \frac{左轮最大行车制动力 + 右轮最大行车制动力}{静态轴荷（滚筒称重值）} \times 100\%$$

$$= \frac{(667+686) \times 10}{1958 \times 9.8} \times 100\% \approx 70.5\%$$

$$二轴空载不平衡率 = \frac{左、右轮行车制动力差最大值}{左、右车轮最大行车制动力中的大值} \times 100\%$$

$$= \frac{439-393}{686} \times 100\% \approx 6.7\%$$

$$二轴加载轴制动率 = \frac{左轮最大行车制动力 + 右轮最大行车制动力}{加载轴荷（滚筒称重值）} \times 100\%$$

$$= \frac{(739+779) \times 10}{2768 \times 9.8} \times 100\% \approx 56\%$$

$$二轴加载不平衡率 = \frac{左、右轮行车制动力差最大值}{左、右车轮最大行车制动力中的大值} \times 100\%$$

$$= \frac{457-397}{779} \times 100\% \approx 7.7\%$$

$$整车制动率 = \frac{各车轮最大行车制动力之和}{各轴（静态）轴荷之和（轮重仪称重值）} \times 100\%$$

$$= \frac{5969 \times 10}{8697 \times 9.8} \times 100\% \approx 70\%$$

$$驻车制动率 = \frac{空载驻车轴驻车制动力之和}{各轴（静态）轴荷之和（轮重仪称重值）} \times 100\%$$

$$= \frac{2315 \times 10}{8697 \times 9.8} \times 100\% \approx 27.2\%$$

六、特殊情形处置

1. GB 38900—2020 标准条文"D.1.6"

D.1.6 特殊情形处置

特殊情形按以下方式处置：

a）在滚筒反力式制动检验台上检验时，被测试车轮在滚筒上抱死但整车制动率未达到合格要求时，应在车辆上增加足够的附加质量或相当于附加质量的作用力（在设备额定载荷以内，附加质量或作用力应在该轴左、右车轮之间对称作用，不计入静态轴荷）后，重新测试；对于非营运小型、微型载客汽车，可换用平板制动检验台或采用路试检验。

b）在滚筒反力式制动检验台上检测受限的车辆或底盘动态检验过程中点制动时无明显跑偏。但左、右轮制动力差不合格的车辆，应换用平板制动检验台或采用路试检验。

c）对残疾人专用汽车，应通过操纵辅助装置检验制动性能。检验行车制动性能时施加在制动和加速迁延手柄表面上的正压力不应大于 300N，检验驻车制动性能时驻车制动辅助手柄的操纵力不应大于 200N。

d）总质量大于 750kg 且小于或等于 3500kg 的挂车，应组合成汽车列车进行制动性能检验。路试制动性能检验时应符合 6.8.2.5 要求；台试制动性能检验时，不进行加载制动性能检验，性能应符合 6.8.2.2 要求。

e）对于摩托车检验时，可采用移动式检验台方式或人工检验方式开展制动性能检验，摩托车排量不超过 250mL 或电机额定功率不超过 30kW 的可以对制动实行人工检验。人工检验摩托车制动性能时，静态条件下操纵制动手柄或者制动踏板，检验员前后推动车辆不应有明显位移，车辆制动器自动回位应正常，重复 3 次；在 15~25km/h 车速时操纵制动手柄或者制动踏板，车辆制动应响应良好，并能及时停车。

2. 检验员工作方法

1）对于非营运小型、微型载客汽车在滚筒反力式制动检验台上检验时，被测试车轮在滚筒上抱死但整车制动率未达到合格要求时，可换用平板制动检验台（复检全部制动性能，并利用平板制动检验台的测试数据进行重新计算和判定）或采用路试检验。

2）总质量大于 750kg 且小于或等于 3500kg 的挂车，应组成汽车列车进行制动性能检验，且无需进行加载制动性能检验。

3）摩托车检验时可采用移动式检验台方式或人工检验方式检验制动性能。

七、制动性能复检项目

1. GB 38900—2020 标准条文"附录 D 的 D.4"

> D.4 制动性能复检项目
> 复检项目为上次检验不合格项目,但对于行车制动检验项目中,出现某一轴制动性能不合格的,只复检该轴制动性能;出现整车制动性能不合格的,复检整车制动性能。

2. 检验员工作方法

1)轴行车制动性能检验不合格时,车辆维修调试后复检该轴轴制动率与轴制动不平衡率,并重新计算及评价整车制动率(驻车不重新计算与评价)。

2)整车制动率检验不合格时,车辆维修调试后,全部复检制动各项目。

3)驻车制动率检验不合格时,车辆维修调试后复检驻车制动性能。

第四节　平板制动检验台检验方法

一、平板制动检验台结构组成及工作原理

1. 结构组成

目前较常采用的是四平板式的平板制动检验台。根据配置的不同,能完成制动力、轴(轮)重等多种测试项目。在模拟实际平坦道路的平板上,汽车以一定的速度行驶,实施紧急制动,一次完成动态测定制动力、轮重检测项目。平板制动检验台若需要检测摩托车(正三轮摩托车),还可以采用五板形式。

如图 11-16 所示,平板制动检验台通常由四块表面轧花的平板、力传感器、支承钢球、底架及指示与控制装置等组成。四块平板前、后各两块并列布置,板间间距与受检车轮距相适应。各块平板如同路面,均支承在钢球上,各自独立,可做纵向移动。

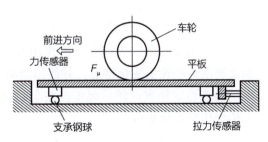

图 11-16　平板制动检验台结构组成

平板制动试验台由几块平整的检测板组合安装而成，形成一段模拟真实的路面，检测板工作面采用特殊的粘砂处理工艺（工作面可用钢丝网格或喷镍，根据客户需要配置），使得表面与车辆轮胎之间具有很高的附着系数。

2. 工作原理

检测时，机动车辆以一定的速度（5~10km/h）行驶到该平板上并实施制动，此时轮胎对台面产生一个沿行车方向的切向力。车辆驶上检测台面后的全过程中，装在平板制动检测板下面的轮重传感器和制动力传感器将车辆轮胎传递的力转换成电信号，经放大滤波后，送往 A/D 变换器变换成数字信号，由计算机处理后显示结果打印输出。

二、平板制动检验台检验方法

1. GB 38900—2020 标准条文"附录 D 的 D.1.4"

> D.1.4 平板制动检验台检验
>
> 检验步骤如下：
>
> a）检验员将被检车辆以 5~10km/h 的速度滑行，置变速器于空档后（对自动变速器车辆可位于"D"位），正直平稳驶上平板；
>
> b）当被测试车轮均驶上平板时，急踩制动，使车辆停止，测得各车轮的轮荷[对小（微）型载客汽车、总质量小于或等于3500kg的其他汽车（三轮汽车除外）应为动态轮荷，对于并装双轴、并装三轴车辆的左、右同侧车轮可以按照1个车轮计]、最大轮制动力、轮制动力增长全过程的数值等，并按照 D.1.5.2 规定计算轴的制动率、不平衡率、整车制动率等指标；
>
> c）重新起动车辆，待车辆驻车制动轴驶上平板时操纵驻车制动操纵装置，测得驻车制动力数值，按照 D.1.5.2 规定计算驻车制动率；
>
> d）车辆制动停止时如被测试车轮已离开平板，则此次制动测试无效，应重新测试。

2. 检验员工作方法

（1）检验方法

制动检测时，引车员按照助手提示，将受检车辆以 5~10km/h 的车速正直居中驶向制动试验台，当前后轮分别驶达平板后置变速器于空档，控制系统指令显示在助手显示器上，引车员根据助手提示操作，急踩制动踏板，汽车便在惯性的作用下，通过车轮在平板上施加一个与制动力大小相等、方向相反的作用力，使平板沿纵向位移，力传感器测量并记录各板的动态制动力和轮重变化情况，并绘出制动力、轮重变化曲线；车辆在平板上停稳后，测量车辆的静态稳定轴重，然后起步拉驻车制动手柄并测量驻车制动效果。控制系统将检测结果上传到检验系统平台。

（2）检验注意事项

1）总质量小于或等于3500kg的其他汽车（三轮汽车除外），测得的轮荷应为动态轮荷。

2）引车员要保持车辆正直居中驶到平板上，行驶过程中不得偏斜、不得打方向。偏驶或打方向会造成车辆侧向力过大，影响检测结果真实性。

3）引车员要注意车辆的行驶速度不要超出 10km/h，车速过大会导致轴荷严重转移，甚至后轴跳起，影响后轴制动测量。

三、制动性能参数计算

1. GB 38900—2020 标准条文"附录 D 的 D.1.5.2"

> D.1.5.2 用平板制动检验台检验时
> 制动性能参数计算方法如下：
> a）轴制动率为测得的该轴左、右车轮最大制动力之和与该轴轴荷之百分比，对小（微）型载客汽车、总质量小于或等于 3500kg 的其他汽车（三轮汽车除外），轴荷取左、右轮制动力最大时刻所分别对应的左、右轮动态轮荷之和，对其他机动车轴荷取该轴静态轴荷；
> b）以同轴左、右轮制动力之和达到最大制动力的时刻为取值终点，取制动力增长过程中测得的同时刻左右轮制动力差最大值为左右车轮制动力差的最大值，用该值除以左、右车轮最大制动力中的大值（当后轴制动力小于该轴轴荷的 60% 时为该轴轴荷），得到轴制动不平衡率；
> c）整车制动率、驻车制动率等指标的计算同 D.1.5.1。

2. 制动性能参数计算指标取值说明

完整制动过程的制动曲线如图 11-17 所示。

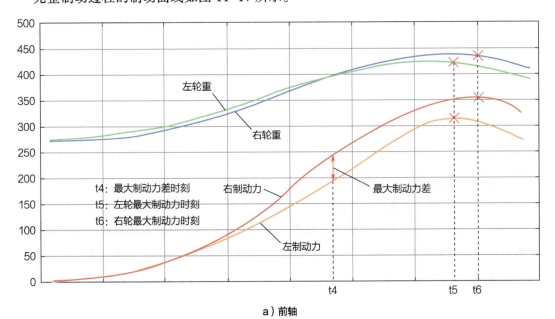

图 11-17 完整制动过程的制动曲线

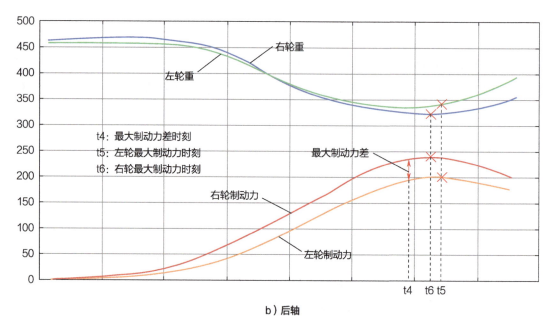

b）后轴

图 11-17 完整制动过程的制动曲线（续）

在平板台进行制动性能检验是一个动态过程，制动过程数据变化很快。由于制动时的车辆重心转移，随着制动力的增长，前轴轮重同步增长；对于后轴，随着制动力的增长，轮重同步减小。

3. 制动性能参数计算

制动性能参数计算方法参见 GB 38900—2020 标准条文"附录 D 的 D.1.5.2"，采用滚筒制动检验台和平板制动检验台的计算方法大致相同。

第五节　路试制动检验

一、路试行车制动检验

1. GB 38900—2020 标准条文"附录 D 的 D.2.1"

> D.2.1 行车制动
>
> D.2.1.1 路试制动性能检验应在纵向坡度不大于1%、轮胎与地面间的附着系数不小于0.7的硬实、清洁、干燥的水泥或沥青路面上进行。检验前应对检验场地进行安全检查，并采取必要的防护及封闭措施，确保检验过程的安全。检验时车辆变速器应置于空档（对自动变速器车辆应位于"D"位）。

> D.2.1.2 对于线轴结构半挂车、静态轴荷大于或等于11500kg的汽车等不适用于制动检验台检验的车辆，用制动距离或者MFDD和制动协调时间判定制动性能。有疑问时应安装踏板力计，检查达到规定制动效能时的制动踏板力是否符合标准。
>
> D.2.1.3 在试验路面上，按照GB 7258划出规定的试车道的边线（对于采用自动定位装置记录被测车辆行驶轨迹、能自动判定车辆有无驶出虚拟车道边线的，可不施划实际试车道的边线），被测车辆沿着试车道的中线行驶。使用便携式制动性能测试仪等设备进行测试时，行驶至规定初速度后，置变速器于空档（对自动变速器车辆位于"D"位），急踩制动（制动过程中不应转动方向盘），使车辆停止，测MFDD和制动协调时间，并检查车辆有无驶出车道边线；当使用非接触式速度仪等设备进行测试时，行驶至高于规定的初速度后，置变速器于空档（对自动变速器车辆位于"D"位），滑行到规定的初速度时，急踩制动，使车辆停止，测量车辆的制动距离，检查车辆有无驶出车道边线。
>
> D.2.1.4 对已在制动检验台上检验过的车辆，制动不平衡率及前轴制动率符合要求，但整车制动率未达到合格要求，或满足D.1.6规定的特殊情形时，用便携式制动性能测试仪等设备检测，对于小（微）型载客汽车及其他总质量不大于3500kg的汽车的制动初速度应不低于30km/h，对于其他汽车、汽车列车及无轨电车，制动初速度应不低于20km/h，急踩制动后测取MFDD及制动协调时间。

2. 检验员注意事项

1）采用路试检验制动性能车型为：线轴结构半挂车、静态轴荷大于或等于11500kg的汽车等。

2）GB 38900—2020要求对于小（微）型载客汽车及其他总质量不大于3500kg的汽车的制动初速度应不低于30km/h，GB 7258—2017要求此类车型中设计时速大于100km/h，制动初速度应不低于50km/h。两者要求不一样，但进行行车制动路试检验时，按照GB 38900—2020的要求进行检验。

3）对于其他汽车、汽车列车及无轨电车，制动初速度应不低于20km/h。

3. 路试试验道路

如图11-18所示，试验道路要求纵向坡度不大于1%、轮胎与地面间的附着系数不小于0.7的硬实、清洁、干燥的水泥或沥青路面。

试验道路边线按照GB 7258—2017的要求画出，应有足够的安全缓冲区。试验路面的附着系数对制动性能检验结果有着重要的影响，应保持路面清洁、不在雨雪天气下进行路试检验。

图11-18 路试试验道路

4. 检验设备和检验方法

路试检验设备较常用的为便携式路试检验仪、非接触式速度仪两种。

（1）便携式路试检验仪

采用便携式路试检验仪进行路试检验，用参数充分发出的平均减速度（MFDD）、制动协调时间和制动稳定性判定制动性能。

便携式路试检验仪由主机、传感器、制动踏板力计（含制动踏板开关功能）、托架、打印机、数据线组成，如图11-19所示。

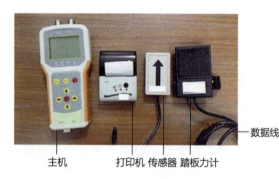

图11-19　便携式路试检验仪组成及工作原理

检验员将托架吸盘安装到前风窗玻璃上，固定好托架并调平，将传感器箭头指向车辆前进方向并安在托架上，安装好的传感器轴心线与车辆轴心线平行；制动踏板开关安装在制动踏板上；数据线连接到主机，主机可放在前排乘客座位上。

检验员按主机提示调整好设置、正确输入被检车型。引车员驾驶车辆从试验道路起点开始，沿道路中线加速至高于被检车型国标规定初速度后，稳定车速，变速器于空档（对自动变速器车辆位于 N 位）后急踩制动踏板。车辆停稳后，引车员将主机记录数据、曲线等打印保存，并下车查看车辆偏离试验道路中线情况，判定制动稳定性是否良好。

（2）非接触式速度仪

采用非接触式速度仪进行路试检验，用参数制动距离和制动稳定性判定制动性能。

采用非接触式速度仪进行路试检验的方法与便携式路试检验仪方法基本相同。引车员注意将被检车辆行驶至高于规定的初速度后，置变速器于空档（对自动变速器车辆位于"D"位），滑行到规定的初速度时，急踩制动踏板。

二、路试驻车制动检验

1. GB 38900—2020 标准条文"附录 D 的 D.2.2"

D.2.2 驻车制动

D.2.2.1 将车辆驶上坡度为 20%（半挂牵引车单车、总质量为整备质量的 1.2 倍以下的车辆为 15%），附着系数不小于 0.7 的坡道上，按正反两个方向保持固定不动，其时间不少于2min，检验车辆的驻车制动是否符合要求。

D.2.2.2 在不具备试验坡道的情况下，采用"移动式驻车制动检验坡台法""牵引法"测试驻车制动性能。采用"移动式驻车制动检验坡台法"时，移动坡台的坡度应符合 GB 7258—2017 中 7.10.3 的相关要求；采用"牵引法"时，应按照 GB 7258—2017 中 7.10.3 的对应坡度计算对应牵引力（采用车辆整备质量计算），测试状态为空载。

2. 检验员工作注意事项

1）路试坡道（图 11-20a）要与承检车型相适应；也可以采用"移动式驻车制动检验坡台法""牵引法"测试驻车制动性能。

坡度计算方法（图 11-20b）为百分比法，即两点的高程差与其水平距离的百分比，其计算公式为：坡度 = (高程差 / 水平距离) × 100%，即 $i=h/s \times 100\%$。

2）使用 15% 坡道检验的两种车型为：半挂牵引车单车、总质量为整备质量的 1.2 倍以下的车型。

3）车辆在坡道上行和下行两个方向保持静止不动的时间不少于 2min。

4）用"移动式驻车制动检验坡台法""牵引法"测试驻车制动性能，检验员要注意查看说明书的安装要求。

移动式驻车制动检验坡台法的坡道可以是坡度可以调节的移动式检验装置，也可以是车辆所有车轮停驻在符合车辆检测要求的移动式坡台上，而车身保持相对水平状态的设备。

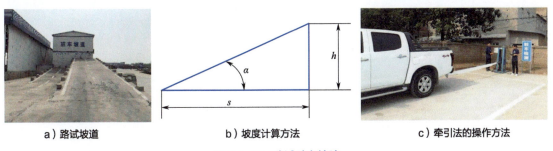

a）路试坡道　　　　b）坡度计算方法　　　　c）牵引法的操作方法

图 11-20　路试驻车检验

牵引法（图 11-20c）是指对被检车辆施加一定的牵引力或其他与牵引力等效的力，通过机械装置将在坡道上的驻车制动检验方法转换为平坦路面或其他等效的驻车制动检验方法。

采用牵引法进行检验时，车身牵引钩处与牵引绳、牵引主机要在一条轴心线上，牵引绳两端（车身端、牵引机端）高度应一致。检验人员要正确输入车型，测试软件才能准确计算牵引力大小以便对电动机发出工作指令。

三、影像资料拍摄要求

如图 11-21 所示，行车制动检验照片应能清晰显示被检车辆号牌号码，视频应能清晰地观察到车辆行车制动的行驶过程。

a）行车制动检验照片　　　　　　　　　　b）驻车制动检验照片

图11-21　路试检验照片要求

驻车制动检验照片应能清晰显示被检车辆在检验时的号牌号码，视频应能清晰地观察到车辆在规定驻车坡度上检验时的全过程和车辆某轮与驻车坡度路面的变化情况。

第12章　前照灯远光发光强度和转向轮横向侧滑量检验

第一节　前照灯远光发光强度检验

一、检验要求

GB 38900—2020 标准条文"6.8.4":

> 6.8.4 前照灯远光发光强度
> 前照灯远光发光强度应符合 GB 7258—2017 中 8.5.2 的相关要求。

二、设备要求

1. GB 38900—2020 标准条文"E.1"

> E.1 设备要求
> 前照灯远光发光强度检验应使用前照灯检测仪（无轨电车和排量小于或等于 250mL 或驱动电机额定功率小于或等于 30kW 的摩托车人工检验时除外）。

2. 前照灯检测仪组成及工作原理

（1）前照灯检测仪分类

前照灯检测仪按照光学测量方式可分为聚光式、投影式、光轴追踪式和屏幕式等，其中，屏幕式分为全自动 CCD 屏幕式或电子屏幕扫描式两种。

前照灯检测仪按照操作方式可分为手动和自动两种，其中，手动前照灯检测仪的移动形式有轮式和轨道式两种。机动车检测线内采用自动前照灯检测仪；进行路试无法上线检验的车辆及移动式检验的摩托车，可以采用手动前照灯检测仪，如图 12-1 所示。

a）自动前照灯检测仪　　　　　　　　b）手动前照灯检测仪

图 12-1　两种前照灯检测仪

（2）前照灯检测仪的组成及工作原理

自动前照灯检测仪和手动前照灯检测仪检验远光发光强度原理相同。手动前照灯检测仪需要摇动手轮，将检测仪屏幕与车辆远光灯光中心高度一致。

以全自动 CCD 屏幕式前照灯检测仪为例，其组成及工作原理如图 12-2 所示。光接收箱在立柱的导引下，由链条牵引做上下运动，仪器的底箱下面装有轮子，可沿地面导轨左右移动整个设备。在光接收箱内部有一透镜组件、光电池与光检测系统。在底箱内装有两个方向的驱动系统。

在光接收箱的最前端是菲涅尔透镜，当前照远光灯光束通过透镜聚光后，在光接收箱中汇聚到测量屏幕上。前摄像头对准前照灯中心并测量中心高度，当光束在测量屏幕上时，通过后摄像头测量照射光斑的图像，直接分析计算远光发光强度。

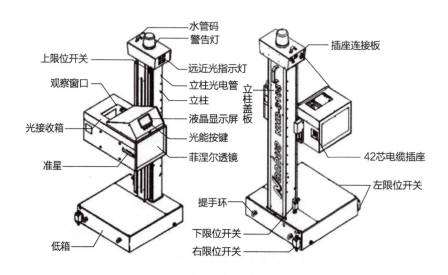

a）自动前照灯检测仪组成

图 12-2　自动前照灯检测仪（CCD）组成及工作原理

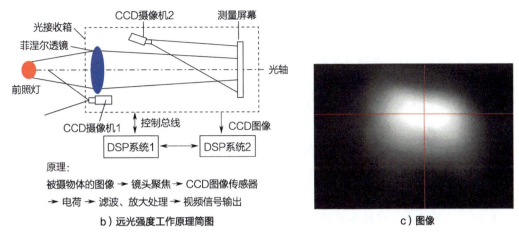

b）远光强度工作原理简图　　　　　　　c）图像

图 12-2　自动前照灯检测仪（CCD）组成及工作原理（续）

三、检验前仪器及车辆准备

1. GB 38900—2020 标准条文"E.2"

> E.2 检验前仪器及车辆准备
> 检验前，仪器及车辆准备如下：
> a）前照灯检测仪受光面应清洁；
> b）对手动式前照灯检测仪应检查其电池电压是否在规定范围内；
> c）轨道内应无杂物，使仪器移动轻便；
> d）前照灯应清洁。

2. 检验员注意事项

1）被检车辆的前照灯应清洁，不能出现目视观察到左右灯光发光强度不一致等现象，如图 12-3 所示。

2）用无纺布擦拭前照灯检测仪光接收箱受光面，使其保持清洁。

3）若采用手动前照灯检测仪，使用前一定要检查电量是否符合要求。如果电量低，则会造成测量数据错误。

4）确保被检车辆电源系统工作正常，车辆起动后发动机保持运转状态，电源处于充电状态下。

图 12-3　左右灯远光发光强度不一致

四、检验方法

1. GB 38900—2020 标准条文"E.3"

> E.3 检验方法
> E.3.1 自动式前照灯检测仪检验

E.3.1.1 采用自动式前照灯检测仪检验时，按以下步骤进行：
a）车辆沿引导线居中行驶至规定的检测距离处停止，车辆的纵向轴线应与引导线平行，如不平行，车辆应重新停放，或采用车辆摆正装置进行拨正；
b）置变速器于空档，车辆电源处于充电状态，开启前照灯远光灯；
c）给自动式前照灯检测仪发出启动测量的指令，仪器自动搜寻被检前照灯，并测量其远光发光强度；
d）按上述 c）步骤完成车辆所有前照灯的检测；
e）在对并列的前照灯（四灯制前照灯）进行检验时，应将与受检灯相邻的灯遮蔽；
f）采用气体放电光源前照灯时，测试前应预热。

E.3.1.2 三轮汽车、摩托车前照灯检验时，按以下步骤进行：
a）将车辆停止在规定的位置；
b）保持前照灯正对前照灯检测仪，有夹紧装置的将车轮夹紧；
c）开启前照灯检测仪进行检测，检测过程中车辆应处于充电状态（变速器置于空档，无级变速的车辆应实施制动）；
d）对两轮机动车和装用一只前照灯的三轮机动车，记录前照灯远光发光强度。对装用两只或两只以上前照灯的三轮机动车，参照 E.3.1.1 的方法进行。

E.3.2 手动式前照灯检测仪检验

用手动式前照灯检测仪检验时，参照 E.3.1 的方法进行。

E.3.3 摩托车前照灯人工检验

对于排量不超过 250mL 或驱动电机额定功率不超过 30kW 的摩托车检验时，按以下步骤进行：
a）将车辆停止在规定的位置；
b）开启远光灯，远光灯应能正常工作；
c）开启近光灯，近光灯应能正常工作。

2. 检验员工作方法

1）引车员将车辆沿引导线正直居中行驶至规定的检测距离处停止，车辆的纵向轴线应与引导线平行，如不平行，则应将车辆重新停放。

2）置变速器于空档，车辆电源处于充电状态。

3）检测系统给自动式前照灯检测仪发出启动测量的指令，并将引车员操作指令显示在助手上，引车员按照助手指令打开前照灯。

4）前照灯检测仪自动搜寻被检前照灯，并测量其远光发光强度。

5）三轮汽车、摩托车前照灯检验时需要用夹紧装置将车轮夹紧。对于排量不超过 250mL 或驱动电机额定功率不超过 30kW 的摩托车检验时，检验员操作灯光开关，灯光工作正常即可。

6）采用手动前照灯检测仪时，检验员注意将前照灯与前照灯检测仪光接收箱平面的距离调整至规定的检测距离,并且远光灯光束正直居中汇聚到光接收箱平面上,如图12-4所示。

图12-4　手动前照灯检测仪检验方法

7）根据 GB 7258—2017《机动车运行安全技术条件》中"8.5.2　远光光束发光强度要求"的规定,四灯制是指前照灯具有四个远光光束;采用四灯制的机动车其中两只对称的灯达到两灯制的要求时视为合格。

五、特殊情形处理和复检

1. GB 38900—2020 标准条文"E.3.1.3"和"E.4"

> E.3.1.3 特殊情形按以下方式处置:
> a）修井机、钻机车、压裂车、连续管作业车、连续抽油杆作业车、固井车、混砂车、压裂管汇车、测井车、液氮泵车等油田专用作业车前照灯检测时,因车灯高度超出检测仪范围的,经授权签字人确认后免于检验,并记录在检验表中;
> b）小型载客汽车（面包车除外）前照灯远光发光强度检测不合格,但经确认确实属于前照灯检测仪与车辆前照灯技术不匹配,经授权签字人确认后视同合格,并记录在检验表中。
> E.4 前照灯复检项目
> 对于前照灯检验项目中出现不合格的,复检所有前照灯。

2. 检验员注意事项

1）对于车灯位置较高的专项作业车,若超出前照灯检测仪的检测高度无法检验时,则经授权签字人确认后免于检验。在仪器设备检验表的备注栏填写"车灯高度超出检测仪范围,免于检验"。

2）近几年,汽车前照灯新光源、新技术的应用和发展较快,某些情况下出现了前照灯检测仪与车辆前照灯技术不匹配而造成检验不合格的情形。对于小型载客汽车（面包车除外），经授权签字人确认后视同合格，并在仪器设备检验表的备注栏填写"前照灯检测仪与车辆前照灯技术不匹配，视同合格"。

3）前照灯检验不合格的车辆，维修调整后复检所有前照灯。

六、影像资料拍摄要求

前照灯检测照片能清晰显示被检车辆的前号牌号码、车辆在打开远光灯条件下与前照灯设备的检测位置，视频应能清晰地观察到检测全过程，如图 12-5 所示。

图 12-5　前照灯检测照片要求

第二节　转向轮横向侧滑量

一、相关标准条文要求

1. GB 38900—2020 标准条文"6.8.5"

> 6.8.5 转向轮横向侧滑量
> 前轴采用非独立悬架的汽车（包括采用双转向轴的汽车，但不包括静态轴荷大于或等于 11500kg、不适用于仪器设备检验的汽车），转向轮横向侧滑量值应小于或等于 5m/km。

2. 检验员注意事项

1）仅对前轴为转向轴、非独立悬架的汽车进行转向轮横向侧滑量检验。

2）登录员要准确登录被检车辆转向轴为第一轴的单转向轴还是转向轴为第一轴和第二轴的双转向轴。

二、设备要求

1. GB 38900—2020 标准条文 "F.1"

> F.1 设备要求
>
> F.1.1 转向轮横向侧滑量的检验应在侧滑检验台（双转向轴的应在双板联动侧滑检验台）上进行，侧滑检验台应具有轮胎侧向力释放功能。
>
> F.1.2 侧滑检验台滑板应保持水平，且两滑板各点间的高度差不应超过 5mm。

2. 侧滑检验台组成结构及工作原理

安装时侧滑检验台滑板应保持水平，且两滑板各点间的高度差不应超过 5mm。

双转向轴的应使用双板联动侧滑检验台，其实物照片及组成结构如图 12-6 所示。

a）实物照片

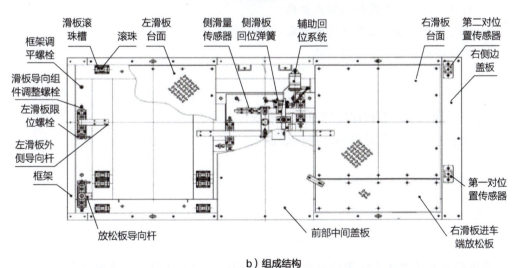

b）组成结构

图 12-6 双板联动侧滑检验台

进行单转向桥侧滑量的侧滑台测试时，由于汽车的转向轮在运行时受其外倾角和前束的影响而对地面产生一定的侧向力，当车轮从侧滑检测台面上通过时，承载车轮的侧滑台面就会随着车轮的侧向力的方向做滑动位移，测试过程中位于台体上的放松板将释放掉轮胎同时轧在侧滑台和地面上时地面对轮胎产生的反作用力。轮胎驶过放松板之后，再驶上侧滑板，以此来提高检测的精度。与此同时，和滑板相连接的传感器把滑板的位移量变成电信号，经过处理送往仪表或 A/D 变换器变换成数字信号，经计算机或仪表计算处理后，显示结果、打印输出。

　　进行双转向桥侧滑量的侧滑台测试时，侧滑台结构在上述侧滑台的基础上增加了辅助回位装置，缩短了滑板的回位时间。当被检车辆按照提示，以小于或等于 5km/h 的速度驶上侧滑台时，检测机构通过位置传感器自动判断被检车辆的行进过程。当第一转向桥的车轮压上滑板时，第一对位置传感器产生电信号，计算机开始记录滑板位移量；当车轮离开滑板时，第二对位置传感器产生电信号，提示控制系统车轮已离开滑板，辅助回位装置得电快速动作，滑板在锁零机构的作用下快速回位并锁零；然后，当汽车的第二转向桥的车轮压上滑板时，第一对位置传感器产生电信号，辅助回位装置断电，同上所述，计算机开始记录滑板位移量，就可以对第二转向桥进行测量。

三、检验准备

1. GB 38900—2020 标准条文"F.2"

> F.2 检验准备
>
> 检验准备如下：
>
> a）被检车辆轮胎表面干燥、清洁无油污，胎冠花纹中及并装轮胎间无异物嵌入，气压符合规定；
>
> b）打开侧滑检验台滑板的锁止机构；
>
> c）仪表显示零位，必要时操作清零；
>
> d）侧滑检验台电气系统应预热。

2. 检验员注意事项

1）车辆轮胎气压、花纹深度应符合标准规定，胎面应清洁。

2）打开锁止装置，拨动滑板，使仪表清零。

四、检验程序及注意事项

1. GB 38900—2020 标准条文"F.3"和"F.4"

> F.3 检验程序
>
> 将车辆正直居中驶近侧滑检验台，并使转向轮处于正中位置，在驱动状态以不大于 5km/h 的车速平稳、直线通过侧滑检验台，读取最大示值。
>
> F.4 检验注意事项
>
> 注意事项如下：
>
> a）车辆通过侧滑检验台时，不得转动方向盘；不得在侧滑检验台上制动或停车；应

保持侧滑检验台滑板下部的清洁，防止锈蚀或阻滞；
b）对于双转向轴车辆应一次性通过侧滑检验台，分别测量得到两个转向轴的侧滑量；
c）每个转向轴通过侧滑检验台前，仪表都应处于零位。

2. 检验员工作方法

1）应保持侧滑检验台滑板下部的清洁，防止锈蚀或阻滞。
2）当车轮通过检验台时，滑板向外移动则侧滑量值记为正，向内移动则侧滑量值记为负。
3）受检车辆必须居中直线行驶，车辆纵向轴线尽可能与侧滑台横向轴线垂直，避免车辆偏斜造成分力，从而影响检测数据的准确性。
4）车辆通过侧滑检验台时，引车员不得转动方向盘，不得在侧滑检验台上制动或停车，这会导致检测数据产生较大偏差。
5）对于双转向轴车辆应一次性通过侧滑检验台，分别测量得到两个转向轴的侧滑量。

五、影像资料拍摄要求

侧滑检测照片应能清晰显示被检车辆在侧滑设备前时的前号牌号码，视频应能清晰地观察到车辆通过侧滑设备的全过程。

第13章 检验结果处置

第一节 GB 38900—2020 相关条文

一、检验结果处置要求

GB 38900—2020 标准条文"7":

> 7 检验结果判定、处置及资料存档
> 7.1 检验结果判定
> 授权签字人应逐项确认检验结果并签注整车检验结论。检验结论分为合格、不合格。送检机动车所有检验项目的检验结果均合格的,判定为合格;否则判定为不合格。
> 7.2 检验结果处置
> 7.2.1 检验合格处置
> 7.2.1.1 检验机构应出具《机动车安全技术检验报告》(式样见附录G),报告一式三份(对于营运车辆一式四份),一份交机动车所有人(或者由送检人转交机动车所有人),一份提交车辆管理所作为机动车安全技术检验合格证明,一份提交交通运输部门(营运车辆),一份留存检验机构。检验机构可采用高拍仪等方式采集上传《机动车安全技术检验报告》,替代提交车辆管理所、交通运输部门的纸质《机动车安全技术检验报告》。
> 7.2.1.2 检验机构应按 GB/T 26765、GA 1186 以及交通运输部门规定的要求传递数据及图像。
> 7.2.2 检验不合格处置
> 7.2.2.1 检验机构应出具《机动车安全技术检验报告》,并注明所有不合格项目。报告一式两份,一份交机动车所有人(或者由送检人转交机动车所有人),一份留存检验机构。
> 7.2.2.2 检验机构应通过照片、摄像或保存数据等方式对不合格项取证留存备查。

7.2.2.3 检验机构应按 GB/T26765、GA1186 以及交通运输部门规定的要求传递数据及图像。

7.2.3 异常情形处置

7.2.3.1 发现送检机动车有拼装、非法改装、被盗抢、走私嫌疑时，检验机构及其检验员应详细登记该送检机动车的相关信息，拍照、录像固定证据，通过机动车安全技术检验监管系统上报，并报告当地公安机关交通管理部门处理。

7.2.3.2 注册登记安全检验时，发现送检机动车的车辆特征参数、安全装置不符合 GB 1589、GB 7258 等机动车国家安全技术标准、机动车产品公告、机动车出厂合格证时，应拍照、录像固定证据，详细登记送检机动车的车辆类型、品牌/型号、车辆识别代号（或整车型号和出厂编号）、发动机号码/驱动电机号码、整车生产厂家、生产日期等信息，通过机动车安全技术检验监管系统上报。

7.2.3.3 在用机动车安全检验时，送检机动车空车质量检验不合格的，检验机构及其检验员应结合允许加装的部件（如：防风罩、水箱、工具箱、备胎架、起重尾板等）、维修情况、随车工具等开展重点核查；有非法改装嫌疑的，按照 7.2.3.1 的规定处理。

7.3 资料存档

检验机构应保存《机动车安全技术检验报告》《机动车安全技术检验表（人工检验部分）》（见附录 H）《机动车安全技术检验表（仪器设备检验部分）》（见附录 I）、车辆识别代号（或整车出厂编号）的拓印膜或照片（注册登记安全检验时保存拓印膜或 1:1 等比例扫描照片，在用机动车安全检验时保存车辆识别代号照片）等资料。

二、检验员注意事项

1）授权签字人对《机动车安全技术检验报告》的内容和结果负责。检验出现一项或一项以上不合格情形的，检验机构应出具《机动车安全技术检验报告》，授权签字人签注检验结论为"不合格"。同时，再注明具体检验不合格项目。对于人工检验不合格的，还需要描述具体的情形。

2）检验机构及其授权签字人、工作人员不按照标准条文"7.2.3"规定开展异常情形处置的，需承担相应的法律责任。

第二节　不同车型检验项目汇总

一、载客汽车安全检验项目

1. 非营运小型、微型载客汽车

非营运小型、微型载客汽车注册登记及在用车安全检验项目见表 13-1、表 13-2。

表 13-1 非营运小型、微型载客汽车的注册登记安全检验项目

序号	检验项目	
1	联网查询	车辆事故、违法、安全缺陷召回等信息
2	车辆唯一性检查	车辆品牌和型号、车辆识别代号（或整车出厂编号），发动机号码/驱动电机号码，车身颜色和车辆外形
3	车辆特征参数检查	核定载人数和座椅布置
4	车辆外观检查	车身外观，外观标识、标注和标牌，外部照明和信号装置，轮胎，号牌板（架），加装/改装灯具
5	安全装置检查	汽车安全带，应急停车安全附件
6	底盘动态检验	转向、传动、制动、仪表和指示器
7	车辆底盘部件检查	转向系部件、传动系部件、行驶系部件、制动系部件、其他部件
8	仪器设备检验	空载制动率、空载制动不平衡率、驻车制动、前照灯远光发光强度

注：1. 面包车（即发动机中置且宽高比小于或等于0.9的乘用车）、7座及7座以上车辆需要开展底盘动态检验、车辆底盘部件检查。
　　2. 驻车制动使用电子控制装置的汽车，不检验驻车制动。

表 13-2 非营运小型、微型载客汽车的在用机动车安全检验项目

序号	检验项目	
1	联网查询	车辆事故、违法、安全缺陷召回等信息
2	车辆唯一性检查	号牌号码和分类，车辆识别代号（或整车出厂编号），发动机号码/驱动电机号码，车身颜色和车辆外形
3	车辆特征参数检查	核定载人数和座椅布置
4	车辆外观检查	车身外观，外观标识、标注和标牌，外部照明和信号装置，轮胎，号牌/号牌板（架），加装/改装灯具
5	安全装置检查	汽车安全带，应急停车安全附件，副制动踏板，肢体残疾人操纵辅助装置
6	底盘动态检验	转向、传动、制动、仪表和指示器
7	车辆底盘部件检查	转向系部件、传动系部件、行驶系部件、制动系部件、其他部件
8	仪器设备检验	空载制动率、空载制动不平衡率、驻车制动、前照灯远光发光强度

注：1. 面包车（即发动机中置且宽高比小于或等于0.9的乘用车）、7座及7座以上车辆，以及使用年限超过10年的车辆，需要开展底盘动态检验、车辆底盘部件检查。
　　2. 自学用车还应检验副制动踏板和辅助后视镜。
　　3. 驻车制动使用电子控制装置的汽车，不检验驻车制动。

2. 其他类型载客汽车的安全检验项目

其他类型载客汽车注册登记及在用车安全检验项目见表 13-3、表 13-4。

表 13-3　其他类型载客汽车的注册登记安全检验项目

序号	检验项目	
1	联网查询	车辆事故、违法、安全缺陷召回等信息
2	车辆唯一性检查	车辆品牌和型号、车辆识别代号（或整车出厂编号），发动机号码/驱动电机号码，车身颜色和车辆外形
3	车辆特征参数检查	外廓尺寸，核定载人数和座椅布置，客车出口，客车乘客通道和引道
4	车辆外观检查	车身外观，外观标识、标注和标牌，外部照明和信号装置，轮胎，号牌板（架），加装/改装灯具
5	安全装置检查	汽车安全带，应急停车安全附件，灭火器，行驶记录装置，应急锤，急救箱，车速限制/报警功能或装置，防抱制动装置，辅助制动装置，盘式制动器，制动间隙自动调整装置，发动机舱自动灭火装置，手动机械断电开关，副制动踏板，校车标志灯和校车停车指示标志牌，驾驶区隔离设施
6	底盘动态检验	转向、传动、制动、仪表和指示器
7	车辆底盘部件检查	转向系部件、传动系部件、行驶系部件、制动系部件、其他部件
8	仪器设备检验	空载制动率、空载制动不平衡率、驻车制动、前照灯远光发光强度、转向轮横向侧滑量

注：1. 车辆特征参数检查、安全装置检查时的具体适用项目应与 GB 38900—2020 第 6 章提出的车型要求相结合。
　　2. 驻车制动使用电子控制装置的汽车，不检验驻车制动。

表 13-4　其他类型载客汽车的在用机动车安全检验项目

序号	检验项目	
1	联网查询	车辆事故、违法、安全缺陷召回等信息
2	车辆唯一性检查	号牌号码和分类、车辆识别代号（或整车出厂编号），发动机号码/驱动电机号码，车身颜色和车辆外形
3	车辆特征参数检查	核定载人数和座椅布置，客车出口，客车乘客通道和引道
4	车辆外观检查	车身外观，外观标识、标注和标牌，外部照明和信号装置，轮胎，号牌/号牌板（架），加装/改装灯具
5	安全装置检查	汽车安全带，应急停车安全附件，灭火器，行驶记录装置，应急锤，急救箱，辅助制动装置，发动机舱自动灭火装置，手动机械断电开关，副制动踏板，校车标志灯和校车停车指示标志牌，驾驶区隔离设施
6	底盘动态检验	转向、传动、制动、仪表和指示器
7	车辆底盘部件检查	转向系部件、传动系部件、行驶系部件、制动系部件、其他部件
8	仪器设备检验	空载制动率、空载制动不平衡率、驻车制动、前照灯远光发光强度、转向轮横向侧滑量

注：1. 车辆特征参数检查、安全装置检查时的具体适用项目应与 GB 38900—2020 第 6 章提出的车型要求相结合。
　　2. 驻车制动使用电子控制装置的汽车，不检验驻车制动。

二、货车（三轮汽车除外）、专项作业车安全检验项目

货车（三轮汽车除外）、专项作业车安全检验项目见表 13-5、表 13-6。

表 13-5 货车（三轮汽车除外）、专项作业车的注册登记安全检验项目

序号	检验项目	
1	联网查询	车辆事故、违法、安全缺陷召回等信息
2	车辆唯一性检查	车辆品牌和型号、车辆识别代号（或整车出厂编号），发动机号码/驱动电机号码，车身颜色和车辆外形
3	车辆特征参数检查	外廓尺寸，轴距，核定载人数和座椅布置，栏板高度，悬架，货厢/罐体
4	车辆外观检查	车身外观，外观标识、标注和标牌，外部照明和信号装置，轮胎，号牌板（架），加装/改装灯具
5	安全装置检查	汽车安全带，应急停车安全附件，灭火器，行驶记录装置，车身反光标识，车辆尾部标志板，侧、后、前下部防护，车速限制/报警功能或装置，防抱制动装置，辅助制动装置，盘式制动器，制动间隙自动调整装置，紧急切断装置，副制动踏板，危险货物运输车辆标志，驾驶区隔离设施
6	底盘动态检验	转向、传动、制动、仪表和指示器
7	车辆底盘部件检查	转向系部件、传动系部件、行驶系部件、制动系部件、其他部件
8	仪器设备检验	整备质量，空载制动率，空载制动不平衡率，加载轴制动率，加载轴制动不平衡率，驻车制动，前照灯远光发光强度，转向轮横向侧滑量

注：1. 车辆特征参数检查、安全装置检查时的具体适用项目应与 GB 38900—2020 第 6 章提出的车型要求相结合。
 2. 三轴及三轴以上的货车，对部分轴（最后一轴及货车第一轴除外）还应测试加载轴制动率和加载轴制动不平衡率；采用空气悬架的车辆，总质量为整备质量 1.2 倍以下的车辆不测试加载轴制动率和加载轴制动不平衡率。
 3. 驻车制动使用电子控制装置的汽车，不检验驻车制动。

表 13-6 货车（三轮汽车除外）、专项作业车的在用机动车安全检验项目

序号	检验项目	
1	联网查询	车辆事故、违法、安全缺陷召回等信息
2	车辆唯一性检查	号牌号码和分类、车辆识别代号（或整车出厂编号），发动机号码/驱动电机号码，车身颜色和车辆外形
3	车辆特征参数检查	外廓尺寸，核定载人数和座椅布置，栏板高度，悬架，货厢/罐体
4	车辆外观检查	车身外观，外观标识、标注和标牌，外部照明和信号装置，轮胎，号牌/号牌板（架），加装/改装灯具
5	安全装置检查	汽车安全带，应急停车安全附件，灭火器，行驶记录装置，车身反光标识，车辆尾部标志板，侧、后、前下部防护，辅助制动装置，紧急切断装置，副制动踏板，危险货物运输车辆标志，驾驶区隔离设施
6	底盘动态检验	转向、传动、制动、仪表和指示器
7	车辆底盘部件检查	转向系部件、传动系部件、行驶系部件、制动系部件、其他部件
8	仪器设备检验	空车质量，空载制动率，空载制动不平衡率，加载轴制动率，加载轴制动不平衡率，驻车制动，前照灯远光发光强度，转向轮横向侧滑量

注：1. 车辆特征参数检查、安全装置检查时的具体适用项目应与 GB 38900—2020 第 6 章提出的车型要求相结合。
 2. 三轴及三轴以上的货车，对部分轴（最后一轴及货车第一轴除外）还应测试加载轴制动率和加载轴制动不平衡率；采用空气悬架的车辆，总质量为整备质量 1.2 倍以下的车辆不测试加载轴制动率和加载轴制动不平衡率。
 3. 自学用车还应检验副制动踏板和辅助后视镜。
 4. 驻车制动使用电子控制装置的汽车，不检验驻车制动。

三、挂车的安全检验项目

挂车的安全检验项目见表 13-7、表 13-8。

表 13-7 挂车的注册登记安全检验项目

序号	检验项目	
1	联网查询	车辆事故、违法、安全缺陷召回等信息
2	车辆唯一性检查	车辆品牌和型号，车辆识别代号（或整车出厂编号），车身颜色和车辆外形
3	车辆特征参数检查	外廓尺寸，轴距，栏板高度，悬架，货厢/罐体
4	车辆外观检查	车身外观，外观标识、标注和标牌，外部照明和信号装置，轮胎，号牌板(架)，加装/改装灯具
5	安全装置检查	灭火器，车身反光标识，车辆尾部标志板，侧、后、前下部防护，防抱制动装置，盘式制动器，制动间隙自动调整装置，紧急切断装置，危险货物运输车辆标志
6	车辆底盘部件检查	行驶系部件、制动系部件、其他部件
7	仪器设备检验	整备质量，空载制动率，空载制动不平衡率，加载轴制动率，加载轴制动不平衡率

注：1. 车辆特征参数检查、安全装置检查时的具体适用项目应与 GB 38900—2020 第 6 章提出的车型要求相结合。
2. 总质量大于 3500kg 的并装双轴或并装三轴挂车，对部分轴（最后一轴除外）还应测试加载轴制动率和加载轴制动不平衡率；采用空气悬架的车辆、总质量为整备质量 1.2 倍以下的车辆不测试加载轴制动率和加载轴制动不平衡率。

表 13-8 挂车的在用机动车安全检验项目

序号	检验项目	
1	联网查询	车辆事故、违法、安全缺陷召回等信息
2	车辆唯一性检查	号牌号码和分类，车辆识别代号（或整车出厂编号），车身颜色和车辆外形
3	车辆特征参数检查	外廓尺寸，栏板高度，悬架，货厢/罐体
4	车辆外观检查	车身外观，外观标识、标注和标牌，外部照明和信号装置，轮胎，号牌/号牌板(架)，加装/改装灯具
5	安全装置检查	灭火器，车身反光标识，车辆尾部标志板，侧、后、前下部防护，紧急切断装置，危险货物运输车辆标志
6	车辆底盘部件检查	行驶系部件、制动系部件、其他部件
7	仪器设备检验	空车质量，空载制动率，空载制动不平衡率，加载轴制动率，加载轴制动不平衡率

注：1. 车辆特征参数检查、安全装置检查时的具体适用项目应与 GB 38900—2020 第 6 章提出的车型要求相结合。
2. 总质量大于 3500kg 的并装双轴或并装三轴挂车，对部分轴（最后一轴除外）还应测试加载轴制动率和加载轴制动不平衡率；采用空气悬架的车辆、总质量为整备质量 1.2 倍以下的车辆不测试加载轴制动率和加载轴制动不平衡率。

四、三轮汽车的安全检验项目

三轮汽车的安全检验项目见表 13-9、表 13-10。

表 13-9 三轮汽车的注册登记安全检验项目

序号	检验项目	
1	联网查询	车辆事故、违法、安全缺陷召回等信息
2	车辆唯一性检查	车辆品牌和型号,车辆识别代号(或整车出厂编号)发动机号码/驱动电机号码,车身颜色和车辆外形
3	车辆特征参数检查	外廓尺寸,货厢/罐体
4	车辆外观检查	车身外观、外观标识、标注和标牌,外部照明和信号装置,轮胎,号牌板(架)
5	安全装置检查	应急停车安全附件,车身反光标识
6	底盘动态检验	转向、传动、制动、仪表和指示器
7	车辆底盘部件检查	转向系部件、传动系部件、行驶系部件、制动系部件、其他部件
8	仪器设备检验	整备质量,空载制动率,驻车制动,前照灯远光发光强度

注:驻车制动使用电子控制装置的汽车,不检验驻车制动。

表 13-10 三轮汽车的在用机动车安全检验项目

序号	检验项目	
1	联网查询	车辆事故、违法、安全缺陷召回等信息
2	车辆唯一性检查	号牌号码和分类,车辆识别代号(或整车出厂编号),发动机号码/驱动电机号码,车身颜色和车辆外形
3	车辆特征参数检查	货厢/罐体
4	车辆外观检查	车身外观、外观标识、标注和标牌,外部照明和信号装置,轮胎,号牌/号牌板(架)
5	安全装置检查	应急停车安全附件,车身反光标识
6	底盘动态检验	转向、传动、制动、仪表和指示器
7	车辆底盘部件检查	转向系部件、传动系部件、行驶系部件、制动系部件、其他部件
8	仪器设备检验	空载制动率,驻车制动,前照灯远光发光强度

注:驻车制动使用电子控制装置的汽车,不检验驻车制动。

五、摩托车的安全检验项目

摩托车的安全检验项目见表 13-11、表 13-12。

表 13-11 摩托车的注册登记安全检验项目

序号	检验项目	
1	联网查询	车辆事故、违法、安全缺陷召回等信息

（续）

序号	检验项目	
2	车辆唯一性检查	车辆品牌和型号，车辆识别代号（或整车出厂编号），发动机号码/驱动电机号码，车身颜色和车辆外形
3	车辆特征参数检查	外廓尺寸，核定载人数和座椅布置
4	车辆外观检查	车身外观，外部照明和信号装置，轮胎，号牌/号牌板（架）
5	底盘动态检验	转向、传动、制动、仪表和指示器
6	仪器设备检验	整备质量，空载制动率，前照灯远光发光强度

注：外廓尺寸、核定载人数和座椅布置和整备质量项目仅适用于带驾驶室的正三轮摩托车以及不带驾驶室、不具有载运货物结构或功能且设计和制造上最多乘坐2人(包括驾驶人)的正三轮摩托车。

表 13-12 摩托车的在用机动车安全检验项目

序号	检验项目	
1	联网查询	车辆事故、违法、安全缺陷召回等信息
2	车辆唯一性检查	号牌号码和分类，车辆识别代号（或整车出厂编号），发动机号码/驱动电机号码，车身颜色和车辆外形
3	车辆特征参数检查	核定载人数和座椅布置
4	车辆外观检查	车身外观，外部照明和信号装置，轮胎，号牌/号牌板（架）
5	底盘动态检验	转向、传动、制动、仪表和指示器
6	仪器设备检验	空载制动率，前照灯远光发光强度

注：核定载人数和座椅布置项目仅适用于带驾驶室的正三轮摩托车以及不带驾驶室、不具有载运货物结构或功能且设计和制造上最多乘坐2人(包括驾驶人)的正三轮摩托车。

第三节 影像资料要求

所有检验项目和结果可通过自动或者人工输入等方式记录和保存到计算机系统中，便于主管部门查询。其中，要求拍摄照片（或视频）的数量、内容和清晰度应能满足 GA 1186—2014《机动车安全技术检验监管系统通用技术条件》的要求；机动车检验 PDA 设备应符合 GA/T 1434—2017《机动车查验检验智能终端通用技术要求》的规定。

一、影像资料要求项目汇总

检验过程中，检验过程监管需要的上传影像资料项目共分为三项：人工检验监管、仪器设备、资料上传。

> **需要注意的是**
>
> 影像资料项目代码，各地市根据情况不同，自行编码，与交管主管部门编码可能有所不同，应以当地实际情况为准。

1. 人工检验监管影像资料要求

0111	车辆左前方斜视45°照片	0128	校车标志灯照片	0136	左前轮胎规格型号	0198	机动车标准照片	A107	外廓长度人工测量结果照片
0112	车辆右后方斜视45°照片（含三角警告牌、反光背心）	0130	辅助制动装置	0154	右前轮胎规格型号	A101	货箱或常压罐体上打刻的车辆识别代号1	A108	外廓宽度人工测量结果照片
0113	车辆识别代号照片	0132	发动机舱自动灭火装置	0155	左后轮胎规格型号	A102	货箱或常压罐体上打刻的车辆识别代号2	A109	外廓高度人工测量结果照片
0115	车厢内部照片	0133	前轮盘式制动器	0156	右后轮胎规格型号	A103	紧急切断装置	A110	车辆正前上方照片
0116	灭火器照片	0134	防抱死制动装置自检状态灯	0157	驾驶人座椅汽车安全带	A104	手动机械断电开关	A111	车辆正后上方照片
0117	应急锤照片	0135	残疾车操纵辅助装置	0158	车辆正后方照片	A105	打刻的车辆识别代号1:1还原照片	A181	嫌疑车辆证据照片
0118	行驶记录装置照片	0138	校车、卧铺客车的车内外录像监控系统	0159	校车标牌（前）正面照片	A106	悬架	A182	违规车辆证据照片
0119	发动机号/驱动电机号码或柔性标签	0139	校车的辅助倒车装置	0160	校车标牌（前）反面照片				
0126	校车停车指示标志牌照片	0140	副制动踏板	0161	校车标牌（后）正面照片				
0127	急救箱			0163	危险货物运输车标志				

2. 仪器设备影像资料要求

0323	底盘检验照片	0354	五轴制动工位照片	0362	整备质量测量左前45°照片	A311	一轴驻车制动工位照片	A307	称重工位左前45°照片
0344	底盘动态检验开始照片	0356	一轴加载制动工位照片	0363	整备质量测量右后45°照片	A312	二轴驻车制动工位照片	A308	称重工位右后45°照片
0342	底盘动态检验结束照片	0357	二轴加载制动工位照片	A301	授权签字人检验记录审核过	A313	三轴驻车制动工位照片	A309	制动工位左前45°照片
0341	路试行车制动开始照片	0358	三轴加载制动工位照片	A302	一轴称重工位照片	A314	四轴驻车制动工位照片	A310	制动工位右后45°照片
0343	路试行车制动结束照片	0359	四轴加载制动工位照片	A303	二轴称重工位照片	A315	五轴驻车制动工位照片	A316	驻车制动工位左前45°照片
0345	路试驻车制动照片	0321	左灯光工位照片	A304	三轴称重工位照片			A317	驻车制动工位右后45°照片
0322	一轴制动工位照片	0352	右灯光工位照片	A305	四轴称重工位照片				
0348	二轴制动工位照片	0353	转向轮横向侧滑工位照片	A306	五轴称重工位照片				
0349	三轴制动工位照片	0360	外廓尺寸自动测量正面照片						
0350	四轴制动工位照片	0361	外廓尺寸自动测量侧面照片						

3. 资料上传影像资料要求

0201	机动车行驶证	0208	代理人授权书
0202	机动车牌证申请表	0209	尾气排放检验合格报告
0203	机动车交通事故责任强制保险凭证	0211	国产机动车整车出厂合格证和底盘合格证
0204	机动车安全技术检验报告单	0257	路试检验记录单
0205	机动车查验记录表	A201	尾板安装合格证明
0206	车船税纳税或者免税证明	A202	送检人身份证明
0207	委托核发检验合格标志通知书		

> **需要注意的是**
>
> 资料上传照片拍照时应将资料摆放端正，能清晰显示文字、印章。

二、影像资料主要项目及要求

1. 车辆识别代号

（1）适用车型

适用于所有类型机动车。

（2）照片要求

1）车辆识别代号（或整车出厂编号）位置的照片应显示车辆识别代号（或整车出厂编号）打刻位置、能清晰显示打刻的车辆识别代号。

2）2018年1月1日起出厂的总质量大于或等于12000kg的栏板式、仓栅式、自卸式、罐式货车及总质量大于或等于10000kg的栏板式、仓栅式、自卸式、罐式挂车，还应一并拍摄左右两侧车辆识别代号，对于无法清晰拍摄的机动车，允许拍摄车辆识别代号的拓印膜。

（3）车辆识别代号拓印膜照片要求

如需拍摄车辆识别代号拓印膜，应由外观检验员确认该拓印膜由其监督下现场拓印（拓印膜加盖本人检验专用章并与车身上车辆识别代号一并平行拍摄）。

（4）视频要求

大中型客车、重中型货车、重中型挂车应使用PDA由近及远拍摄车辆识别代号视频，视频应能清晰显示车辆识别代号、打刻区域情况以及车辆前部特征等。

2. 发动机号码/驱动电机号码

（1）适用车型

适用于除挂车外的所有类型机动车。

（2）照片要求

1）发动机号码/驱动电机号码照片应能清晰显示发动机编号或柔性标签。

2）2018年1月1日起出厂的总质量大于或等于12000kg的栏板式、仓栅式、自卸式、罐式货车及总质量大于或等于10000kg的栏板式、仓栅式、自卸式、罐式挂车，还应一并拍摄左右两侧车辆识别代号，对于无法清晰拍摄的机动车，允许拍摄车辆识别代号的拓印膜。

（3）视频要求

在用机动车安全检验时发现打刻（或铸出）的发动机号码/驱动电机号码不易见，且易见部位或覆盖件上的发动机/驱动电机标识缺失无法拍摄的，应记录在检验表中。

3. 车体周正

（1）适用车型

适用于大型客车、重中型货车、重中型载货专项作业车。

（2）照片要求

在平整的场地上使用钢直尺，在距地 1.5m 的高度内，测量第一轴、最后一轴上方的车身两侧对称部位的高度时拍照。

4. 车辆左前方斜视 45°

（1）适用车型

适用于所有类型机动车。

（2）照片要求

在车辆左前方斜视 45° 进行拍照，应能清晰显示车辆前外观、前号牌（摩托车产品除外）和轮胎。照片应能观察到以下内容：

1）车身反光标识。
2）侧、后、前下部防护。
3）外观标识、标注和标牌。
4）左侧所有喷涂类标识。

5. 车辆侧面

（1）适用车型

适用于所有类型机动车。

（2）照片要求

在车辆侧面拍照。照片应能观察到以下内容：

1）车身反光标识。
2）侧防护。
3）外观标识、标注和标牌。
4）左侧所有喷涂类标识。
5）车窗透光率。

6. 车辆右后方斜视 45°

（1）适用车型

适用于所有类型机动车。

（2）照片要求

在车辆右后方斜视 45° 进行拍照，应能清晰显示车辆后外观、后号牌（摩托车产品除外）和轮胎。照片应能观察到以下内容：

1）车身反光标识。
2）侧、后、前下部防护。
3）外观标识、标注和标牌。
4）左侧所有喷涂类标识。

7. 车辆正后方

（1）适用车型

适用于货车、挂车、专项作业车、校车。

（2）照片要求

1）车辆正后方照片应能清晰显示车辆后部外观情况和车辆号牌。

2）对于货车、货车底盘改装的专项作业车和挂车，车辆正后方照片应能清晰显示后部车身反光标识、车辆尾部标志板、放大的号牌号码（外观标识、标注和标牌中的检查项）。

3）对于道路运输爆炸品和剧毒化学品车辆，车辆正后方照片应能清晰显示安全标示牌（危险货物运输车辆标志中的检查项）。

4）对于专用校车，车辆正后方照片应能清晰显示后尾板上的停车提醒标示（校车标志灯和校车停车指示标志牌中的检查项）。

（3）车辆正后方拍照注意事项

1）车辆右后方斜视 45°照片能清晰显示车辆正后方照片要求的信息时，可不单独拍摄车辆正后方照片。

2）专用校车、警用大型客车不需在车身（车厢）后部喷涂或粘贴/放置放大号牌号码。

3）对于有举升功能的车辆，在拍摄正后方外检照片时，应拍摄半举升状态，证明该车具有举升功能和举升状态，以及是侧翻还是后翻。

8. 车辆轴距测量

（1）适用车型

适用于所有类型机动车。

（2）照片要求

注册登记安全检验要求，在车辆侧面拍照。

若采用自动外廓检验仪带有轴距测量功能时，侧面照片应能清晰显示测量传感器与车轮的位置。

9. 栏板高度

（1）适用车型

适用于栏板类货车。

（2）照片要求

能清晰显示车辆栏板高度。

10. 轮胎规格

（1）适用车型

适用于客车、校车、货车、专项作业车、危险货物运输车。

（2）照片要求

能清晰显示转向轮胎规格型号和胎冠状态。

11. 车辆胎花纹

（1）适用车型

适用于所有类型机动车。

（2）照片要求

1）车辆前轮和后轮胎花纹照片：在车辆正前方或正后方拍照，应能清晰显示车辆前部或后部外观、前号牌（摩托车产品除外）和前轮或后轮轮胎花纹。

2）车辆前轮和后轮胎花纹深度照片：大型客车、重中型货车、重中型载货专项作业车、危险货物运输车的转向轮使用轮胎花纹深度计测量。照片应能清晰地显示轮胎花纹深度计测量位置、数据信息、轮胎胎侧的规格标识。

12. 车厢内部

（1）适用车型

适用于客车、校车、厢式货车、封闭式货车、栏板式货车和挂车等。

（2）照片要求

1）客车：①应能清晰显示车内座位数及布置形式；②应能识别乘客区顶部情况；③应能体现通道和引道的实际状态；④应能观察到座垫平面的座椅（位）；⑤应能识别是否配备了汽车安全带。

2）校车：校车的照片除了要满足客车照片的要求外，还要求能显示照管人员座位的位置和标识。

3）货车：货车的照片应能清晰显示货厢内部和顶部状况及确认货厢是否改装、顶部是否开启。

13. 驾驶人座椅、汽车安全带

（1）适用车型

适用于所有的汽车（低速汽车除外）。

（2）照片要求

驾驶人座椅、汽车安全带照片应能清晰显示驾驶人座椅汽车安全带处于扣紧状态。

14. 行驶记录装置

（1）适用车型

适用于 GB 38900—2020 条文"6.5.4 行驶记录装置"中规定应安装行驶记录装置的汽车。

（2）照片要求

1）能清晰显示行驶记录装置在车辆上的安装情况。

2）能清晰确认其安装的车内外录像监控装置的摄像头数量和安装位置。

3）打印凭条应清晰显示车辆基本信息。

4）对使用行驶记录仪作为行驶记录装置的，能确认其显示部分是否易于观察、主机外表面的易见部位是否模压或印有符合规定的"3C"标识。

15. 应急停车安全附件

（1）适用车型

适用于所有类型机动车。

（2）照片要求

能清晰显示三角警告牌、乘员反光背心、停车楔。

16. 盘式制动器

（1）适用车型

适用于货物运输货车、危险货物运输半挂车、校车、公共汽车、三轴栏板式、三轴仓栅式半挂车。

（2）照片要求

盘式制动器照片应能清晰显示盘式制动器情况。

17. 灭火器

（1）适用车型

客车、危险货物运输车、2018年1月1日起出厂的旅居车。

（2）照片要求

清晰显示灭火器在车辆上的安装固定情况及数量，能确认灭火器是否处于有效使用状态，配备数量应符合要求。

18. 校车照片的附加要求

（1）适用车型

适用于校车。

（2）照片要求

1）标志灯、停车指示标志牌照片：校车标志灯照片应能清晰显示校车标志灯、停车指示标志牌打开时的车辆状态。

2）急救箱照片：能清晰显示配备的急救箱，急救箱应放置在便于取用的位置。

19. 操纵辅助装置

（1）适用车型

适用于残疾人专用汽车。

（2）照片要求

1）操纵辅助装置照片应能清晰显示残疾人操纵辅助装置在车辆上的安装固定情况。
2）照片应能确认操纵辅助装置的产品型号和出厂编号。

20. 发动机舱自动灭火装置

（1）适用车型

适用于客车、校车。

（2）照片要求

能清晰显示发动机舱自动灭火装置。

21. 应急锤照

（1）适用车型

适用于客车、校车。

（2）照片要求

能清晰显示应急锤及安装情况。

22. 防抱制动装置

（1）适用车型

适用于客车、校车、货车（挂车）、专项作业车。

（2）照片要求

能清晰显示仪表盘上的防抱制动装置处于点亮状态。

23. 辅助制动装置

（1）适用车型

适用于货车、客车、校车。

（2）照片要求

能清晰显示辅助制动装置及操纵开关的状况。

24. 紧急切断装置

（1）适用车型

适用于运输液体危险货物运输车。

（2）照片要求

能清晰显示紧急切断装置及操纵开关。

25. 手动机械断电操纵开关

（1）适用车型

适用于 2013 年 3 月 1 日起出厂的车长大于或等于 6m 的客车。

（2）照片要求

能清晰显示手动机械断电操纵开关。

26. 危险货物运输车标志

（1）适用车型

适用于危险货物运输车。

（2）照片要求

能清晰显示危险货物运输车标志。

27. 底盘动态检验

（1）适用车型

适用于除挂车以外的所有机动车。

（2）照片及视频要求

1）底盘动态检验开始时：照片应能清晰地看到被检车辆的号牌号码，视频应能清晰地观察到车辆底盘动态检验的行驶过程。

2）底盘动态检验结束时：照片应能清晰地看到被检车辆的前号牌号码，视频应能清晰地观察到车辆制动过程。

28. 车辆底盘检验

（1）适用车型

适用于除摩托车以外的所有机动车。

（2）照片及视频要求

照片应能清晰地看到检验人员，视频应能清晰地观察检验人员在地沟中对车辆底盘检验的过程。

29. 外廓尺寸、轴距检验

（1）适用车型

注册登记安全检验时，适用于汽车（三轮汽车除外）、挂车、三轮汽车、摩托车；在用机动车安全检验时，适用于重中型货车（半挂牵引车除外）、重中型载货专项作业车、重中型挂车。

（2）照片要求

需拍两张照片：一张应能清晰显示车辆检验过程中前部照片并且显示车辆的前号牌号码；另一张为车辆在使用外廓尺寸自动测量装置检验过程中的侧面照片，应能看清侧面轮廓。

若外廓尺寸自动测量装置没有轴距检验功能，则需要拍摄人工检验轴距的照片。

（3）视频要求

视频应能清晰地观察到检测全过程。

30. 整备质量/空车质量检验

（1）适用车型

适用于货车、载货专项作业车，挂车。

（2）照片要求

应能清晰显示被检车辆所有轴在地磅或轴（轮）重仪上测量时前后号牌号码。

31. 轴（轮）重检验

（1）适用车型

适用于所有类型机动车。

（2）照片及视频要求

照片应能清晰显示被检车辆每轴在轴（轮）重仪上测量时的后号牌号码，视频应能清晰地显示检测全过程。

32. 制动检验

（1）适用车型

适用于所有类型机动车。

（2）照片及视频要求

1）行车制动：照片应能清晰显示被检车辆每轴（轮）在制动设备上时的后号牌号码，视频应能清晰地显示检测全过程，特别是制动时制动灯的情况。

2）驻车制动：照片应能清晰显示被检车辆驻车轴（轮）在制动设备上时的后号牌号码，视频应能清晰地观察到检测全过程，特别是驻车制动时制动灯的情况。

33. 灯光检验

（1）适用车型

适用于挂车除外的所有类型机动车。

（2）照片及视频要求

照片应能清晰显示被检车辆的前号牌号码、车辆在打开远光灯条件下与前照灯设备的检测位置，视频应能清晰地观察到检测全过程。

34. 转向轮横向侧滑检验

（1）适用车型

适用于非独立悬架的载客汽车、货车（三轮汽车除外）、专项作业车。

（2）照片及视频要求

照片应能清晰显示被检车辆在侧滑设备前时的前号牌号码，视频应能清晰地观察到车辆通过侧滑设备的全过程。

35. 路试制动

（1）适用车型

适用于无法上线检验的车型。

（2）照片及视频要求

1）路试行车制动：行车制动开始时，照片应能清晰显示被检车辆号牌号码，视频应能清晰地观察到车辆行车制动的行驶过程。路试行车制动结束时，照片应能清晰显示被检车辆号牌号码，视频应能清晰地观察到车辆行车制动的制动过程。

2）路试驻车制动：照片应能清晰显示被检车辆在检验时的号牌号码，视频应能清晰地观察到车辆在规定驻车坡度上检验时的全过程和车辆某轮与驻车坡度路面变化情况。

> **需要注意的是**
>
> 每个地区对照片和视频的要求细节有所不同；机构的工位布置不同，照片和视频数量也有所不同。例如，外廓尺寸测量工位与整备质量工位在一起时，使用一组照片和视频即可。

第四节 检验报告示例

由于检验报告涉及车牌号码、个人信息等，本书在讲述中将这些信息做了遮盖，在实际工作中注意要提交完整清晰的信息，不得有缺损、涂改等状况。需要提交的影像资料视频，在进行安检过程中同步拍照及视频采录。

检验报告需要打印二维条码，本书示例中不再显示。

一、客车报告单填写示例

以核载 50 人客车注册登记检验为例。

1. 人工检验报告单填写项目

机动车安全技术检验表（人工检验部分）

一、基本信息			
号牌号码(编号)：XXXXX	车辆类型：大型普通客车		里程表读数：1579 km
使用性质：—	道路运输证号：—		
车辆出厂日期：2020年11月17日	初次登记日期：—		检验日期：2021年06月14日

二、安全检验采集信息			
机动车所有人拟申报的使用性质（注册登记安全检验）：公路客运			是否全时适时四驱：否
转向轴数量：1	驻车制动是否使用电子控制装置：否		是否配备空气悬架：否

三、检验结果

序号	检验项目		判定	序号	检验项目		判定
1	①联网查询（对发生过造成人员伤亡交通事故的送检机动车，人工检验时应重点检查损伤部位和损伤情况 无 ；其他不符合情形 无 ）。		○	5	安全装置检验	㉔行驶记录装置	○
						㉕车身反光标识	—
						㉖车辆尾部标志板	—
						㉗侧、后、前下部防护	—
						㉘应急锤	○
						㉙急救箱	○
2	车辆唯一性检查	②号牌号码和分类	—			㉚车速限制/报警功能或装置	○
		③车辆品牌和型号	○			㉛防抱制动装置	○
		④车辆识别代号（或整车出厂编号）	○			㉜辅助制动装置	○
		⑤发动机号码/驱动电机号码	○			㉝盘式制动器	○
		⑥车身颜色和车辆外形	○			㉞制动间隙自动调整装置	○
3	车辆特征参数检查	⑦外廓尺寸(人工检验时)	○			㉟紧急切断装置	—
		⑧轴距	—			㊱发动机舱自动灭火装置	○
		⑨核定载人数和座椅布置	○			㊲手动机械断电开关	○
		⑩栏板高度	—			㊳副制动踏板自学用车	—
		⑪悬架	○			㊴校车标志灯和停车指示标志牌	—
		⑫客车出口	○			㊵危险货物运输车辆标志	—
		⑬客车乘客通道和引道	○			㊶驾驶区隔离设施	○
		⑭货厢/罐体	—			㊷肢体残疾人操纵辅助装置残辅车	—
4	车辆外观检查	⑮车身外观	○	6	底盘动态检验	㊸转向	○
		⑯外观标识、标注和标牌	○			㊹传动	○
		⑰外部照明和信号装置	○			㊺制动	○
		⑱轮胎	○			㊻仪表和指示器	○
		⑲号牌/号牌板（架）	○	7	车辆底盘部件检验	㊼转向系部件	○
		⑳加装/改装灯具	○			㊽传动系部件	○
5	安全装置检查	㉑汽车安全带	○			㊾行驶系部件	○
		㉒应急停车安全附件	○			㊿制动系部件	○
		㉓灭火器	○			51其他部件	○
序号	不合格项（填写编号和名称）			不合格项目说明			备注

（续）

其他技术参数							
车辆外廓尺寸（mm×mm×mm）：				轴距（mm）：			
轮胎花纹深度（mm）	单车	转向轮：A1:11.2、A2:11.3 其他轮：B1:11.5、B2:11.4、B3:11.5、B4:11.4		车身对称部位高度差（mm）	单车	前：左 <u>600</u>　右 <u>600</u>　高度差 <u>0</u> 后：左 <u>700</u>　右 <u>700</u>　高度差 <u>0</u>	
	挂车	_____					
车厢栏板高度（mm）	单车	_____		方向盘最大自由转动量（°）	8.00		
	挂车	_____					

检验人员	建议	检验时间	检验员签字
外观检验员		16时13分—16时21分	张三
底盘动态检验员		15时47分—15时50分	李四
底盘部件检验员		15时52分—15时53分	王二
引车员		15时47分—15时53分	王五
机动车所有人：XX　　电话：XXXXXXX　　地址/邮编：XXXXXX			
备注：			

2. 仪器设备检验报告单

机动车（适用于两轴汽车）安全技术检验表（仪器设备检验部分）

一、基本信息					
检验流水号	00821061600095-1	检验类别	注册登记检验	检验项目	ABNQCFHUCDC
检验日期	2021年06月14日	出厂日期	2020年11月17日	初次登记日期	—
号牌（自编）号	豫XXXXX	号牌种类	大型汽车	车辆类型	大型普通客车
道路运输证号	—	品牌/型号	宇通牌/ZK6128HDA5Y	燃料类别	柴油
整备质量（kg）	13480	总质量（kg）	18000	驱动型式	4×2
驻车轴	2	引车员	王五	登录员	孙俪
机动车所有人			XXXXX		
车辆识别代号（或整车出厂编号）			LZYTATE68M1005721		
发动机号码/驱动电机号码		WP10.336E53/1621C019683		前照灯制	二
驻车制动是否使用电子控制装置			否	转向轴悬架形式	非独立

（续）

二、检验结果

台试检测项目		静态轮荷（kg）		最大行车制动力（10N）		过程差最大差值点（10N）		空载制动					项目判定	单项次数
								行车制动率（%）	不平衡率（%）	驻车制动力（10N）	驻车制动率（%）			
		左	右	左	右	左	右							
制动 B	一轴	2250	2219	1540	1529	1466	1443	68.5	1.5	—			○	1
	二轴	4511	3889	2676	2651	2522	2404	64.7	4.4	3322			○	1
	整车	12969		8396				66.1					○	1
	驻车	12969		8396						3322	26.1		○	1
	动态轮荷（左/右）（kg）					1轴	/			2轴	/			

前照灯 H	项目	远光发光强度（cd）	项目判定	单项次数
	左外灯	47100	○	1
	左内灯	—	—	
	右内灯	—	—	
	右外灯	46700	○	1
侧滑 A		0.7m/km	○	1
路试制动性能 R		—	路试检验员	—
车辆外廓尺寸 M（mm×mm×mm）：				
整备质量/空车质量 Z：	— kg/	— kg/	— %	
总检次数	1	备注		

注：判定栏中填"○"为该行项目合格，"×"为该行有不合格项目，"—"表示不适用于送检车，"*"表示子项不合格。

3. 检验结论报告单

机动车安全技术检验报告单

一、基本信息

检验报告编号	XXXXX	检验机构名称	XXXXX
号牌号码	豫XXXXX	所有人	XXXXX
车辆类型	大型普通客车	品牌/型号	宇通牌/ZK6128HDA5
使用性质	公路客运	道路运输证编号	—
注册登记日期	—	出厂年月	2020年11月17日	检验日期	2021年06月14日
车辆识别代号（或出厂编号）	LZYTATE68M1005721	发动机号码/驱动电机号码	WP10.336E53/1621C019683
检验类别		注册登记检验	
更换发动机申请变更登记的，更换后发动机号码（包括型号和出厂编号）		—/—	

(续)

二、检验结论				
检验结论	合格	授权签字人	张小三 2021年06月14日 17:10	
单位名称（盖章）：				

三、人工检验结果

序号	检验项目	结果判定	具体不符合项目情况说明	备注
1	联网查询	合格	无	
2	车辆唯一性检查	合格	无	
3	车辆特征参数检查	合格	无	
4	车辆外观检查	合格	无	
5	安全装置检查	合格	无	
6	底盘动态检验	合格	无	
7	车辆底盘部件检查	合格	无	

四、仪器设备检验结果

序号	检验项目	检验结果	标准限值	结果判定	备注
1	一轴空载制动率（%）	68.5	≥ 60.0	合格	
2	一轴空载制动不平衡率（%）	1.5	≤ 20.0	合格	
3	二轴空载制动率（%）	64.7	≥ 40.0	合格	
4	二轴空载制动不平衡率（%）	4.4	≤ 24.0	合格	
5	整车制动率（%）	66.1	≥ 60.0	合格	
6	驻车制动率（%）	26.1	≥ 20.0	合格	
7	左外灯远光发光强度（cd）	47100	≥ 18000	合格	
8	右外灯远光发光强度（cd）	46700	≥ 18000	合格	
9	转向轮横向侧滑量（m/km）	0.7	−5.0 ~ +5.0	合格	

五、建议		六、二维条码	

备注	机动车安全技术检验合格后请及时向公安机关交通管理部门申领检验合格标志；机动车检验机构地址：×××××××× 联系电话：××××-××××××××。

4. 影像资料主要项目

（1）纸质材料照片

该车需要提交的纸质材料照片包括：车辆唯一性证明、环保信息随车清单、购车发票、机动车牌证申请表、国产机动车整车出厂合格证明、交通事故责任强制保险单（实现电子保单、保险信息联网核查的除外）、车船税纳税或者免税证明（实现联网核查的除外）、安全技术检验合格证明、尾气排放检验合格报告、车辆识别代号拓印膜或1:1等比例扫描照片。

（2）安全技术检验照片及视频

该车需要提交的照片如图13-1所示。

第13章 检验结果处置

a）车辆识别代号　　　　　　　　　　　　　　　　　　b）发动机号码

c）车辆左前方斜视45°照片　　　　　　　　d）车辆侧面照片

e）车辆右后方斜视45°、应急停车　　　f）驾驶人座椅汽车安全带照片　　　g）车厢内部照片
安全附件、灭火器照片

h）行驶记录装置照片　　　　　　　　　　　　　　　　i）应急锤照片

j）辅助制动装置照片　　　　k）手动机械断电操纵开关照片　　　l）防抱制动装置照片

图13-1　大型普通客车安全技术检验部分照片

m）盘式制动器照片

n）发动机舱自动灭火装置照片

o）轮胎规格照片及轮胎花纹深度照片

p）前轮胎和后轮胎花纹照片

q）车辆底盘检验照片

r）底盘动态检验照片

s）轴（轮）重照片

t）制动检验照片

u）灯光、侧滑检验照片

图 13-1　大型普通客车安全技术检验部分照片（续）

该车需要提交的视频主要包括：人工检验工位检验全过程、车辆识别代号检验及拓印、外廓尺寸检验、底盘动态检验、车辆底盘部件检验、轴（轮）重检验、台式制动检验、灯光检验、侧滑检验。

二、货车报告单填写示例

以重型栏板货车注册登记检验为例。

1. 人工检验报告单填写项目

机动车安全技术检验表（人工检验部分）

一、基本信息			
号牌号码（编号）：XXXXX	车辆类型：重型栏板货车		里程表读数：1142 km
使用性质：—	道路运输证号：—		
车辆出厂日期：2020 年 09 月 17 日	初次登记日期：—		检验日期：2021 年 07 月 14 日

二、安全检验采集信息			
机动车所有人拟申报的使用性质（注册登记安全检验）：货运			是否全时适时四驱：否
转向轴数量：1　　驻车制动是否使用电子控制装置：否			是否配备空气悬架：否

三、检验结果

序号	检验项目		判定	序号		检验项目	判定
1	①联网查询（对发生过造成人员伤亡交通事故的送检机动车，人工检验时应重点检查损伤部位和损伤情况_无_；其他不符合情形_无_）。		○	3	车辆特征参数检查	⑫客车出口	—
						⑬客车乘客通道和引道	—
				4	车辆外观检查	⑭货厢/罐体	○
						⑮车身外观	○
						⑯外观标识、标注和标牌	○
						⑰外部照明和信号装置	○
2	车辆唯一性检查	②号牌号码和分类	—			⑱轮胎	○
		③车辆品牌和型号	○			⑲号牌/号牌板（架）	○
		④车辆识别代号（或整车出厂编号）	○			⑳加装/改装灯具	○
		⑤发动机号码/驱动电机号码	○	5	安全装置检查	㉑汽车安全带	○
		⑥车身颜色和车辆外形	○			㉒应急停车安全附件	○
3	车辆特征参数检查	⑦外廓尺寸（人工检验时）	—			㉓灭火器	○
		⑧轴距	○			㉔行驶记录装置	○
		⑨核定载人数和座椅布置	○			㉕车身反光标识	○
		⑩栏板高度	○			㉖车辆尾部标志板	○
		⑪悬架	○			㉗侧、后、前下部防护	○

(续)

三、检验结果

序号	检验项目		判定	序号	检验项目		判定
5	安全装置检查	㉘应急锤	—	5	安全装置检查	㊵危险货物运输车辆标志	—
		㉙急救箱	—			㊶驾驶区隔离设施	—
		㉚车速限制/报警功能或装置	—			㊷肢体残疾人操纵辅助装置残辅车	—
		㉛防抱制动装置	○	6	底盘动态检验	㊸转向	○
		㉜辅助制动装置	○			㊹传动	○
		㉝盘式制动器	—			㊺制动	○
		㉞制动间隙自动调整装置	○			㊻仪表和指示器	○
		㉟紧急切断装置	—	7	车辆底盘部件检验	㊼转向系部件	○
		㊱发动机舱自动灭火装置	—			㊽传动系部件	○
		㊲手动机械断电开关	—			㊾行驶系部件	○
		㊳副制动踏板自学用车	—			㊿制动系部件	○
		㊴校车标志灯和停车指示标志牌	—			51其他部件	○
序号	不合格项（填写编号和名称）			不合格项目说明			备注

其他技术参数					
车辆外廓尺寸（mm×mm×mm）：			轴距（mm）：5100		
轮胎花纹深度（mm）	单车	转向轮：A1:11.2、A2:11.3 其他轮：B1:11.5、B2:11.4、B3:11.4、B4:11.2	车身对称部位高度差（mm）	单车 前：左 600 右 600 高度差 0 后：左 700 右 700 高度差 0	
	挂车	—		挂车 左 — 右 — 高度差 —	
车厢栏板高度（mm）	单车	600	方向盘最大自由转动量（°）	8.00	
	挂车	—			

检验人员	建议	检验时间	检验员签字
外观检验员		15时13分—15时21分	张三
底盘动态检验员		15时47分—15时50分	李四
底盘部件检验员		15时52分—15时53分	王二
引车员		15时47分—15时53分	王五
机动车所有人：XXXXX		手机电话：XXXXX	地址/邮编：XXXXX
备注：			

2. 仪器设备检验报告单

机动车（适用于两轴汽车）安全技术检验表（仪器设备检验部分）

一、基本信息

检验流水号	00821061600095-2	检验类别	注册登记检验	检验项目	ABNQCFHMUCDCZ
检验日期	2021年06月14日	出厂日期	2020年11月17日	初次登记日期	—
号牌（自编）号	豫XXXXX	号牌种类	大型汽车	车辆类型	重型栏板货车
道路运输证号	—	品牌/型号	飞碟牌/FD1181P63K5-4	燃料类别	柴油
整备质量/kg	5600	总质量(kg)	18000	驱动型式	4×2
驻车轴	2	引车员	李四	登录员	孙俪
机动车所有人			XXXXX		
车辆识别代号（或整车出厂编号）			LZ0BFPD50L1017215		
发动机号码/驱动电机号码		YNF401E1/A9020008788		前照灯制	二
驻车制动是否使用电子控制装置			否	转向轴悬架形式	非独立

二、检验结果

台试检测项目		静态轮荷（kg）		最大行车制动力（10N）		过程差最大差值点（10N）		空载制动					项目判定	单项次数
								行车制动率（%）	不平衡率（%）	驻车制动力（10N）		驻车制动率（%）		
		左	右	左	右	左	右							
制动B	一轴	1428	1320	981	988	566	600	73.1	3.4	—			○	1
	二轴	1590	1718	1095	1117	510	455	68.2	4.9	1619			○	1
	整车	6056		4181				70.4					○	1
	驻车	6056		4181						1619		27.3	○	1
动态轮荷（左/右）（kg）				1轴 /				2轴 /						

前照灯H	项目	远光发光强度（cd）	项目判定	单项次数
	左外灯	45300	○	1
	左内灯	—	—	
	右内灯	—	—	
	右外灯	43400	○	1
侧滑A		1.4m/km	○	1
路试制动性能R		—	路试检验员	—		
车辆外廓尺寸M（mm×mm×mm）：8995×2550×2660			○	1
整备质量/空车质量Z： 6080 kg/ +480 kg / +8.5* %			○	—
总检次数	1	备注		

注：判定栏中填"○"为该行项目合格，"×"为该行有不合格项目，"—"表示不适用于送检车，"*"表示子项不合格。

3. 检验结论报告单

机动车安全技术检验报告单

一、基本信息					
检验报告编号	XXXXX		检验机构名称	XXXXX	
号牌号码	豫XXXXX		所有人	XXXXX	
车辆类型	重型栏板货车		品牌/型号	飞碟牌/FD1181P63K5-4	
使用性质	—		道路运输证编号	—	
注册登记日期	—		出厂年月	2020年11月17日	检验日期	2021年06月14日
车辆识别代号（或出厂编号）	LZ0BFPD50L1017215		发动机号码/驱动电机号码	YNF401E1/A9020008788	
检验类别	注册登记检验				
更换发动机申请变更登记的，更换后发动机号码（包括型号和出厂编号）			—/—		

二、检验结论			
检验结论	合格	授权签字人	张小三 2020-06-17 17:20
单位名称（盖章）：			

三、人工检验结果				
序号	检验项目	结果判定	具体不符合项目情况说明	备注
1	联网查询	合格	无	
2	车辆唯一性检查	合格	无	
3	车辆特征参数检查	合格	无	
4	车辆外观检查	合格	无	
5	安全装置检查	合格	无	
6	底盘动态检验	合格	无	
7	车辆底盘部件检查	合格	无	

四、仪器设备检验结果					
序号	检验项目	检验结果	标准限值	结果判定	备注
1	一轴空载制动率（%）	73.1	≥60.0	合格	
2	一轴空载制动不平衡率（%）	3.4	≤20.0	合格	
3	二轴空载制动率（%）	68.2	≥50.0	合格	
4	二轴空载制动不平衡率（%）	4.9	≤24.0	合格	
5	整车制动率（%）	70.4	≥60.0	合格	
6	驻车制动率（%）	27.3	≥20.0	合格	
7	左外灯远光发光强度（cd）	45300	≥18000	合格	

(续)

四、仪器设备检验结果					
序号	检验项目	检验结果	标准限值	结果判定	备注
8	右外灯远光发光强度（cd）	43400	≥ 18000	合格	
9	转向轮横向侧滑量	1.4	−5.0~+5.0	合格	
10	整备质量（kg）	6080	5100~6100	合格	差值:+480 kg 比例:+8.5%
五、建议				六、二维条码	
备注	外廓尺寸测量结果：长度 8995 mm、宽度 2550mm、高度 2660mm 机动车安全技术检验合格后请及时向公安机关交通管理部门申领检验合格标志； 机动车检验机构地址：××××××× 联系电话：××××-×××××××××。 检测线号：×× 依据标准：GB 1589—2016、GB 38900—2020、GB 7258—2017				

4. 影像资料

（1）纸质材料照片

该车需要提交的纸质材料照片包括：车辆唯一性证明、环保信息随车清单、购车发票、机动车牌证申请表、国产机动车整车出厂合格证明、交通事故责任强制保险单（实现电子保单、保险信息联网核查的除外）、车船税纳税或者免税证明（实现联网核查的除外）、安全技术检验合格证明、尾气排放检验合格报告、车辆识别代号拓印膜或1:1等比例扫描照片。

（2）安全技术检验照片及视频

该车需要提交的照片如图13-2所示。

该车需要提交的视频主要包括：人工检验工位检验全过程、车辆识别代号检验及拓印、外廓尺寸检验、轴距检验、整备质量检验、底盘动态检验、车辆底盘部件检验、轴（轮）重检验、台式制动检验、灯光检验、侧滑检验。

a）车辆识别代号

b）发动机号码

c）车辆左前方斜视45°照片

图13-2 重型栏板货车安全技术检验部分照片

d) 车辆侧面照片

e) 车辆右后方斜视 45°、应急停车安全附件照片

f) 车辆正后方照片

g) 驾驶人座椅汽车安全带照片

h) 行驶记录装置照片

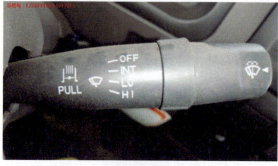
i) 辅助制动装置照片

j) 防抱制动装置照片

k) 前轮胎和后轮胎花纹照片

l) 轮胎规格照片及轮胎花纹深度照片

m) 悬架照片

n) 外廓尺寸、轴距检验照片

图 13-2　重型栏板货车安全技术检验部分照片（续）

o）整备重量照片　　　　　　　　p）底盘动态检验照片

q）车辆底盘检验照片　　　　　　r）轴（轮）重照片

s）制动检验照片　　　　　　　　t）灯光、侧滑检验照片

图 13-2　重型栏板货车安全技术检验部分照片（续）

三、非载货专项作业车报告单填写示例

以重型非载货专项作业车注册登记检验为例。

1. 人工检验报告单填写项目

机动车安全技术检验表（人工检验部分）

一、基本信息		
号牌号码（编号）：豫XXXXX 使用性质：非营运 车辆出厂日期：2021年06月02日	车辆类型：重型非载货专项作业车 道路运输证号：— 初次登记日期：—	里程表读数：526 km 检验日期：2021年07月06日
二、安全检验采集信息		
机动车所有人拟申报的使用性质（注册登记安全检验）：非营运 转向轴数量：2　　　驻车制动是否使用电子控制装置：否		是否全时适时四驱：否 是否配备空气悬架：否

（续）

三、检验结果

序号	检验项目		判定	序号	检验项目		判定
1		①联网查询（对发生过造成人员伤亡交通事故的送检机动车，人工检验时应重点检查损伤部位和损伤情况 无 ；其他不符合情形 无 ）。	○	5	安全装置检查	㉑汽车安全带	○
						㉒应急停车安全附件	○
						㉓灭火器	—
						㉔行驶记录装置	○
						㉕车身反光标识	○
						㉖车辆尾部标志板	○
						㉗侧、后、前下部防护	○
2	车辆唯一性检查	②号牌号码和分类	—			㉘应急锤	—
		③车辆品牌和型号	○			㉙急救箱	—
		④车辆识别代号（或整车出厂编号）	○			㉚车速限制/报警功能或装置	—
		⑤发动机号码/驱动电机号码	○			㉛防抱制动装置	○
		⑥车身颜色和车辆外形	○			㉜辅助制动装置	○
3	车辆特征参数检查	⑦外廓尺寸（人工检验时）	—			㉝盘式制动器	—
		⑧轴距	○			㉞制动间隙自动调整装置	○
		⑨核定载人数和座椅布置	○			㉟紧急切断装置	—
		⑩栏板高度	—			㊱发动机舱自动灭火装置	—
		⑪悬架	○			㊲手动机械断电开关	—
		⑫客车出口	—			㊳副制动踏板自学用车	—
		⑬客车乘客通道和引道	—			㊴校车标志灯和停车指示标志牌	—
		⑭货厢/罐体	—			㊵危险货物运输车辆标志	—
4	车辆外观检查	⑮车身外观	○			㊶驾驶区隔离设施	—
		⑯外观标识、标注和标牌	○			㊷肢体残疾人操纵辅助装置	—
		⑰外部照明和信号装置	○	6	底盘动态检验	㊸转向	○
		⑱轮胎	○			㊹传动	○
		⑲号牌/号牌板（架）	○			㊺制动	○
		⑳加装/改装灯具	○			㊻仪表和指示器	○

（续）

三、检验结果

序号	检验项目		判定	序号	检验项目		判定
7	车辆底盘部件检验	㊼转向系部件	○	7	车辆底盘部件检验	㊿制动系部件	○
		㊽传动系部件	○			㊿₁其他部件	○
		㊾行驶系部件	○				

序号	不合格项（填写编号和名称）	不合格项目说明	备注

其他技术参数				
车辆外廓尺寸（mm×mm×mm）：		轴距（mm）：1800/2300/1800		
轮胎花纹深度（mm）	单车 转向轮：A1:12.2、A2:12.3、B1:12.3、B2:12.4 其他轮：C1:12.3、C2:12.3、C3:12.3、C4:12.3、 D1:12.3、D2:12.2、D3:12.3、D4:12.4	车身对称部位高度差（mm）	单车 前：左 800 右 800 高度差 0 后：左 850 右 850 高度差 0	
	挂车 —		挂车 左 — 右 — 高度差 —	
车厢栏板高度（mm）	单车—	方向盘最大自由转动量（°）	9.00	
	挂车—			

检验人员	建议	检验时间	检验员签字
外观检验员		14时13分—14时21分	张三
底盘动态检验员		14时47分—14时50分	李四
底盘部件检验员		14时52分—14时53分	王二
引车员		14时47分—14时53分	王五
机动车所有人：XXXXX		手机电话：XXXXX	地址/邮编：XXXXX
备注：			

2. 仪器设备检验报告单

机动车（适用于三轴及以上的汽车）安全技术检验表（仪器设备检验部分）

一、基本信息						
检验流水号	00821060200095-3	检验类别	注册登记检验	检验项目	NQCFHUCDCMZR	
检验日期	2021年07月06日	出厂日期	2021年06月02日	初次登记日期	—	
号牌（自编）号	豫XXXXX	号牌种类	大型汽车	车辆类型	重型非载货专项作业车	
道路运输证号	—	品牌/型号	徐工牌/XZJ5441JQZ50K	燃料类别	柴油	

（续）

一、基本信息

整备质量（kg）	43405	总质量(kg)	43600	驱动型式	8×4
驻车轴	2	引车员	王五	登录员	孙俪
机动车所有人	XXXXX				
车辆识别代号（或整车出厂编号）	LXJCPA449MA017877				
发动机号码/驱动电机号码	MC11.36-60/210517227707			前照灯制	二
驻车制动是否使用电子控制装置	否			转向轴悬架形式	非独立
前轴数量	2	转向轴	1，2	空气悬架	—

二、检验结果

	台试检测项目		空载/加载轴荷（kg）	空载/加载最大行车制动力（10N）		空载/加载过程差最大差值点（10N）		空载/加载行车制动率（%）	空载/加载不平衡率（%）	空载驻车制动力（10N）	空载驻车制动率（%）	项目判定	单项次数
				左	右	左	右						
制动B	空载制动	一轴											
		二轴											
		三轴											
		四轴											
		五轴											
	加载制动	二轴											
		三轴											
		四轴											
	整车												
	驻车												
静态轮荷（左/右）(kg)			1轴 /	2轴 /		3轴 /		4轴 /		5轴 /			

前照灯H	项目	远光发光强度（cd）	项目判定	单项次数
	左外灯	74100	○	1
	左内灯	—	—	
	右内灯	—	—	
	右外灯	82600	○	1
侧滑A	一轴	— m/km	—	
	二轴	— m/km		
路试制动性能R	制动初速度：35.88km/h，MFDD：5.74m/s²，协调时间：0.18s，未超出，不溜坡（正方向：3min；反方向：3min）	路试检验员 XXX	○	1
车辆外廓尺寸M（mm×mm×mm）：14170 × 2550 × 3640			○	1
整备质量/空车质量Z： 43040 kg/ - 560* kg / -1.3%			○	1
总检次数	1	备注		

注：判定栏中填"○"为该行项目合格，"×"为该行有不合格项目，"—"表示不适用于送检车，"*"表示子项不合格。

3. 检验结论报告单

机动车安全技术检验报告单

一、基本信息					
检验报告编号	XXXXX	检验机构名称		XXXXX	
号牌号码	豫XXXXX	所有人		XXXXX	
车辆类型	重型非载货专项作业车	品牌/型号		徐工牌/XZJ5441JQZ50K	
使用性质	非营运	道路运输证编号		—	
注册登记日期	—	出厂年月	2021年06月02日	检验日期	2021年06月14日
车辆识别代号（或出厂编号）	LXJCPA449MA017877	发动机号码/驱动电机号码		MC11.36-60/210517227707	
检验类别	注册登记检验				
更换发动机申请变更登记的，更换后发动机号码（包括型号和出厂编号）				—/—	

二、检验结论			
检验结论	合格	授权签字人	张小三 2020-07-06 17:30
单位名称（盖章）：			

三、人工检验结果				
序号	检验项目	结果判定	具体不符合项目情况说明	备注
1	联网查询	合格	无	
2	车辆唯一性检查	合格	无	
3	车辆特征参数检查	合格	无	
4	车辆外观检查	合格	无	
5	安全装置检查	合格	无	
6	底盘动态检验	合格	无	
7	车辆底盘部件检查	合格	无	

四、仪器设备检验结果					
序号	检验项目	检验结果	标准限值	结果判定	备注
1	路试MFDD（m/s^2）	5.74	≥ 5.4	合格	制动初速度35.88km/h
2	路试制动协调时间（s）	0.18	≤ 0.60	合格	
3	路试制动稳定性	未超出	不超出3.0m	合格	
4	路试坡道驻车情况	不溜坡（正方向：3min；反方向：3min）	15%坡道不溜坡（正反两个方向 各保持固定不动时间≥ 2min）	合格	
5	左外灯远光发光强度（cd）	74100	≥ 18000	合格	
6	右外灯远光发光强度（cd）	82600	≥ 18000	合格	
7	整备质量（kg）	43040	42292~44908	合格	差值:-560 kg 比例：-1.3%

（续）

五、建议	六、二维条码

备注	外廓尺寸检测结果：长 14170mm、宽 2550mm、高 3640mm 机动车安全技术检验合格后请及时向公安机关交通管理部门申领检验合格标志； 机动车检验机构地址：×××××××× 联系电话：××××-×××××××。 检测线号： 依据标准：GB 1589—2016、GB 38900—2020、GB 7258—2017

4. 影像资料主要项目

（1）纸质材料照片

该车需要提交的纸质材料照片包括：车辆唯一性证明、环保信息随车清单、购车发票、机动车牌证申请表、国产机动车整车出厂合格证明、交通事故责任强制保险单（实现电子保单、保险信息联网核查的除外）、车船税纳税或者免税证明（实现联网核查的除外）、安全技术检验合格证明、尾气排放检验合格报告、车辆识别代号拓印膜或1∶1等比例扫描照片。

（2）安全技术检验照片及视频

该车需要提交的照片如图 13-3 所示。

a）车辆识别代号　　　　　　　　　　　b）发动机号码

c）车辆左前方斜视 45° 照片　　　　　　d）车辆侧面照片

e）车辆右后方斜视 45°、应急停车安全附件、外廓尺寸、整备质量及轴距照片　　　f）辅助制动装置照片

图 13-3　重型非载货专项作业车安全技术检验部分照片

g）防抱制动装置照片　　　　　　　h）前轮胎和后轮胎花纹照片

i）轮胎规格照片及轮胎花纹深度照片　　　　j）底盘动态检验照片

k）车辆底盘检验照片　　　　　l）外廓尺寸、轴距、整备重量检验照片

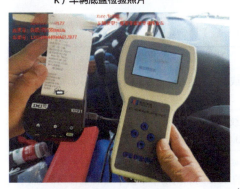 

m）路试行车制动检验照片

n）路试驻车制动检验照片

图 13-3　重型非载货专项作业车安全技术检验部分照片（续）

o）灯光检验照片

图 13-3　重型非载货专项作业车安全技术检验部分照片（续）

该车需要提交的视频主要包括：人工检验工位检验全过程、车辆识别代号检验及拓印、外廓尺寸检验、轴距检验、整备质量检验、底盘动态检验、车辆底盘部件检验、路试制动检验、灯光检验、侧滑检验。

四、道路运输车辆的技术等级评定填写示例

1. 交通运输部门要求

2020 年 12 月，交通运输部办公厅发布了《交通运输部办公厅关于优化道路运输车辆技术管理 便利开展车辆技术等级评定工作的通知》，明确了道路运输车辆技术等级（一级）评定要求，见表 13-13。

表 13-13　道路运输车辆技术等级（一级）评定要求

序号	评定项目	技术等级一级要求
1	方向盘最大自由转动量 /（°）	最高设计车速大于或等于 100km/h 的车辆不大于 10°，其他车辆不大于 20°
2	轮胎花纹深度 /mm	乘用车轮胎胎冠花纹深度不小于 2.5mm；其他车型的转向轮的胎冠花纹深度不小于 3.8mm，其余轮胎花纹深度应不小于 2.5mm
3	空载制动不平衡率（%）	前轴制动不平衡率≤ 20%，后轴制动不平衡率≤ 24%（当后轴制动力小于后轴轴荷的 60% 时，制动不平衡率≤后轴轴荷的 8%）（注：前轴、后轴判定依据参照 GB 38900—2020 及 GB 7258—2017 规定）
4	车身对称部位高度差 /mm	车体外缘左右对称部位高度差应小于或等于 20mm

注：以上 4 项技术等级评定项目均为 GB 38900—2020、JT/T 198—2016 规定的内容。对于检验检测结果符合 GB 38900—2020 技术要求的车辆，4 项技术等级评定项目全部达到本表要求的，车辆技术等级评为一级。

2. 道路运输车辆技术等级（一级）评定方法

从事道路运输经营的客、货运输车辆进行安全技术检验，参照 GB 38900—2020 附录 G 中"机动车安全技术检验报告（式样）"。由授权签字人根据"人工检验部分"报告单的方向盘最大自由转动量、轮胎花纹深度、空载制动不平衡率、车身对称部位高度差 4 个检验

参数进行等级评定要求,做出车辆技术等级结论,并签注在报告的"备注"栏内。

从事普通货运经营的总质量 4500kg 及以下普通货运车辆,不进行车辆技术等级评定。

3. 示例

(1)技术等级评定为"一级"车报告单

机动车安全技术检验表(人工检验部分)

其他技术参数				
车辆外廓尺寸(mm×mm×mm):11132×2550×3370			轴距(mm):1600/4500/1600	
轮胎花纹深度(mm)	单车 转向轮:A1:10.4、A2:10.5、B1:10.2、B2:10.3 其他轮:C1:9.6、C2:9.3、C3:9.4、C4:9.7、D1:9.3、D2:9.5、D3:9.7、D4:9.4	车身对称部位高度差(mm)	单车 前:左 700 右 700 高度差 0 后:左 800 右 800 高度差 0	
	挂车:_____—_____		挂车 左 — 右 — 高度差 —	
车厢栏板高度(mm)	单车:_____—_____	方向盘最大自由转动量(°)	9:00	
	挂车:_____—_____			
检验人员	建议	检验时间		检验员签字
外观检验员	无	9时48分—9时51分		张三
底盘动态检验员	无	10时20分—10时25分		李四
底盘部件检验员	无	10时13分—14时18分		王二
引车员	无	10时13分—14时25分		王五
机动车所有人:XXXXX		手机电话:XXXXX	地址/邮箱:XXXXX	
备注:				

机动车安全技术检验报告单

三、人工检验结果				
序号	检验项目	结果判定	具体不符合项目情况说明	备注
1	联网查询	合格	无	
2	车辆唯一性检查	合格	无	
3	车辆特征参数检查	合格	无	
4	车辆外观检查	合格	无	
5	安全装置检查	合格	无	
6	底盘动态检验	合格	无	
7	车辆底盘部件检查	合格	无	

（续）

四、仪器设备检验结果

序号	检验项目	检验结果	标准限制	结果判定	备注
1	一轴制动率（%）	66.0	≥ 60	合格	
2	一轴不平衡率（%）	8.2	≤ 24	合格	
3	二轴制动率（%）	68.0	≥ 60	合格	
4	二轴不平衡率（%）	13.5	≤ 24	合格	
5	二轴加载制动率（%）	53.3	≥ 50	合格	
6	二轴加载不平衡率（%）	11.3	≤ 24	合格	
7	三轴制动率（%）	68.2	≥ 50	合格	
8	三轴不平衡率（%）	10.6	≤ 30	合格	
9	三轴加载制动率（%）	51.7	≥ 50	合格	
10	三轴加载不平衡率（%）	1.3	≤ 10	合格	
11	四轴制动率（%）	65.9	≥ 50	合格	
12	四轴不平衡率（%）	11.4	≤ 30	合格	
13	整车制动率（%）	66.8	≥ 60	合格	
14	驻车制动率（%）	26.0	≥ 20	合格	
15	左外灯远光发光强度（cd）	20000	≥ 15000	合格	
16	右外灯远光发光强度（cd）	62400	≥ 15000	合格	
17	一轴转向轮横向侧滑量（m/km）	−2.1	−5.0~+5.0	合格	
18	二轴转向轮横向侧滑量（m/km）	−0.6	−5.0~+5.0	合格	

五、建议		六、二维码	

备注	依据道路运输车辆技术等级评定要求，该车评定为"一级" 外廓尺寸检测结果：长 11132mm、宽 2550mm、高 3370mm 机动车安全技术检验合格后请及时向公安机关交通管理部门申领检验合格标志； 机动车检验机构地址：××××××××　联系电话：××××-××××××××。 检测线号： 依据标准：GB 1589—2016、GB 38900—2020、GB 7258—2017

（2）技术等级评定为"二级"车报告单

机动车安全技术检验表（人工检验部分）

其他技术参数				
车辆外廓尺寸（mm×mm×mm）：6675×2490×3290			轴距（mm）： 3600/1100	
轮胎花纹深度（mm）	单车 转向轮：A1:9.6、A2:9.8 其他轮：B1:9.8、B2:9.8、B3:9.7、B4:9.8、 C1:9.6、C2:9.5、C3:9.6、C4:9.5		车身对称部位高度差(mm)	单车 前：左 860　右 860　高度差 0 后：左 870　右 870　高度差 0
	挂车：————			挂车 左 —　右 —　高度差 —
车厢栏板高度（mm）	单车：————		方向盘最大自由转动量(°)	9.00
	挂车：————			
检验人员	建议		检验时间	检验员签字
外观检验员	无		11时12分—11时16分	张三
底盘动态检验员	无		11时38分—11时43分	李四
底盘部件检验员	无		11时28分—11时35分	王二
引车员	无		11时28分—11时43分	王五
机动车所有人：XXXXX		手机电话：XXXXX		地址/邮箱：XXXXX
备注：				

机动车安全技术检验报告单

三、人工检验结果				
序号	检验项目	结果判定	具体不符合项目情况说明	备注
1	联网查询	合格	无	
2	车辆唯一性检查	合格	无	
3	车辆特征参数检查	合格	无	
4	车辆外观检查	合格	无	
5	安全装置检查	合格	无	
6	底盘动态检验	合格	无	
7	车辆底盘部件检查	合格	无	
四、仪器设备检验结果					
序号	检验项目	检验结果	标准限值	结果判定	备注
1	一轴制动率（%）	69.8	≥60	合格	
2	一轴不平衡率（%）	11.0	≤24	合格	

（续）

四、仪器设备检验结果					
序号	检验项目	检验结果	标准限值	结果判定	备注
3	二轴制动率（%）	72.0	≥50	合格	
4	二轴不平衡率（%）	25.2	≤30	合格	
5	二轴加载制动率（%）	57.9	≥50	合格	
6	二轴加载不平衡率（%）	7.4	≤10	合格	
7	三轴制动率（%）	70.3	≥50	合格	
8	三轴不平衡率（%）	19.6	≤30	合格	
9	整车制动率（%）	70.6	≥60	合格	
10	驻车制动率	26.6	≥15	合格	
11	左外灯远光发光强度（cd）	76100	≥15000	合格	
12	右外灯远光发光强度（cd）	70400	≥15000	合格	
13	转向轮横向侧滑量（m/km）	0.5	−5.0~+5.0	合格	

五、建议	六、二维码

备注	依据道路运输车辆技术等级评定要求，该车评定为"二级" 外廓尺寸检测结果：长 11132mm、宽 2550mm、高 3370mm 机动车安全技术检验合格后请及时向公安机关交通管理部门申领检验合格标志； 机动车检验机构地址：××××××× 联系电话：××××-××××××××。 检测线号： 依据标准：GB 1589—2016、GB 38900—2020、GB 7258—2017

参考文献

[1] 中华人民共和国公安部.机动车安全技术检验项目和方法：GB 38900—2020[S].北京：中国标准出版社，2020.

[2] 仝晓平，刘元鹏.道路运输车辆综合性能检验与技术等级评定[M].北京：人民交通出版社股份有限公司，2016.